DAS REISELESEBUCH
NACH NORDEN ZU

Herausgegeben
von Theodor Geus

Societäts-Verlag

Abbildung Schutzumschlag:
Mainbild M. Grossmann, Frankfurt

Satz: Fotosatz Janß, Pfungstadt
Herstellung: May + Co, Darmstadt
Printed in Germany 1989
ISBN 3-7973-0469-2

Inhalt

Theodor Geus

Vorwort

Die erste Begegnung mit dem Norden liegt viele Jahre zurück. Es war eine nicht ganz freiwillige Begegnung und diese Reise begleiteten all die Vorurteile, die sich mit diesem Teil der Erde verbinden. Kühl und karg, regennaß und wolkenverhangen, unnahbar und schwer verständlich sollte die Gegend dort oben sein, ganz anders als im Süden, der sich mit seiner Wärme und seinem hellen Licht den Sinnen großzügig darbietet. Man darf es nicht verschweigen: Manches ist wahr geworden. Es hat kalte und dunkle Tage gegeben, es ist stürmisch gewesen und es tropfte der Himmel. Aber es gab auch den heiteren Sonnenschein, Hitze sogar, und vor allem jene klaren Nächte, in denen es nie finster wird. Vielleicht waren dies damals die entscheidenden Erfahrungen, daß man im Norden Europas die Elemente deutlicher an Leib und Seele spürt als anderswo, daß Jahreszeiten und Wetter bedeutungsvoller sind, und daß es nicht ausreicht, Landschaften nach dem Hörensagen zu messen. Inzwischen ist längst aus einem flüchtigen Blick eine intensive Betrachtung geworden und mit jeder neuen Berührung ist die Zuneigung gewachsen – nicht aus schneller Begeisterung, sondern aus langsamer Einsicht.

Wer immer nach Norden zu reist, wird die gleichen Erfahrungen machen. Dies ist keine Welt des leichten Genießens, sondern sie fordert die Empfindlichkeit des

Sehens und Erlebens heraus. Wer im Wald nur Bäume erkennt, wer nicht in die Stille horchen kann, wen die Weite – und manchmal noch die Einsamkeit – erschreckt oder wer nicht das Aufeinandertreffen von Fels und Meer als einen dramatischen Vorgang zu deuten vermag, wird von hier wenig mehr nach Hause nehmen als kleine Erinnerungen an Gegenden ohne Ereignisse. Wer jedoch bereit ist, neugierig und mit offenen Augen unterwegs zu sein, wird Merkwürdiges finden: Farben von großer Intensität, Orte voller Eigenart, eigenwillige Landschaften und Menschen. Und vielleicht wird er etwas von der Ruhe wiederfinden, die dort beginnt, wo der Norden sich in die Endlosigkeit verliert.

In diesen hier gesammelten Geschichten – geschrieben von Autoren des Reiseblatts der Frankfurter Allgemeinen Zeitung – ist die Rede von jähem Sommer und vom eisigen Winter, von Wind und Wellen, von der Macht der Natur, die einen noch sehr unmittelbar treffen kann, und manchmal auch von allerlei Wunderlichkeiten. Es sind Skizzen und Szenen, die den Leser bis ans Nordkap führen, zu Inseln fahren lassen oder auf Wegen durch England begleiten. Sie sollten Verführung sein, einen Teil der Welt zu entdecken, der nur von außen betrachtet spröde und mäßig reizvoll wirkt.

Ruth Merten

Innen war es hyggelig

Zur Unzeit im dänischen Ferienhaus

Das Haus hieß »Sylvester«. Irgend jemand hatte den Namen wörtlich genommen: Reste von Papierschlangen trieb der Wind ums Haus, und der Hund stöberte ein paar tote Feuerwerkskörper auf. Beim Feiern war wohl der Griff der Saunatür verlorengegangen, sie ließ sich nicht schließen. Kein Saunen vor Montag also.

Es war Samstag abend, als wir ankamen, ein pechschwarzer Abend. Hinter Ribe waren wir auf einem blassen Perlmuttstreifen zugefahren, der die Erde vom Himmel trennte, die beide gleich schwarz und gleich flach aussahen. Es blitzte ein paarmal. Dann schüttete der Regen den hellen Spalt zu. Um fünf Uhr war Nacht.

Samstag ist der übliche Anreisetag, aber im Winter nicht der beste. Die Wechselstelle an der Autobahn ist nur im Sommer besetzt, die Touristenbüros sind zu, die Schlüsselübergabe erfordert Organisation, ausführliche Langstreckentelefonate. Wir verirrten uns in einen Schlammpfuhl, keine hundert Meter von unserer Kontaktadresse entfernt. So lernten wir gleich drastisch eine Eigenart unserer Ferienlandschaft kennen. Hart stoßen sich da Wildheit und Zivilisation, hart stieß sich unsere Wut auf Dreck und unbeleuchtete Wege an dem Lächeln einer zur Dinnerparty gekleideten Dame.

Ja, sie hatte den Schlüssel, und das Häuschen war bereit – ein typisches dänisches Ferienhaus in einer typischen dänischen Ferienhauslandschaft. Wir sahen nicht viel von der Umgebung am ersten Abend. Ein bißchen Gehügel, kleine Kiefern und Heidekraut, Streifen von Fichtenwald, durch den hier und da Licht schien: Da gab es Nachbarn.

Das Haus Sylvester ließ sich leicht in Besitz nehmen. Es war unaufdringlich, gemäßigt skandinavisch möbliert, wohnlich, aber unpersönlich. Kein Bild, das man hätte zur Wand drehen wollen, kein Badezimmerkitsch, nichts, was herausforderte oder abwies. Ein Haus ohne Geschichte, zum Vermieten gebaut, nicht zum Selbstwohnen. Ein Haus ohne Geruch. Es dauerte zwei Tage, dann hatten wir die eineinhalb Stockwerke mit Wohngefühl ausgefüllt. Wir kamen abends aus der Kälte herein, und es roch nach »bei uns«.

Sehr viel länger brauchten wir, bis die Umgebung auch nur oberflächlich uns vertraut erschien. Was auf dem Plan im Katalog einem Feriendorf irgendwo im Süden durchaus ähnlich sah, war ein weites Heidegebiet zwischen Meer und Marsch, teils leer und naturgewaltig wild, teils mit Häusern und Häuschen bestreut. Vielleicht jedes fünfte dieser Häuser zeigte Leben, als wir unseren ersten Erkundungsgang machten. Das war am Sonntag. Am Montagabend blieben in der Nachbarschaft noch zwei Häuser beleuchtet. Dänen machten da Urlaub, man hatte sich von weitem schon zugenickt. Wir dachten über einen Vorwand nach, sie zu besuchen: »Du könntest um eine Axt bitten zum Holzspalten.« Am Dienstag früh beobachteten wir, wie sie die Autos beluden und abfuhren. Danach sahen wir abends von unseren Fenstern aus kein Licht mehr.

Die Häuser in unserer Gegend standen nicht sehr dicht, sie hielten Abstand, duckten sich hinter Sandbuckeln, verbargen sich in Gehölz, verschwanden im Gelände mit niedrigen Grasdächern. Die großen hatten Reetdächer, fast alle waren aus Holz. Es gab keine Zäune, nirgends waren Vorhänge zugezogen. Tags konnte man beim Herumlaufen in die Fenster hineinsehen. Wir wünschten, irgendwo würde einmal eine Tür aufgehen. Aber von den hundert oder mehr Häusern, an denen wir vorbeikamen auf unseren Streifzügen zwischen dem Strand und der

Landstraße, waren außer unserem nur noch zwei bewohnt. Wir sahen die Miturlauber manchmal von weitem. Leute mit Hund wie wir.

Zwischen Weihnachts- und Osterferien habe sie fast nur Wochenendgäste, sagte Susi Gadegaard, was sich dänisch wie Jäijard anhörte. Sie ist für Fremdenverkehr zuständig im Gebiet von Nørre Nebel. Daß es günstiger sei, über sie zu mieten als über eine nicht ortsansässige Agentur, bewies sie mit einem neuen Griff für die Saunatür. Es seien schon Gäste angereist mit der Vereinbarung »Schlüssel unter der Türmatte«, und dann hätte es vor der Tür gar keine Matte gegeben, sagt sie.

Nørre Nebel sieht nicht viel anders aus als die Straßendörfer in Norddeutschland. Es gibt ein paar Geschäfte, Bank und Bahnhof, Heimatmuseum und Diskothek. So richtig schön sind drum herum die einzelnen Bauernhöfe. Sie sind im Karree gebaut, aber mit unterschiedlichen Dachböden der Längs- und Quertrakte und mit ausdrucksvoll angeordneten Giebeln. Nicht trutzig, sondern fast zierlich und mit den blanken weiß- oder dunkelgerahmten Fenstern adrett wie im Sonntagsstaat stehen sie in der großflächigen und eher grobschlächtigen Umgebung.

Nach Norden führt die Landstraße weiter auf die schmale Landzunge, die den Ringkøbingfjord vom Meer trennt. Am Auslaß des großen Binnensees kommt das neue Hafendorf Hvide Sande auf dem Sandrücken so ins Gedränge, daß man es fast als malerisch ansprechen kann mit den Masten der Fischkutter im Vordergrund. Fische kaufen wir da ein, frische und frisch geräucherte. Fisch und Kerzen sind billig in Dänemark.

Wir ertappten uns dabei, daß wir uns in Supermärkten aufhielten. Das Schild »Køpmand« über dem hellen Schlund einer verglasten Windschleuse konnte uns jedesmal von der Straße locken. Im Grau der langen Dämmerung, an schwarzen Sturmabenden verhießen diese Eingänge Oasen des Lichts, der Wärme und Opulenz inmitten einer kalten Wüste. Ausgiebig studierten wir die Teesorten, die Gläser mit eingelegten Heringen, den Inhalt von Kühltruhen und die Regale mit Hundefutter. Wir benahmen uns wie in Museen oder Kunstgalerien. Der Stadtmensch leidet wohl doch unter Entzugserscheinungen. Offensichtlich sind diese Läden darauf eingerichtet, Scharen von Sommerurlaubern zu versorgen. Im Winter waren sie meist leer bis auf ein paar Leute, die am Eingang herumstanden, aber nichts zu kaufen schienen – Anlaufpunkte in der entleerten Landschaft.

Købmand Hansens Supermarkt und Ferienhaus-Agentur in Henne-Strand: ein niedriger weitläufiger Holzbau hinter den Dünen, umringt von Sommerhäusern im Winterschlaf. Kaufmann Hansen, vermutlich schon ein kleiner König in Vor-Supermarktzeiten, befreite uns von einem lästigen Vorurteil. Wein, hatte man uns erzählt, wäre in Dänemark unverantwortlich teuer, würde einem da auch gar nicht schmecken, wir müßten uns eben an Bier gewöhnen. Hansens Laden bot nicht nur einen ordentlichen französischen Landwein für sieben Mark, sondern auch zwei Dutzend Bordeaux in erschwinglicher Preislage. Kaufmann Hansen führte übrigens auch deutsche Zeitungen vom Vortag. Wir erwarben ein Exemplar, stellten aber fest, daß zum Feuermachen die Berlingske Tidende mehr hergab.

Das war von einiger Wichtigkeit. Auch fanden wir durch diese Supermarktbesichtigungen heraus, wo es das beste Klobenholz gab. Von Holz hing die Qualität des Feuers ab, und während wir bereit waren, beim Essen fünf gerade sein zu lassen und unsere Zeit nicht am Herd zu verbringen, so wurde uns das Feuer von Tag zu Tag wichtiger. Ohne Feuer schien das Haus in Traurigkeit zu fallen. Das war keine Frage der Wärme, die Elektroheizung brachte es leicht auf jede gewünschte oder vertretbare Temperatur. Das Feuer brannte in einem modernen dänischen Eisenofen, den man wie einen offenen Kamin benutzen konnte. Wir lernten, die Kloben so auszuwählen und anzulegen, daß das Feuer über Stunden, schließlich sogar über Nacht anhielt, ohne daß wir Briketts zu Hilfe nehmen mußten. Wir lernten den Wind überlisten, wenn er morgens in den Kamin drückte. Wir beschäftigten uns damit, die Glut aufzuschüren, Verkohlendes in die Flammen zu drehen. Das

Feuer fraß täglich einen Sack Holz für ungefähr acht Mark, den eingesparten Strom fraß die Sauna.

Feuer und Sauna machten uns unabhängig vom Wetter. Regen und Kälte steigerten nur ihre seelenwärmende Wirkung. Wir gingen nicht in die Sauna, weil es draußen so kalt und unwirtlich war, sondern umgekehrt: Wir gingen nach draußen, weil das Saunen danach mehr Spaß machte. Gegen Abend streiften wir durch die menschenleere Siedlung, um dann auf das eigene, einzige Licht zuzugehen, durch die Fenster in den großen, holzüberdachten Wohnraum zu schauen, wo das Feuer brannte und Bücher aufgeschlagen warteten. Es war ein Spiel. Wir spielten »Nach Hause kommen«. Das normale, gewohnte urlaubsübliche Verhältnis von Drinnen und Draußen kehrte sich um.

Am Mittwoch ging die Sonne auf. Sie kündigte sich schon gegen sechs Uhr an, der Hund wurde unruhig, die Nacht hinter den Fenstern war grau statt schwarz. Vor der Haustür war die Pfütze zu Eis gefroren. Der Hund kam mit eingeklemmtem Schwanz zurück, verfolgt vom Schimpfen einer Gans, die er wohl aus dem Schlaf aufgestört hatte. Als der Himmel silbrig wurde, segelte über dem Wald sehr langsam ein großer Vogel vorbei, den wir ohne ornithologische Hemmungen Kormoran nannten. Um neun war es hell genug, um ohne Lampenlicht zu frühstücken. Der ganze Himmel war blau. Ein sehr blasses, ausgewaschenes Hellblau, aber doch blau. Um zwanzig Minuten vor zehn trat die Sonne selbst in Erscheinung, quoll über dem Waldstreifen hervor, gleißend genug, aber eher messingfarben als golden. Wir machten uns sogleich auf, den Tag zu nutzen.

Wir waren sehr fröhlich beim Wandern, ein bißchen »high« von der Sonne. Tatsächlich brauchten wir die Sonne auch, um auf den krummen Pfaden durch Heide und Wald einigermaßen die Richtung zu halten. Auf Wald folgte offenes Grasland, dann wieder Wald, jetzt nicht das neu gepflanzte Kleinzeug unserer Umgebung, sondern alter Nadelwald, der einen Sumpf verbarg. Ein Umweg war nötig, führte aus dem Wald heraus. Dünen tauchten auf, ein braunbuckliges Kleingebirge, dahinter ein weißes: die zweite Staffel zeigte nackten Sand unter Schöpfen von blassem Gras. Als wir vom ersten Dünengipfel aus das Meer sahen, kam uns zum Bewußtsein, daß wir die Brandung schon lange gehört hatten. Später, auf dem Rückweg, blieben wir öfter stehen, um hinzuhorchen. Als wir gelernt hatten, das Geräusch zu unterscheiden, hörten wir es bis vor unserer Haustür, hörten es, wenn wir nachts ein Fenster aufmachten, unter den helleren Windstimmen dunkel vor sich hingrollen.

Zwischen dem dunklen und dem hellen Dünengebirge lag eine tiefe Senke, in der ein schmaler Ausläufer des Ringkøbing-Fjords sich hinzog und zwischen Schilf und Sumpf verlandete. Wir wanderten an dem bräunlichen Wasser entlang bis zu einem hölzernen Steg, den man wohl für den sommerlichen Badeverkehr gebaut hatte. Wir waren noch keinem Menschen begegnet. Die Sonne hatte ihren höchsten Stand erreicht, aber unsere Schatten auf dem flachen Sandufer waren lang wie am Abend. Das Tal war ohne Zeit: ein wartender Schauplatz, auf dem jede Zeit spielen konnte, Steinzeit, Pfahlbauzeit, Kriegszeit, Nach-Atomzeit. Dagegen war hinter den weißen Dünen deutlich Jetztzeit, Plastikzeit. Was das Meer auf den Strand spülte, war nicht »Gut«, es war Müll, bis auf das Treibholz, das aber niemand zu sammeln schien. Das Meer sah ungemütlich aus.

Als wir nach Hause kamen, hatte der Wind ein schlecht gesichertes Fenster aufgeschlagen, ein paar Kleidungsstücke nach draußen gezogen. Sie hingen in den Büschen. Damit begann die Sturmzeit. Das Haus fing an zu ächzen wie ein Windjammer. Oben fühlte man es schwanken, das Rahmenwerk knarrte. Wir fuhren das Auto ein Stück weg für den Fall, daß der hoch aufgemauerte Kamin herunterkäme.

Den ganzen nächsten Tag regnete es. Sintfluten schossen horizontal vorbei, trommelten gegen das Küchenfenster. Drinnen hatten wir es »hyggelig«. Noch war der Sturm kein Orkan.

Freitag morgen fiel dann der Strom aus, der Wind

brachte die Innereien unseres Ofens durcheinander, man mußte das Feuer löschen. Zum erstenmal vermißten wir Telefon und Radio (daß die Bevölkerung über Rundfunk aufgefordert war, die Häuser nicht zu verlassen, erfuhren wir erst hinterher daheim). Mittags machten wir uns auf nach Nørre Nebel. Auf der Straße trieb der Wind einen ausgerissenen Baum vor uns her, Felder standen unter Wasser. Die ganze Küste ist ohne Strom, sagte Susi: »Sie arbeiten dran.« Wie lange wird das dauern? Eine Viertelstunde vielleicht. Oder etwas länger. Bei der letzten Sturmflut war Nørre Nebel zweieinhalb Tage ohne Licht. Wir konnten nicht in die Bank, weil die gerade ihr Ziegeldach auf die Straße schüttete, in der Sparkasse war die Elektronik ausgefallen, bei Kerzenlicht wurde das Geld gezählt. Es war unser letzter Tag, wir mußten noch in Bentes Töpferei. Als wir zum letzten Mal »nach Hause« kamen, ging das Licht wieder. Wir heizten die Sauna an . . .

Wir haben einen Teepott gekauft, der ist wie Jütland: erdenschwer, eigenwillig, praktisch, aber mit einer Seele begabt, schön, heimatlich, »hyggelig«. Wir hätten gern ein paar mehr Tassen dazu gehabt. Nächstes Mal? sagte Bente. Kommt ihr nicht Ostern wieder? Und im Sommer auch nicht?

Brigitte Macher

Furchen der Winkinger

Jütland

Es steht weder im Baedeker noch im Polyglott, nur ein schlichter Wegweiser auf der A 16 gleich hinter Randers beim Dorf Ammelhede weist darauf hin: Hamlets Grab. Ein mittelgroßer Findling mit in Stabreim gefaßter, rätselvoller Inschrift, deren Entschlüsselung nicht nur sprachliches Wissen, sondern auch profunde Kenntnisse dänischer Sagen voraussetzt.

»Hamlet, – Schlaukopf der Vorzeit / stellte sich dumm / zur Stunde der Rache. / Gewählt vom Thing / von den Jüten zum König erhoben / ruht er auf Ammelheide«.

Ringsum Felder und Weiden mit liebenswerten dänischen Kühen – kein Dekor für Dramatik. Immerhin zog gerade ein Gewitter herauf und entlud sich über uns, den Kühen und Hamlets fraglichem Grab. War es nun seins oder nicht seins? (Lies nach, o Wanderer, bei Saxo grammaticus, der diesen Ort als Begräbnisstätte des Amleth zitiert.) Was dem Ort an Mystik abgeht, ersetzte für uns der blitzezuckende düstere Himmel.

»Jütland ist überhaupt nicht aufregend.« Das Auto rollt durch sanft gewelltes Hügelland, und rechts und links, das weiß man, ist das Meer. Genaugenommen zwei Meere, die sich in Skagen, am nördlichsten Zipfel der Halbinsel, treffen. Aber auch das geschieht ohne die Dramatik berühmter Kaps. Nord- und Ostsee platschen schlicht am flachen Strand zusammen. Baden sei gefährlich, warnt ein Schild, und so versucht es niemand. Man bestaunt das Schauspiel der Begegnung von Blankem Hans und friedlicher Ostsee, die sich enttäuschenderweise nicht mal durch Farbnuancen unterscheiden, blickt den am Horizont vorbeiziehenden Schiffen nach und entflieht dem Gewimmel so schnell wie möglich. Auch die versandete Kirche von Alt-Skagen hat mehr Atmosphäre auf der Postkarte als in der Wirklichkeit touristischen Getriebes.

Doch dem kann man leicht entfliehen, denn Dänemark befindet sich, was die Touristik betrifft, über weite Strekken im Stande der Unschuld.

Zum Beispiel die einsamen Strände der Jammerbucht am nordwestlichen Rand von Jütland? Weiß sind sie und breit und bunt gesäumt von roten, schwarzen und weißopalen Kieseln, die naß glänzend zum Sammeln verlokken. Nach dem Sturm schimmern violette und orangefarbene Quallen im Schlick – so viel preisgegebene Schönheit. Im Hafenbecken von Frederikshavn schweben die Quallen auf und nieder zwischen den Fähren nach Norwegen und Schweden. Wir blieben Jütland treu. Denn viel gibt es hier zu entdecken: Kirchen, Schlösser, Wasserburgen.

Südlich von Frederikshavn die prächtige Renaissancefassade von Schloß Voergard, flankiert von zwei mächtigen, sechseckigen Türmen. Weißer Sandstein gliedert und schmückt das rote Backsteinmauerwerk im satten Grün einer weitläufigen, kunstvoll angelegten Parklandschaft. Östlich von Randers auf der Halbinsel Djursland liegt das Wasserschloß Gammel Estrup. Als staatliches Museum eingerichtet, demonstriert es den Lebensstil alter dänischer Geschlechter. Manches hübsche Landschlößchen in dieser Gegend hütet hinter stillen Gräften sein Geheimnis oder tut wenigstens so – neugierigen Passanten gegenüber. Als Internat eingerichtet ist das ehemalige Rittergut Kokkedal am Limfjord. Da sind gerade Ferien, und kein Laut stört die Atmosphäre eines typischen Landsitzes vergangener Zeiten. Uralte Eichen spiegeln ihr weitausladendes Gezweig im dunklen, klaren Wasser der schützenden Gräben.

Stille umhüllt das satte Bauernland am nördlichen Limfjord, und wo keine Weiden und Felder das Land besetzen, ist das Paradies der Vögel. Das größte Vogelreservat Nordeuropas, die Vejler, liegen an der schönen Strandstraße zwischen Agger- und Feggesund am nördlichen Limfjord. Und da taucht schon wieder Hamlets Schatten auf: am Feggesund hat er angeblich seinen Onkel Fegge umgebracht. Bei schlechtem Wetter wäre der Ort gut gewählt, und wenn graue Wolken tief über die Heidelandschaft nahe der Nordseeküste jagen, ist der unglückliche Königssohn präsent.

Doch die Forstwirtschaft hat sich der Heide bemächtigt. Ausgedehnte Pflanzungen sind angelegt worden. Bis dicht ans Meer heran reicht der Nadelwald im Land zwischen Meer und Fjord, und das Wandern oder Spazieren bietet sich als Alternative zum Schwimmen, wenn die Winde zu kalt wehen und die Sonne woanders scheint. Verschiedene Erdbodentypen und Feuchtigkeitsverhältnisse schaffen an den nordwestlichen Küsten Jütlands eine eigenartige und vielfältige Flora. Das liebliche Quellental von Fosdalen nahe Slettestrand schneidet die eiszeitlichen Moränenhänge tief ein und läßt mit üppigen violetten und gelben Blütenkaskaden nördliche Breiten vergessen.

Oben aber auf den Hügeln wuchert Heidekraut und seidiges rosa Gras zwischen niedrigem Kieferngehölz. Das Meer liegt als dunkelblaues Seidentuch zu Füßen. Bei Sonnenuntergang explodiert der Himmel in leuchtendem Farbenspiel von Rot, Türkisgrün, Orange und Grau. Wolken türmen sich zu phantastischen, lichtumsäumten Gebirgen, wandeln sich zu Schlössern, Kathedralen, Ungeheuern. Jeden Abend hat der Himmel Premiere, auch unten am leeren Sandstrand zwischen den Dünen, die sich weiter nördlich zu Sandwüsten formieren: die Sahara am Skagerrak. Eingefangen zwischen den schwingenden gelben Wogen der größten Wanderdüne Dänemarks, Råbjerg Mile, bleibt der Imagination ein weites Feld. Doch hier steht am Rande der »Wüste« eine der typischen Kirchen Jütlands, eigentlich deren kleinste Ausgabe, das Råbjerg-

Kirchlein. Die Intimität des gepflegten kleinen Innenraumes läßt es für Familienfeiern – in diesem Falle eine Hochzeit – geradezu prädestiniert erscheinen.

Überhaupt sind die Kirchen eine der hübschesten Überraschungen der Halbinsel. Aus schweren, eiszeitlichen Granitquadern gefügt, stehen sie trutzig und gedrungen auf kleinen Anhöhen oft außerhalb der Dörfer oder leuchten in festlichem Weiß aus dem tiefen Grün der penibelordentlichen Friedhöfe. Aus dem 12. und 13. Jahrhundert stammend, ist der romanische Stil der Kirchen auf das Einfachste reduziert. Ans rechteckige Langhaus schließt sich der fast quadratische Chor mit oder ohne Apsis an. Im Westen wuchtet der Glockenturm, der bei manchen Kirchen, die man die »kahlköpfigen« nennt, ganz fehlt. Der Eingang liegt seitlich und führt durch einen kleinen Vorraum, in dem man sich vor einem Spiegel die vom allzeit wehenden Wind zerzausten Haare richten kann, bevor man eintritt in Gottes gute Stube.

Wohnlich und heiter umfängt den Besucher der farbenfrohe Innenraum: Da laß dich zum Beten und ausführlichen Singen nieder (was die Dänen auch in ihren Gottesdiensten tun) oder verweile einfach inmitten der Harmonie liebevoller Häuslichkeit. Kanzeln und Altäre prangen in frischem Rot, Blau, Grün und Gold – entzücken durch die Naivität der gemalten oder geschnitzten Darstellungen aus der Heilsgeschichte. In den Stadtkirchen von Hjorring und Alborg sind es Kunstwerke der späten Gotik, die man trotz der Reformation nicht aus den protestantisch gewordenen Kirchen entfernte. Und so schwebt, von Engeln umschwärmt, die Himmelskönigin im prachtvoll gechnitzten Flügelaltar der Liebfrauenkirche von Saeby (südlich von Frederikshavn). Berühmt ist diese Kirche besonders wegen ihrer ausdrucksstarken Fresken (um 1510) in den gotischen Gewölben, welche fromm und innig die komplikationsreiche Familienvorgeschichte Mariens darstellen oder mitfühlend das jüngste Gericht schildern.

Ein beliebtes Motiv der Altäre ist das Abendmahl, zum Beispiel in der schönen St.-Katharinen-Kirche von Hjorring. Da sitzen die Apostel wie in einem Bühnenraum um den gedeckten Tisch – bäuerliche Gestalten mit auffallend großen Händen und einfältigen Gesichtern. Gewaltige Messingleuchter mit armstarken Kerzen glänzen um die Wette mit den allzeit frisch geputzten Kronleuchtern, die auch der bescheidensten Dorfkirche einen Hauch von Vornehmheit verleihen. Und ebenso zuverlässig findet sich in jedem Kirchenraum ein kunstvoll geschnitztes Schiff von der Decke herabhängend. Zu diesem fröhlichen Inventar setzt der granitene romanische Taufstein den ernsten Kontrapunkt.

Es gibt nur wenig größere Städte in Jütland. Von speziellem Reiz ist es, die kleinen Landstädtchen zu entdecken, etwa das hübsche Mariager am gleichnamigen, in die Ostsee mündenden Fjord nördlich Randers. Nahe der deutschen Grenze Tondern und die alte Stadt Ribe mit ihrem berühmten romanisch-gotischen Dom, dem Katharinenkloster, schönen Fachwerkhäusern in idyllischen Gassen, die der Touristenstrom nicht aus ihrer beschaulichen Ruhe weckt. Arhus hat mit 55 aus Provinzstädten zusammengetragenen alten Häusern im Botanischen Garten eine Stadt des 17. Jahrhunderts rekonstruiert als buntes Freilichtmuseum dänischer Kulturgeschichte. Handwerker arbeiten dort in ihren Werkstätten in althergebrachter Weise. Zum Zugucken muß man sich gehörig Zeit nehmen. Das Beste an diesem Museum ist, daß es – zumindest in der Atmosphäre – genügend Bezüge zur Realität des Landes hat, dessen stille Winkel mit ein wenig Geduld und Zeit überall aufzuspüren sind.

Das gilt auch für die Spuren der Wikinger. Ihre Gräberfelder in der Heidelandschaft am Limfjord sind leicht zu übersehen. Aber Lindholm Hoje bei Alborg zeigt ein ausgedehntes Gräberfeld mit Hunderten jener eigenartigen Steinsetzungen in Form von Dreiecken, Vierecken, Ovalen, Kreisen und schiffsförmigen Figuren, einer besonders aparten Idee der alten seefahrenden Recken. Neben dem Gräberfeld finden sich die Reste einer Wikingersiedlung des 10. bis 11. Jahrhunderts. Im Grundriß sind Häuser, Straßen, der Marktplatz zu erkennen, sogar ein Acker, dessen Furchen ein Winkingerbauer vor 1000 Jahren zog.

Alles verwehte der Sand und begrub Gräberfeld und Siedlung. Als man in unserem Jahrhundert Siedlung und Akker ausgrub, da zeigte es sich, daß es ein ordentlicher Bauer war, der das Feld gepflügt hatte. Die Furchen sind nämlich schnurgerade gezogen. Und so liegt, wie es sich in einem bäuerlichen Lande gehört, die moralische Nutzanwendung für den Reisenden in Jütland auf dem Acker.

Theodor Geus

Liliput im Meer

Auf Bornholm

Es war einmal ein Känguruh. Weiß der Himmel, wie es in den Tierpark des Knud Tiil gekommen ist, der mit einer seltsamen Leidenschaft für exotische Lebewesen ein vietnamesisches Hängebauchschwein, Nasenbären, Zebras, Watussirinder und Emus um sich versammelt hat. Vielleicht war es das Kängeruh leid, immer im salzigen Wind zu stehen, vielleicht mochte es die dunklen Wolken nicht, die wie große Schiffe über den Himmel fahren, oder es wurde von seiner Sehnsucht nach der heißen Sonne und der Weite Australiens überwältigt. Eines Tages jedenfalls schlüpfte es durch den Zaun und machte sich auf den Weg. Aber man hatte es bald wieder eingefangen. Diese Insel, nicht viel größer als 500 Quadratkilometer, ist kein Ort für große Sprünge. Kaum daß man aufgebrochen ist, ist man schon wieder angekommen: an einem südseeblauen Meer, wo sich das Land sanft den Wellen zuneigt, und an einem bleigrauen Meer, wo es gegen die Klippen brandet. Wer gut zu Fuß ist, braucht nicht mehr als vier Tage, um einmal rund herum zu laufen.

Der Legende nach ist vor urdenklichen Zeiten das riesige Weltenschiff – so riesig, daß man graue Haare bekommt, wenn man von einem Ende zum anderen geht – in einen fürchterlichen Sturm geraten. Um es vor dem Untergang zu retten, befahl der Kapitän, Ballast abzuwerfen. Daraus ist diese Insel enstanden und aus den Küchenabfällen wurden die Eilande Christiansø und Frederiksø. Ein anderes schönes Bild sagt, daß das dänische Festland der Dampfer sei und die Insel eine Jolle, die er hinter sich her schleppte und die ihm verlorengegangen ist. Das also ist Bornholm, auf dem Globus ein winziger Punkt im Meerblau, für Wissenschaftler ein Stück abgebrochenen fennoskandischen Urgesteins, und für manche als das Capri des Nordens plakatiert. Bevor ich nach Bornholm aufbrach, habe ich eine alte Postkarte hervorgekramt mit einem leuchtend gelben Rapsfeld darauf, über dem sich ein weißblauer Himmel wölbte. Auf der Rückseite stand statt »Viele Urlaubsgrüße aus . . .« der etwas bedrohliche Satz »Hier kann man glücklich sein, wenn man keine großen Wünsche hat«. Es wird nicht viel los sein auf Bornholm, dachte ich, und begann das Känguruh zu verstehen.

Aber schon die erste Nacht veränderte vieles. Wir hatten Quartier genommen in einem Haus auf einem Hügel über der Ostsee. Weit hinten am Horizont lag der Schatten der schwedischen Küste, Segelboote schaukelten auf den Wellen, und zwischen ihnen fuhren Frachter langsam und stetig von Ost nach West. Als das letzte Licht ins Wasser fiel, wurde es nicht dunkel. Es blieb eine silbrige Helligkeit, als glühe das Meer noch eine Weile nach durch die aufgespeicherte Sonne. Der Wind war eingeschlafen und summte nur noch ein wenig vor sich hin. Man spürte es nicht richtig, aber man wurde die Ahnung nicht los, daß Bornholm begonnen hatte, ein Netz der Verzauberung zu spinnen. Am anderen Morgen war das Werk vollendet: Nicht nur, daß alle festländische Unruhe, die man hierher mitbringt, wie weggeweht war, sondern jetzt waren auch die Augen offen für die Merkwürdigkeiten der Insel.

»Dieses Land ist einfach und ruhig, von einer klaren, keinesweg dämonischen Schönheit« schrieb der deutsche Dichter Hans Henny Jahnn, der hier Jahre des Exils verbracht hat. Wohl unwillkürlich hatte er das richtige Wort gewählt, denn für die Bornholmer ist ihre Heimat nicht eine Insel, sondern sie nennen sie selbstbewußt das »Land«. Es besitzt alles, was solchen Stolz rechtfertigt. Bornholm hat seine eigene Sprache, ein sanftes, melodisch klingendes Dänisch, das sich noch mittelalterlicher Wendungen bedient und das es leicht macht, zwischen »fødte«, den Geborenen, und »førdte«, den Zugereisten, zu unterscheiden. Diese sind vor allem Südschweden, die um die Jahrhunderte die Armut in die Ferne trieb und die nur eine Wahl hatten – auszuwandern nach Amerika oder nach Bornholm.

Dieses Land hat das friedliche Feld, den wohlriechenden Wald, Kirchen, Städte und über die Hügelwellen verstreute vierkantige Bauernhöfe – nur in einem anderen Maßstab als draußen in der großen Welt. Auf eigenartige Weise scheint auf Bornholm vieles verkleinert auf ein Spielzeugformat. Aber was auf die Fremden wie ein Reich Liliput wirken mag, ist ein kraftvoller Mikrokosmos, in dem das Leben mit einer zähen Beharrlichkeit gelebt wird. Seit Jahrhunderten fahren die Bornholmer von winzigen Häfen aus in zierlichen, zerbrechlichen Nußschalen aufs Meer, seit Jahrhunderten wohnen sie in kaum mannshohen Häuschen, die jedes Jahr vor Pfingsten neu mit leuchtenden Farben – gelb, ochsenblutrot, blau oder grün – gestrichen werden als trotzige Signale gegen den grauen Ostwind und das düstere Wintermeer.

Es kann auch sein, daß dieses Spielzeugformat nur eine optische Täuschung ist, daß Häuser, Städte und Schiffe nur so klein wirken, weil es ringsum Dinge von dramatischer Größe gibt: das endlose Wasser, den steil abstürzenden Klippenrand und die weiße Weite des Strands von Dueodde, an dem man sich die Zeit durch die Finger rinnen lassen kann. Früher einmal wurden die Stundengläser mit diesem feinkörnigen Sand gefüllt. Da ist auch die riesige Festung Hammershus, zu der ein atemlos machender Weg über die Felsen hinaufführt, noch als Ruine von jenen brutalen Dimensionen, die die Mächtigen und Gewalttätigen für sich beanspruchen, aber auch ein Symbol für den Eigensinn der Bornholmer.

Selbst diese meterdicken Mauern konnten ihnen nicht den Drang nach Freiheit verwehren. Soldaten der Dänen, Lübecker und Schweden, deren Gouverneur schrieb, diese Menschen seien, »rüde, inculta ingenia und böswillig, wie alle Inselbewohner zu sein pflegen«, versuchten erfolglos, die Bauern und Fischer zu beherrschen. Nach dem Sturm auf die Festung bauten sie sich aus den gefallenen Steinen solide Schweineställe. Und dann ist da noch eine wunderliche Natur. Zum Entzücken der Ornithologen sind hier vom Wind aus südlichen Breiten abgetriebene Vögel hängengeblieben, zur Begeisterung der Botaniker sind wärmebedürftige Pflanzen heimisch geworden und haben, versteckt in Felsspalten und Abgründen, die Veränderungen in der Welt überlebt. Es wachsen Feigen- und Maulbeerbäume, Weinreben, Orchideen, Winterlieb oder die weiße Anemone, und natürlich Rosen und Malven, unglaublich viele Rosen und Malven, die Häuser überwuchern und mit ihrem Duft die Städte einhüllen.

Doch solche romantischen Ansichten sollten nicht den Blick für die Wirklichkeit verstellen. Bornholm ist eine Touristeninsel. Für einen kurzen Sommer füllt sie sich mit Fremden, 50000 auf einmal, pro Bornholmer Kopf ein Ausländer, eine unruhige Flut, die über die Gemächlichkeit schwappt bis zur Ebbe im Herbst. Wenn Saison ist, wird Svaneke zu einer pittoresken Postkartenstadt, und nach Gudjem zieht nicht das Licht, das die Maler begeisterte, sondern der Geruch der über Erlenholz geräucherten Heringe. Seit 1866 der Dampfer Scandia von Kopenhagen nach Rønne fuhr, gibt es hier schon Fremdenverkehr, eine bescheidene, wenig komfortable Sommerfrische. Heute ist daraus eine lebenswichtige Industrie geworden, denn die Fischerei geht immer mehr zurück, Landwirtschaft lohnt sich nur noch auf großen Höfen, die meisten Steinbrüche, die einst Schotter für die Eisenbahnlinien in die ganze Welt lieferten, sind stillgelegt, für die berühmten Bornholmer Bordsteine gibt es in Portugal eine billigere Konkurrenz; der Granit, aus dem das Kopenhagener Parlament, das Gericht in Glasgow und die Kunsthalle in Düsseldorf gebaut wurde, ist nicht mehr gefragt.

Es ist wohl auch bequemer, an den Urlaubern Geld zu verdienen, denn das alte Handwerk war mühselig und voller Gefahren. Viele Fischer kehrten von der Meerfahrt nach Grönland nicht mehr zurück, und die Familien der

Steinhauer hatten selten mehr zu essen als einen mageren Hering – dreimal am Tag. »Aber eine schandbar schwere Arbeit ist es ... und steif im Schritt wird man, wenn man so fünfzehn Stunden auf dem kalten Stein sitzt, so steif, als wenn man als alleiniger Mann Vater von der ganzen Welt wär« sagt Kalle Karlsson. Er ist einer der Figuren des Martin Andersen-Nexø, der in seinen proletarischen Romanen das harte Bornholmer Leben – sein eigenes und das seines Vaters – schildert und vielleicht deswegen auf der Insel nicht geliebt wird, dafür aber in der DDR, wo er 1954 in seiner Leipziger »Ehrenwohnung« starb, umso mehr geschätzt wird. Niemand möchte mehr an die alten ärmlichen Zeiten erinnert werden. Viel lieber streitet man darüber, ob es nicht doch vernünftig sei, ein Spiel-Casino zu bauen. Noch allerdings haben die Maßvollen die Oberhand, die Bornholm erhalten möchten als einen Ort des Ausatmens und der kleinen Freuden zwischen Wiesen, Gärten und Meersaum.

Man kann hier glücklich sein, wenn man keine großen Wünsche hat. Man darf, dies lernt man schnell, nicht auf diese Insel kommen, um nach Aufregungen zu suchen, und man darf seine Fantasie nicht vergessen, um Zwiegespräche halten zu können mit der Erde, dem Wind, den Bäumen und den Steinen. Steine sind es vor allem, die reden: die seltsamen Wandersteine, die eine Schleifspur über das Feld ziehen und umkehren, wenn sie den Duft frischgebackenen Brots riechen, die Wackelsteine, die, tonnenschwer, sich mit einem Finger bewegen lassen, oder der Felsen von Madsebakke, auf dem magische Zeichen – Füße, Radkreuze und rohe Umrisse von Schiffen – eingeritzt sind. Natürlich gibt es dafür auch vernünftige Erklärungen, die Kräfte der Eiszeit zum Beispiel und die Rituale früher, uns unbekannter Menschen. Aber warum sollten hier nicht auch die Unterirdischen ihre Hand im Spiel haben, die stets am Schicksal Bornholms mitgewoben haben und immer noch mächtig sind. Es sind Wichtelmänner mit einer roten Zipfelmütze. Ihr König Ellestringeren reitet auf einem dreibeinigen Pferd und hat einen Zweispitz auf dem Kopf. Manchmal scheint es, als hülfen sie mit in den Werkstätten, in denen aus den Bestandteilen ihres geheimnisvollen Erdreichs herrlich schimmerndes Glas, Vasen, Schalen und Figuren aus Ton, und aus den kunstvoll geschliffenen Graniten Bornholms schöner Schmuck entsteht, der ungewöhnliche Farben hat: rehbraun, ein magisches Violett oder ein Grün wie aus der Tiefe des Ozeans. Es reden auch die Bäume des Waldes von Almindingen, die Seerosenteiche und das Moor, und wenn man gut zuhört, redet der Wind mit Orgeltönen und Piccoloflöten.

Daß wir uns nur nicht ganz ins Mythische verlieren. Auch das Diesseitige der Insel ist von eigenem Reiz. Wer würde sich nicht gern der Bekanntschaft mit den »echten Bornholmern« erinnern, den durch die rauchvergoldeten Heringe, die mit einem Eidotter belegt zur Sonne von Gudjem avancieren, wer würde nicht wieder mitfeiern bei der Tierschau in Hareløkkerne, zu der sich das ganze Bornholmer Leben versammelt: Pferde, Schweine, Bullen und Schafe als Hauptpersonen, dazu flachsblonde Mädchen, junge Männer mit biergeröteten Gesichtern, würdige alte Bauern und viele fröhliche Kinder. Wer würde nicht einen Schluck aus der Flasche mit Schnaps nehmen, in den das Wunderkraut Artemisia absinthum getaucht wurde. Er hilft nicht nur gegen alle Krankheiten, sondern es heißt auch, wer von diesem Trank trinkt, bevor er an Bord geht, speit nicht ins Meer. Und wer möchte nicht Svevablodda versuchen, mit dem sich die Fischer gegen den eisigen Sturm wappneten. Svevablodda ist ein Gemisch aus Weingeist, Rum, Johannisbeerrum, Weinbrand, Kirschwein und Pomeranzenlikör. Nach diesem Cocktail soll man bornholmisch träumen, und das, so heißt es, sei etwas ganz Besonderes.

Gabrielle Wittkop-Ménardeau

Lauter Merkwürdigkeiten

Eine schwedische Reise

Um drei Uhr nachts ist der Himmel silberweiß, die Bürofenster spiegeln ihr Neon hart im Mälarsee, die leeren Straßen glitzern wie Glimmer. Gestern um diese Zeit überflog ich Stockholm im Luftballon, schwebte über Flächen von heftigem, saftigem Grün, über Hochhäuser, sah in der Ferne den alten Stadtkern, Inseln, die durch lange Brücken miteinander verbunden sind, eine leichte, pflanzlich anmutende Struktur, die ich wiederfand in der Blüte des wilden Dills, als der Ballon auf einer Wiese landete. Das Frühmorgenlicht des schwedischen Sommers hat etwas Unwirkliches, es versetzt einen in eine Dimension, die alles ermöglicht, auch das Fliegen ohne Flügel und ohne Motor. Anders ist die Magie der langen Abende, denn wir kannten schon die schrägen, gelben Strahlen, die lavendelblauen Schatten, die sich nicht bewegen, die Menschen, wie für ein Fest in Weiß gekleidet, die an weißen Tischen mit weißen Blumen sitzen und scheu schauen in Erwartung eines Wunders oder eines Dramas. Fin-de-siècle-Malerei, und genauso sieht es aus auf der Brücke der »Mälardrottningen«, der ehemaligen Yacht von Barbara Hutton, jetzt ein Hotel. Leises Klirren schöner Gläser. Gutes Essen. Muffige Höflichkeit oder mürrische Korrektheit, wie man es nimmt, und natürlich mit Ausnahmen.

Die Inhaberin des Antiquitätengeschäftes hat auch nicht gelächelt, unterkühlt hat sie mich gemustert, und deswegen habe ich die Lampe, die mir so gut gefiel, nicht gekauft. Als ich es Eva erzähle, nimmt sie es auch ganz ernst: Wir Schweden sind schwer zu verstehen. Oft leiden wir unter Neurosen. Wir standen so lang abseits, und dazu die langen Winternächte... Nun vielleicht. Und vielleicht auch das Korsettieren eines vehementen, naturgegebenen Heidentums. Im Hotelzimmer fand ich nicht nur die Bibel, sondern just daneben Lolita. Aus Neurosen entsteht manchmal Kunst, mag dabei der Autor schlimme Zustände durchleiden. Strindberg zum Beispiel.

Der Blaue Turm, Drottninggattan 85, ist das einzige der vierundzwanzig von Strindberg in Stockholm bewohnten Häuser, das noch erhalten geblieben ist. Dort zog er ein, 1908, gerade nach der endgültigen Trennung von seiner dritten Frau, und, von seinem Magenkrebs gepeinigt, er starb dort im Mai 1912. Es ist eine stillose, lieblose, arge Wohnung mit Linoleumböden, Serienmöbeln, billigen Tapeten. Kein einziger Luxusgegenstand, sogar kein einziges der großartigen Bilder, die Strindberg malte. Er hatte sie verschenkt, hatte sein ihm unerträglich gewordenes Heim aufgelöst, seine Bibliothek verpfändet und dem Pfänder schließlich überlassen. Man ahnt eine große Gleichgültigkeit, die Anästhesie, die sich von selbst einstellt, wenn der Schmerz zu stark wird. Sonst ist Drottninggattan eine heitere Straße mit vielen Künstlerlokalen, kleinen Bücherantiquariaten, italienischen Lebensmittelhandlungen. Dort findet man indonesisches Kunstgewerbe, Pop-Klamotten und sogar ein sehr eigenartiges Konfekt: Ameisen in Schokolade glasiert.

Das schönste Viertel von Stockholm ist Gamla Stan, die Altstadt. Holzgetäfelte, engbrüstige Läden, barocke Steingesichter zwischen rotgetünchten Fassaden und Brunnen. St. Georg aber hört nicht auf, den Drachen zu durchbohren, unter dem gleichgültigen Blick der phantastisch gekrönten heiligen Birgit. Mädchen tanzen, Clowns musizieren. Verklemmter Lebensrausch in der hellen Nacht. Man kann nicht von Gamla Stan sprechen, ohne den Leijontornet zu erwähnen: das hervorragende Restaurant steht nämlich gerade über der alten Befestigungsmauer

Stockholms und bietet den Beweis, daß Archäologie auch etwas anderes sein kann als akademischer Resurrektionismus. Von vielen Glaswänden optisch gelockert, mit frischen Blumen geschmückt, ist das Labyrinth der alten Kasematten und Turmfundamente nicht nur schön, sondern funktionell und gegenwärtig geworden.

Die Vasa hinter Gitterwänden, die Bernadotte in klassischen Katafalken ruhen in der Riddarholmskyrka. Das alte Gotteshaus ist kühl und leer unter seinem Zauberhut aus Eisen. Es ist aber vor allem der Stockholmer Dom, die Große Kirche, die die Geschichte Schwedens veranschaulicht. Hier war es, daß die Reformation 1520 dem Papismus abschwor, hier wurden Fürsten vermählt und Könige gekrönt inmitten fabulöser Stukkaturen, Trompe-l'œil-Drapierungen aus vergoldetem Holz, ein sehr italienischer Triumph des Barocks, den man in Nordeuropa nicht vermutet, obwohl man ihm dort oft begegnet. Gipfel des Manierismus, sitzt Nicodemo Tessin, der Architekt des königlichen Palastes, auf einer Mauerkonsole, seine Beine aus weißem Marmor hängen frei in die Luft, man erwartet, sie baumeln zu sehen, aber sie tun es nie. Abgesehen vom italienischen Einfluß, neigen hier die Ornamente gern zum Bizarren, Märchenhaften, Legendären. Auf den Türmen des Rathauses glänzen Mond, Sonne und Sterne, der große Saal aus goldenen Mosaiken läßt an ein theatralisches Ägypten denken, Sirenen und Kraken lauern überall. Die Geschichte ist auch phantastisch: Von Paranoia befallen, versteckt sich Erik XIV. tagelang im Klo, trägt ständig ein Bund mit zweiundzwanzig Schlüsseln bei sich, bis schließlich sein Bruder, König Johann III., ihn jahrelang in Gripsholm festhält, bevor er ihn mit Erbsensuppe vergiftet. Mit Erbsensuppe! Christine, wohl die sonderbarste Despotin der Welt, schreibt historische Abhandlungen, spricht aber wie ein Pferdeknecht und sieht aus wie ein fetter Klosterbruder. Mit seidenem Umhang, Dreispitz und »bauta«, a la vénitienne verkleidet, betritt Gustav III. den Ballsaal: seine Schergen sind gleichfalls à la vénitienne maskiert, und die Kugel trifft ihn in den Rükken: ein Loch in der Seide. Noch zwei Wochen wird er leiden, frostgeschüttelt unter Wolfspelzen, bis der Tod ihn erlöst.

Mit Tritonen und Putti üppig geschmückt, den königlichen Löwen als Galionsfigur hochmutig vor sich tragend, hatte das Kriegsschiff »Vasa« seine Jungfernfahrt angetreten. Man schrieb das Jahr 1628, und in Europa wütete der Dreißigjährige Krieg. Um die »Vasa« in See stechen zu sehen, hatten sich viele Menschen am Ufer unterhalb des Schlosses versammelt. Mühsam wird das Schiff verholt, und vier Segel – Fock, Vor-Marssegel, Groß-Marssegel und Besan – sind gesetzt. Eine starke Bö bringt die »Vasa« zum Krängen, sie richtet sich wieder auf, krängt aber von neuem nach backbord über. Das Wasser strömt durch die offenen Kanonenpforten, und das Schiff sinkt augenblicklich »mit stehenden Segeln, Flaggen und allem«. Eines der größten Kriegsschiffe jener Zeit war auf 35 Meter Tiefe mitten in seinem Heimathafen und vor seiner Jungerfernfahrt gesunken. Mehr als 300 Jahre lang blieb es auf dem Meeresboden, bis 1959 Taucher der Marine in schwieriger Arbeit Tunnel unter der »Vasa« herausgeschwemmt hatten, bevor es der Bergungsgesellschaft »Neptun« gelang, das Schiff in 18 Etappen in seichtes Wasser zu bugsieren. Heute kann man die turbulente, verschnörkelte Struktur bewundern, nicht ohne Ehrfurcht, Bewunderung und Abscheu. Ein Kunstwerk. Eine Kriegsmaschine.

Nicht so schön, dafür viel harmloser und sehr gemütlich sind die acht Steamers aus der Jahrhundertwende, mit originalen Maschinen und manchmal sogar noch Kohlefeuerung, die zwischen Stockholm und einigen Stellen des Archipels immer noch verkehren. So habe ich mich am Nybroplan auf einem alten Kahn – Baujahr 1909 – nach Lindingö eingeschifft. Es regnet leise auf grüne Inseln. Auf kleine rote Sommerhäuser. Die Möwen, der Himmel und das Wasser sind vom selben Schiefergrau, die Farben, die Volumen ordnen sich zwanglos: harmonisch malen sie ihr eigenes Bild. In Lidingö befindet sich das Grundstück, das Carl Milles (1875 bis 1955) im Jahre 1906 erwarb und auf dem er sein Wohnhaus und sein Bildhaueratelier errichten ließ. In Millesgården schwimmen oder fliegen die Statuen und, obwohl diese Welt außerhalb der Welt unvergleichlich ist, denkt man unwillkürlich an die Villa San Michele auf Capri – aber Axel Munthe war kein Bildhauer – oder an den Garten von Renoir – aber Renoir war schwerfällig. Milles ist gewichtslos, er hat die Einfachheit, die Heiterkeit des heidnischen Griechenland wieder erfunden, oder vielmehr wiedergefunden. Leonardo da Vinci hätte diese Kunst geliebt: endlich läßt uns die Erde frei, endlich entfliehen wir ins Kosmische. Gleich den großen Meistern der Renaissance, war Milles ein vollständiger Mensch, ein Handwerker, ein Erfinder, ein Lebensfreund, ein Sammler, dessen Kollektionen Ausdruck einer eigenwilligen, sehr bestimmten Schönheitsvorstellung sind. So kann Millesgården nicht nur zum zentralen Erlebnis einer Reise, sondern vielleicht gar zu einem Höhepunkt des Lebens werden.

Von Stockholm aus ist auch Drottningholm mit dem Steamer direkt und schnell zu erreichen. Das heutige Schloß entstand nach den Plänen von Nicodemo Tessin dem Älteren und, als er 1681 starb, unter der Bauleitung seines Sohnes, Tessin dem Jüngeren. Die Schweden betrachten es als ihr Versailles, aber es ist viel kleiner, viel intimer, vielleicht viel harmonischer als die Prachtanlage des Sonnenkönigs. Um das Treppenhaus schöner zu machen, schmückte man es mit illusionistischer Perspektivmalerei, man stellte angelehnte Türen dar, durch die man in verschiedene Räume und auf prachtvolle Szenen mit von exotisch gekleideten Menschen bevölkerten Pfeilerhallen sehen kann. Das wirkt phantastisch und befindet sich gerade auf der Grenze zwischen großem Können und Jahrmarkteffekt: man weiß nicht, woran man ist. Ich kann nicht leugnen, daß die Verwirrung köstlich ist. Im 18. Jahrhundert, vornehmlich unter dem Einfluß von Louisa Ulrika, wurde Drottningholm zum Zentrum enzyklopädischen Wissens, aber die Frivolität der Rokokobibliothek läßt kaum die strenge Zucht des Lernens vergessen. Wie für den Bruder der Königin, Friedrich den Großen, als auch für die ganze Schicht der Gebildeten war Aufklärung Ideal und Prestige zugleich.

Das Schönste an Drottingholm ist sein Theater. Das heutige, 1766 fertiggestellte Gebäude erlebte seine lebhafteste Zeit in der gustavianischen Epoche, als während der Sommermonate die verschiedenen Theatertruppen einander abwechselten. Von dem Italiener Donato Stopani konstruiert, mit allen szenischen Effekten, changements à vue und Tricks versehen, funktioniert diese außergewöhnliche Maschinerie noch immer. Der Saal ist selbst wie eine Kulisse, modrig, fleckig, verfallen, ganz aus Holz, Gips, Pappmaché, zerbrechliches Beispiel eines Provisoriums oder vom Fortbestand des Künstlichen schlechthin. Ein unsäglich poetischer Rahmen für die Abenteuer des Orlando furioso, eine adäquate Dimension für die Scherze von Papageno und Papagena.

Heute bewohnt die königliche Familie einen Flügel des Schlosses, Räume, die wahrhaft einer Monarchie würdig sind. Indessen haben die Gleichheitsprinzipien einer verbissenen Demokratie es nicht zugelassen, daß der König gekrönt wurde. Es wäre ganz unwichtig, wenn es nicht widersprüchliches Denken ausdrücken würde. Als ob die Schweden ständig im Kampf mit sich selber wären, Nacktheit und Puritanismus, Alkoholismus und Abstinenzlertum, Traditonalismus und linke Ideologie. Ja, Eva, Sie haben recht: Ihr seid schwer zu verstehen. Vielleicht sind wir dafür nicht subtil genug, mag sein. Oder ist etwa eure Zwiefältigkeit nichts anderes als tiefe Klugheit? Dabei denke ich an die Kraka der alten Wikinger-Saga. Ragnar Lodbrok hatte sich mit Kraka verabredet und sie gebeten, weder bekleidet noch unbekleidet zu kommen. Kraka, eine kluge Frau, kam in ein Netz gehüllt.

Sternhyazinthen, mannshohe Kandelaber der rosa, ultramarin, aquamarin, purpurnen, manchmal sogar jadeweißen Lupinen bedecken ganz Småland. In Visingsborg, im mit Heil- und Gewürzpflanzen aus alter und neuer Zeit nach Barockmuster angelegten Kräutergarten, summt es von Bienen. Hier blühten einst die Obstbäume und Küchengewürze des Grafen Per Brahe, und von hier aus schaut man auf die Ruinen seines Schlosses. Brahe war ein mächtiger Herr und hatte nicht auf das Privileg der schwedischen Grafen, Städte zu gründen, gewartet, um mit dem Bau von Gränna zu beginnen. Das Ende des Schlosses Visingsborg ist obskur: Es wurde anfangs des 18. Jahrhundert für Kriegsgefangene verwendet und man vermutet, daß sie das Gebäude in Brand gesteckt haben. Nichts ist sicher, und so behält die Ruine ihr Geheimnis: Der Himmel schaut durch die Augen ihrer Fenster, Möwendreck hat lange Kalkstreifen auf ihren Steinen hinterlassen, leise raunen die Birken. Die kleine Brahe-Kirche, Gotteshaus, Familientempel und Kunstmuseum, lebt noch. Bunte Wappen, die Hochzeit zu Kanaa, Alabaster, Vergoldungen und, unter der gewölbten Decke, ein Narwalhorn in einem silbernen Globus montiert, damit der Kronleuchter die Präsenz des fabelhaften Einhorns zur Erbauung der Gerechten dokumentiert. Um die Kirche, zwischen Eichenwäldern, Wiesen, wo man die Kaltblutpferde von Visingsö züchtet, schwere, pfirsichfarbige Tiere mit blonden Flachsmähnen, die herb nach Honig duften.

Um von der Insel Visingsö Gränna am östlichen Ufer des Vätternsees zu erreichen, dauert es kaum eine halbe Stunde mit der Fähre. In Gränna ist der Ballonfahrer S.A. Andrée 1854 geboren, ein Don Quichotte der Entdekkungsfahrten, der 1897 den Nordpol mit seinem Luftballon „Örnen" zu überfliegen versuchte. Außer Andrée bestand die Mannschaft aus dem Ingenieur Knut Fraenkel und dem Assistenten Nils Strindberg, einem Vetter des Schriftstellers. Sie kamen nicht zurück. Im Sommer 1930 ging die Besatzung eines norwegischen Forschungsschiffes zufällig auf dem östlichen Ende Spitzbergens an Land und entdeckte menschliche Überreste und zahlreiche Gegenstände, unter anderem Filme und Tagebücher, die eine erschütternde Dokumentation über die letzten Wochen der drei Männer geben. Die Ausrüstungsgegenstände, Notizbücher, Logbücher, Skizzen sind im Andréemuseum ausgestellt. »... zu den wenigen zu gehören, die gegen den Strom schwimmen und nicht von den kommenden Generationen vergessen werden, kann uns keiner mehr nehmen", schrieb Andrée, Sohn des Apothekers eines Städtchens, das sonst nur vorzügliche Birnen und rotweiße Zuckerstangen als Spezialitäten zu bieten hat. Ich muß zugeben, daß die Herstellung dieser »Polargris«-Zukkerstangen wie der Anblick der Kobra fasziniert: Sie ist zwar schlimm anzusehen, aber man kann die Augen nicht wenden.

Mit seiner Sandfläche und mit dem Brennholz seiner Wälder war Småland für die Glasindustrie wie geschaffen. Vor dreihundert Jahren, als man wie in Rußland das Trinkglas über die Schultern zu werfen pflegte, besaß Småland fast alle Glashütten Schwedens, heute sind es nur noch zwölf. In Växjö, wo Pär Lagerkvist in einem blutroten, tristen Haus geboren wurde, ist auch Linné zur Schule gegangen, und so hat man die Linnea als Nationalblume erkoren, eine Pflanze, die wie eine jungfräuliche Dorflehrerin aussieht.

Orrefors, dessen Name »Horst des Birkhuhns« bedeutet, ist unzertrennlich von Glaskunst in höchster Vollendung. Die Geschichte beginnt mit Eisen und Wald, denn Orrefors wurde 1726 als Eisenhütte gegründet. Im Laufe der Zeit wurde der Eisenabbau immer unwirtschaftlicher. 1898 wurde statt dessen eine kleine Glashütte errichtet. Von einfachem Haushaltsglas ging bald die Produktion auf dekorative Gegenstände über. Simon Gate und Edward Hald, zwei hervorragende Künstler, wurden bei der Hütte angestellt. Bei der Exposition des Arts Décoratifs 1925 in Paris kam der internationale Durchbruch, und Orrefors gelangte bald zu Weltruhm. Das Glasmuseum der Hütte ist atemberaubend, die Archive sind absolut lückenlos, mit einem beachtlichen Fundus von Zeichnungen bekannter Künstler. Darüber hinaus gibt es einen Laden, wo man Kristall und Glas kaufen kann. Wir Schweden, sagt der pantagruelische Wirt des Schlemmerlokals »Orrefors Värdshus«, haben zwar das Glas nicht erfunden, aber den flachen Saucenlöffel, eine längst fällige Notwendigkeit. Ich nicke andächtig: man kann diese noble Erfindung nur ehrfurchtsvoll bewundern, denkt man an alle leckeren Saucen, die jahrhundertelang ungeschickt vergossen wurden.

In Kalmar kann man nicht nur die Reste des »Kronan«

beschauen, eines Kriegsschiffes, etwa doppelt so groß wie die »Vasa«, das 1676 im Kampf gegen die dänisch-neerländische Flotte sank, sondern auch einen verrückten Wasserturm, heute in Wohnungen geteilt, die der Geometrie der Brie-Käse-Portion entsprechen. So eine Wohnung hätte ich gern. Das Schloß ist schier unglaublich: man möchte surrealistische Einakter in seinem bemalten Hof spielen. In den Sälen werfen ausgestopfte Pferde ihre Schatten über Intarsientäfelungen. Es riecht stark nach Gespenster. Von Kalmar aus gelangt man nach Ödland über die längste Brücke Europas, eine Strecke von 6072 Meter.

Öland, die »Insel der Sonne und des Windes«, ist von seichten, schwer schiffbaren Gewässern umringt. Abgesehen von Kabeljau, wird wenig Fisch gefangen, und die Bevölkerung betreibt vor allem Gemüseanbau. Das Meer ist von überall zu sehen: Weiß verspricht, daß die gute Witterung zwei oder drei Tage anhält, Hellblau bedeutet auch schönes Wetter, aber wenn sich das Wasser zum tiefen Ultramarin verdunkelt, kann man sich auf Sturm gefaßt machen. Manchmal gibt es furchtbare Schneeorkane, und jeder bleibt zu Hause, denn Wagen können sehr leicht im Schnee steckenbleiben, und das bedeutet oft den Tod. Die Insel unterscheidet sich auffallend von anderen schwedischen Gebieten. Linné hat hier viele Recherchen betrieben, denn die eigentümliche geologische Komposition bringt eine ebenso spezifische Flora mit sich, und sogar Relikte aus der Eiszeit haben auf der flachen Kalkebene überlebt. Orchideen und blaues Kopfgras blühen in den Mooren. Rasch trippelt der Austernfischer am Strand entlang, und im Frühherbst kommt der Seeadler wieder auf den uralten Hagedornbaum zurück. Insel der Windmühlen und Leuchttürme, ist Öland darüber hinaus eine archäologische Fundgrube. Das prähistorische Gräberfeld von Gettlinge zum Beispiel, ein Ahnenplatz in der Form eines Schiffes, war schon im 18. Jahrhundert bekannt, eine geheimnisvolle Stelle, von dem Orakel der Vogelschreie überflogen, vom Zeigefinger der Schatten gedeutet.

Eketorp ist erst seit 1931 archäologisch erforscht; heute

sind seine drei übereinanderliegenden befestigten Dörfer beispielhaft restauriert und zum Teil auch rekonstruiert. Eketorp I, Fluchtburg und Sammelplatz, im 4. Jahrhundert gebaut, wurde bald vom größeren Eketorp II abgelöst, einer Anlage, die 150 bis 200 Menschen mit Haustieren und Gerätschaften Schutz bot. Irgendwann im 7. Jahrhundert zogen die Leute fort und Eketorp wurde dem Verfall überlassen. Erst am Ende der Wikingerzeit, in der Mitte des 11. Jahrhunderts, wurde Eketorp III gebaut und zweihundert Jahre lang bewohnt. Heute versucht man in Eketorp, die Haustiere von damals wieder zu züchten, und überall laufen kleine schwarze Schweine herum. Gänse schnattern im runden Hof. Sie sind hübsch anzusehen, aber viel, viel kleiner als Martin, der Gänserich, der dem Nils Holgerson eine so schaurig-schöne Reise durch Schweden verschaffte.

Theodor Geus

Dornröschen in der Ostsee

Sommerliches Gotland

Es ist nicht leicht, von dieser Insel wieder loszukommen. Natürlich, sie zu verlassen ist längst keine Schwierigkeit mehr, sie ist ja nicht aus der Welt, so wie sie es vor Jahrhunderten war: Man kann das Flugzeug nehmen, das, kaum aufgestiegen, schon wieder auf das Festland heruntersinkt, oder man kann mit einer der dicken, weißen Fähren über das Meer davonschwimmen. Aber das bedeutet, den Zauber zu zerbrechen, mit dem sie den belegt, der den Fuß auf ihren Boden setzt. Es ist ein mächtiger Zauber, gesponnen aus der Flut der Rosen, die die kleinen Häuser überschüttet, aus Blumenwiesen von leuchtender Pracht, geheimnisvollen Fels-Labyrinthen und sonderbaren Bildsteinen, aus der vom Sturm zerzausten Heide, aus dem Anblick trauriger Madonnen, dem Singen des Windes und dem Rauschen der Wellen, aus dem Feuerwerk, mit dem jeden Abend die Sonne im Wasser versinkt. Seit diese Insel aus dem Dunkel der Vorzeit hervorgetreten ist, ist sie ein magischer Ort. »Gotland fand zuerst ein Mann, der Tjelvar hieß. Da war Gotland so verzaubert, daß es den Tag sank und die Nacht oben war. Aber dieser Mann trug als erster Feuer in das Land, und dann sank es nie mehr.« So rätselhaft wie dieser Satz aus der im 14. Jahrhundert aufgezeichneten Guta-Saga ist vieles auf der Insel, und es gibt manche Dinge, die sich der Deutung entziehen.

Gotland, das wie ein riesiges gestrandetes Schiff vor der småländischen Küste im Süden Schwedens liegt, backbord mit einer steinernen Reeling bizarrer Klippen, steuerbord tief ins Wasser gesunken, ist für einen kurzen Sommer eine Badeinsel mit von Segelbooten prall gefüllten Häfen, mit viel jungem Volk, das sich die Haut von einer mittelmeerisch starken Sonne bronzefarben brennen läßt, und erfüllt von einem heiteren Licht – wie eine Erinnerung daran, daß diese Insel aus einem tropischen Meer gewachsen ist, dessen Leben noch heute die Wellen an den Strand spülen: in Stein eingeschlossene Korallen, Triboliten, Seelilien, Muscheln und Schnecken. In diesen Tagen wird die Vergangenheit von einer fröhlichen, lauten Gegenwart verdrängt, durch Surfer, die eine steife Brise über die Wellenkämme treibt, und Tandem-Radfahrer, die, tief gebeugt über das Lenkrad, gegen den Wind antreten. Aber wenn manchmal die Wolken tief und schwer über dem Land liegen, ein grimmiger Sturm heult, und erst recht, wenn Gotland nach dem Sommer in eine große Stille zurückfällt, wird alles wieder lebendig, was einmal gewesen ist – einige tausend Jahre Menschheitsentwicklung, auf dieser Insel wie in einem Bilderbuch ausgebreitet.

Es ist unbegreiflich, warum ein kleiner Fleck im Meer, kaum daß ihn die ersten Menschen aus einem fernen Osten in ausgehöhlten Baumstämmen angesteuert hatten, zu einem Zentrum der Ideen und Kräfte geworden ist. Aus dem, was die Erde zurückgegeben hat – Werkstätten für Steinäxte aus dem 5. Jahrhundert vor Christus, monumentale Steinhaufen über reich gefüllten bronzezeitlichen Gräbern, gewaltige Schiffssetzungen –, weiß man, daß hier ein Volk lebte, das eine enge Verbindung mit dem europäischen Festland hatte, und beginnend mit der Zeitenwende häufen sich die Zeugnisse eines weltumspannenden Handels: mit dem Römischen Reich, dem Weichselland und den Städten am Schwarzen Meer, der sich später noch ausweitet bis in die Herrschaftsbereiche des byzantinischen Kaisers und des Kalifen von Bagdad. Noch heute, wenn im Herbst die Bauern mit dem Pflug den Boden aufreißen, kommen goldene und silberne Münzen zutage, und möglicherweise nisten noch mehr Hasen mitten in einem kostbaren Hort, wie jener, der sich im Havorschatz eingerichtet hat. Kinder entdeckten diesen beim Spielen, als sie vor dem Eingang zu dem Hasenbau ein paar Münzen fanden.

Woher diese Gotländer gekommen sind, weiß man nicht, und es ist auch nicht sicher, ob sie jene Goten sind, deren Nachkommen dem erschöpften römischen Imperium ein Ende machten. Gewiß ist nur, daß es ein starkes Geschlecht war, das auf dieser Insel heranwuchs, geschickte Händler und kühne Seefahrer, und begabt mit einem außerordentlichen Kunstsinn. Und es scheint, als habe man hier auf ewig einen Pakt mit dem Glück geschlossen, denn es heißt in der Guta-Saga: »Viele Könige stritten mit Gotland, als es noch heidnisch war. Doch hielten die Gotländer immer den Sieg und ihr Recht." Dabei ist es auch geblieben, als die alten Götter durch das christliche Kreuz, etwa um das Jahr 1000, verdrängt worden waren. Auf Gotland herrschten die mächtigen »Fahrmänner«, Bauern und Kapitäne zugleich, jeder für sich ein König in einer freien Republik, die in steinernen Palästen wohnten und Reichtümer aufhäuften.

In dieser Zeit entstanden – was heute der größte Schatz der Insel ist – die mehr als neunzig mittelalterlichen Kirchen, die mit ihren spitzen Türmen aus dem flachen Land ragen, gedrungene, in die Erde hineingewachsene Gotteshäuser, auf den ersten Blick eher unscheinbar, aber geschmückt mit herrlichen Malereien, farbensprühenden Glasfenstern, wunderbaren Taufsteinen und Portalen, mächtigen Ringkreuzen mit dem leidenden Christus, in denen der Schmerz dieser Welt zu bedrängender und ergreifender Größe verdichtet ist, und den schönen Madonnen, in deren Blick eine unendliche Trauer liegt. Fast sieht es so aus, als hätten die Grundherren sich die Kirchen gebaut, weil ihnen der Weg zur nächsten zu weit war, oder einfach nur, um mit dem Nachbarn zu wetteifern. Ausgestattet wurden sie von namenlosen Künstlern. Die Wissenschaft nennt sie heute Aegypticus. Majestatis, Michael-Meister oder Byzantios – als Hinweis auf die Stilelemente, die ebenso aus dem Osten wie aus Süddeutschland oder vom Niederrhein stammen.

Diese Steinmetzen und Schnitzer müssen rastlos und wie im Fieber gearbeitet haben, als hätten sie gespürt, daß ihnen nicht mehr viel Zeit bleibt, denn mit einem Mal ist das Ende des Glanzes gekommen. In der Kirche von Fide finden wir in Latein die Inschrift: »Das Heiligtum ist verbrannt, das Volk ist geschlagen und fällt klagend unter dem Schwert« – mit der Jahreszahl 1361. Über die Insel war eine Tragödie hereingebrochen, die eigentlich damit begonnen hatte, daß 1161 die gotländischen Kaufleute mit Heinrich dem Löwen den Vertrag von Artenburg geschlossen hatten, durch den die Deutschen Zugang zu einem Inselhafen erhielten – dort, wo sich heute die Stadt Visby erhebt. Dieses Visby wuchs schnell, mit hohen Treppengiebelhäusern, Faktoreien, Kirchen, Klöstern, der Börse, einem Galgen auf einem Hügel, von dem die Verurteilten einen letzten schönen Blick auf die Stadt und das Meer hinaus hatten, umgürtet mit einer mächtigen, von Türmen und Zinnen bewehrten Mauer. Dieses Visby war bald einer der wichtigsten Umschlagplätze der Hanse, aber auch der große Konkurrent der Fahrmänner auf dem Lande. Gegen sie vor allem, nicht gegen Feinde von außen, hatten die Bürger von Visby die Mauer gebaut.

Wie es zum Ende von Gotlands Größe gekommen ist, bleibt trotz aller historischen Beweise geheimnisvoll, denn niemand kennt genau das Motiv der Heerfahrt des Dänenkönigs Waldemar Atterdag. Vielleicht ist etwas Wahres an der Geschichte von der Tochter des Goldschmieds, die aus Rache ihre Heimat verraten hat, vielleicht war der Krieg eine Folge des verwirrenden Kräftespiels im Ostseeraum, oder es wurde der König einfach nur angelockt von dem sagenhaften Reichtum der Insel, auf der »die Schweine aus Silbertrögen fressen und die Frauen auf Spindeln aus Gold spinnen«. Waldemar Atterdag eroberte die Stadt, die sich von der Plünderung loskaufte, indem die Bürger in wenigen Stunden drei große Bierfässer mit Kostbarkeiten füllten, die allerdings nie nach Dänemark kamen. Das Schiff mit dem Schatz sank in einem fürchterlichen Sturm zwischen der gotländischen Küste und den kleinen Inseln Lilla Karlsö und Stora Karlsö, jenen Eilanden, auf denen niemand außer Vögeln und Schafen haust. An manchen Tagen, so sagt man, kann man das Gold aus der Tiefe blinken sehen. Vor der Eroberung Visbys hatte der dänische König die freien Gotländer in zwei Schlachten vernichtend geschlagen: bei Mästerby und nahe der Stadt, von deren Mauern die Bürger dem Gemetzel zusahen. All dies geschah, wie in der Kirche von Fide geschrieben steht, 1361.

Von nun an wurde Gotland zum Spielball der Ostseemächte, aber all das scheint, abgesehen davon, daß am Pfingstmorgen des Jahres 1525 Visby von den Kanonen einer lübeckischen Flotte in Trümmer geschossen wird, nicht mehr wesentlich. Gotland, die einst glückliche Insel, verfiel in einen Dornröschenschlaf, so wie es im Märchen geschehen ist. Nichts bewegte sich mehr, und während die Rosenranken, deren Blüten bis in den Dezember hinein leuchten, immer höher wucherten, blieben Ruinen Ruinen, niemand rührte an den Kirchen, niemand verrückte die archaischen Steine, niemand legte Hand an die zyklopische Mauer von Visby. Gotland wurde zu einer stillen Bauerninsel, über die sich Jahr um Jahr wogende Ährenfelder legten, Klatschmohn, Margeriten, der Blaue Heinrich, das wilde Schnittlauch und die Orchideen blühten, Schafe über die Heide zogen und im Wald von Ljosta die wilden Ponys ein heimliches Leben führten.

Natürlich ist auch diese Insel von der Zeit nicht unberührt geblieben. Menschen und Dinge haben sich verändert, aber noch immer sind die Wege durch Gotland wie Grenzgänge zwischen Traum und Wirklichkeit. Wenn man eine der lichtdurchfluteten Kirchen betritt, wenn man die dickbäuchigen Windmühlen mit ihren heute lahmen Flügeln sieht, wenn man von der Höhe von Hallshuk auf das Spiel der Wellen hinunterschaut und den heiseren Schrei der Möwen hört oder wenn man in Hallshagar aus den Resten der Häuser und Gräber Leben und Tod in der Bronzezeit rekonstruieren kann, ereignet sich Seltsames: die Gegenwart verliert alle Bedeutung, und die Vergangenheit, kaum sonstwo so eindringlich und kraftvoll erhalten, bestimmt das Bewußtsein. Und ähnliches geschieht, wenn an einem Sommerabend in der stolzen Ruine der Klosterkirche St. Nicolai das Schauspiel »Petrus de Dacia« – seit zu einem Text des Arztes Josef Lundahl aus Visby der Deutsche Friedrich Mehler eine spätromantische Musik geschrieben hat, ist dieses Stück gewissermaßen im Familienbesitz der Mehler – aufgeführt wird. Die Geschichte der mystischen, nicht im weltlichen Sinn zu verstehenden Liebesbeziehung zwischen dem berühmten gotländischen Dominikanermönch und der deutschen Beginennonne Christina von Stommelen wird seit mehr als einem halben Jahrhundert dargeboten, und immer wieder verglüht während der Vorstellung in dem riesigen Bogen des Chorfensters hinter der Bühne die Sonne.

Es ist eine merkwürdige Verbindung da zwischen den geistigen Mächten und den Mächten der Natur auf dieser Insel, die sich besonders schön entfaltet, wenn jedes Jahr Anfang Juli die Kirchen, Herrenhäuser und Wiesen zu Schauplätzen der »Musik på Gotland« werden. Es ist nicht die Musik allein, die die Sinne berührt, sondern daß sich auf dem Magnarsvängen von Ekeby in den Klang der Geigen und Schlüsselharfen das Rauschen der Eichenblätter und der Duft des Bitterkrautes mischt, daß in Austerlings Gård, einem prächtigen ehemaligen Bauernhof, zu der Flötenmusik Francis Poulencs die Amsel ihr Abendlied singt und da die Kirche von Lau – durch Zufall oder wieder durch einen geheimnisvollen Vorgang mit einem ungewöhnlichen Nachhall von zwölf Sekunden ausgestattet –, zu einem tönenden Universum wird. Der Gotländer Gunnar Bucht hat für diese Kirche ein Stück für Blasinstrumente komponiert, das in jede Faser des Körpers dringt. Hätten wir die Fähigkeit zu einem naiven Glauben, könnte man sich so ein himmlisches Konzert der Posaunen- und Trompeten-Engel vorstellen.

Traum und Wirklichkeit. Manches Mal scheint es, als sei das Dornröschen doch schon aufgeweckt – durch die Maschinen eines Zementwerkes, durch die Traktoren, die jetzt über die Felder fahren, durch die vielen Menschen, die den Strandsommer und die Visby als romantische Kulisse genießen. Aber überall dort, wo es einsam ist – und es gibt viel Einsamkeit auf dieser kleinen Insel jenseits des Küstenstreifens –, schläft es immer noch. Man tut gut daran, sachte zu sein, um es ja nicht zu stören, da es schon genug Stellen gibt, an denen man jäh aus allen Träumen gerissen wird. Ganz oben im Norden der Insel beginnt ein militärisches Sperrgebiet, das über einen schmalen Sund bis auf das karge Seefahrereiland Farö reicht. Ausländern ist es verboten, dorthin ohne amtlichen Führer zu gehen. Außer den Generälen weiß niemand so recht, welche Geheimnisse dort verborgen sind. Mit den alten, den uralten Geheimnissen Gotlands jedenfalls haben sie nichts zu tun.

Theodor Geus

Wie in den ersten Tagen der Erde

Hinter dem Polarkreis

Vier Tage lang hatte Bieg-ol-mai nichts von sich hören lassen, aber am fünften Tag zeigte er, wer Herr über das Land ist. Es war hoch oben im Norden, dort, wo das Meer den grauen Stein in unzählige Buchten und Inseln zerrissen hat, im amphibischen Reich Vesterålen. Hier hatte der Windgott der Lappen alle seine Macht zusammengenommen. In einem tosenden Sturm jagte er schwarze Wolken über den Himmel, wühlte das Wasser auf zu mannshohen Wellen und zerrte an den Fischerhäuschen, daß sie sich ächzend über ihren Fundamenten bogen.

Bieg-ol-mai trotzt man nicht ungestraft. Wir hatten es gewagt, bei diesem Wetter mit einem kleinen Boot in ein schmales Hafenbecken hinauszufahren, um mit einer langen Angel nach Dorsch und Steinbeißer zu jagen. Aber obwohl es von hohen, kahlen Hügeln geschützt war und sich die Kraft der Eismeerwogen an einem gischtüberschütteten Riff brach, packte der Wind den Kahn, hob ihn auf und ließ ihn fallen, rüttelte zornig am Ruder und spie grünes Wasser über uns, während der böige Regen langsam und kalt in den Kragen der Öljacke und in die Gummistiefel floß. Wir haben weder Dorsch noch Steinbeißer gefangen, die sich irgendwo in der Tiefe vor dem Aufruhr der Elemente versteckten, sondern sind müde und erschöpft auf den sicheren Boden zurückgekehrt – mit einem flauen Gefühl im Magen und mit blutenden Händen, aufgerissen von den scharfen Haken der tief ins Wasser eintauchenden Angelschnur. Es schien, als mische sich in das Heulen des Sturms ein hämisches Kreischen und ein spöttisches Gelächter der Gnomen und Kobolde, die es hier – fast am Ende des Kontinents – reichlich gibt. Die Nacht danach in einer schäbigen Hütte mit rauhen Strohsäcken zum Schlafen war eine unruhige Nacht, kalt, naß und bedrängt von ängstlichen Gedanken. In diesem Land ist es so, daß man die Natur am Leibe spürt und daß man ihr nicht entrinnen kann.

Eine leise Ahnung, daß mit dem Überschreiten des Polarkreises – was man so recht gar nicht merkt – eine andere, eine ungeschützte Welt beginnt, spürt man schon, wenn man Kiruna erreicht, die kühle, schmucklose Stadt, die einmal die Hölle des Nordens war. Kiruna ist kein schöner, aber ein seltsamer Ort, nicht nur, weil es hier gewaltiges Menschenwerk zu besichtigen gibt. Beinahe hundert Jahre lang wurde unter unvorstellbar schweren Bedingungen, bei Eis, Schnee, bitterer Kälte und während des langen dunklen Winters ein gigantischer Erzberg so ausgehöhlt, daß heute auf einem weitverzweigten Straßennetz Busse im warmen Bauch der Erde herumfahren, und vor der Stadt steht eine riesige Parabolantenne, mit der das Echo von Radarimpulsen eingefangen wird, die man von Tromsö aus in das All schickt. Es sieht so aus, als habe der Mensch gewonnen. Kiruna ist ein seltsamer Ort auch deswegen, weil die Schwermut der graubraunen Wiesen und der flechtenüberzogenen Steine bis in die Straßen der Stadt dringt. Ich habe mich gefragt, ob man in Kiruna glücklich sein kann, auf dieser Insel in der Finsternis. Es ist kein Zufall, daß sich die Sehnsucht nach Licht in der Kirche wiederfindet. Das Altarbild ist eine große leuchtende Sommerlandschaft. Es sieht so aus, als könnte der Mensch doch nicht gewinnen.

Die Ahnung wächst, wenn man die Straßen hinausfährt, vorbei an einem Gitter von niedrigen Fichten und Birkengestrüpp, in ein leeres, stilles Land, das jahrhundertelang den Lappen – oder besser den Samen – ganz allein gehörte, ein paar tausend Menschen, die über die unendliche Weite der Nordkalotte, die sich von Finnland über Schweden bis nach Norwegen hinzieht, verstreut waren und in Symbiose mit dem Rentier, das ihnen alles gab – Fleisch, Zelthäute, Knochen als Werkzeug – eine eigene Technik des Überlebens entwickelten. Natürlich hat sich auch hier viel verändert. Die meisten Samen sind seßhaft geworden, sie benutzen Hubschrauber und Schneescooter zur Überwachung der Rentierherde. Fernsehen und Elektrizität sind bis an den Rand der Arktis vorgedrungen, die Kinder und die Alten haben Lesen und Schreiben gelernt. Und als 1984 die breite Straße von Kiruna nach Narvik eröffnet wurde, die die meiste Zeit neben der um die Jahrhundertwende gebauten Erzbahn von Luleå zum eisfreien Hafen Narvik verläuft, ist der wilde Norden gezähmt und aus seiner Einsamkeit gerissen, wenn nicht sogar empfindlich gestört – zumindest im kurzen Sommer, da sich Tausende von Autos des schnellen Weges in Richtung Nordkap bedienen. Und dennoch ist dies ein Land wie in den ersten Tagen der Erde, sobald man die Zentren der Zivilisation verläßt. Eine ihrer letzten Stationen ist Jukkasjärvi, kaum zwanzig Kilometer von Kiruna entfernt. Dahinter liegt die Unendlichkeit in erloschenen Farben.

In Jukkasjärvi haben die Ereignisse begonnen. Es ist ein kleines Dorf mit ein paar Häusern und einer Siedlung mit komfortablen Touristenhütten, menschenleer scheinbar, würde nicht duftender Rauch aus den Schornsteinen quellen und würde nicht am Mittag ein dünner Glockenklang vom Turm der ganz aus Holz gebauten Kirche über die Wiesen und den Fluß wehen. Es ist ein guter Ort, um begreifen zu lernen, wieviel Mut und Kraft notwendig ist, gegen eine unerbittliche Natur anzutreten. In Jukkasjärvi gibt es ein schönes Museum, in dem die Lebensart der Samen erklärt ist. Das ist der eine Teil der Lektion. Der andere Teil: Die Kirche von Jukkasjärvi ist innen mit einem bunten, von Bror Hjorth gemalten Triptychon geschmückt. Es erzählt vom Wirken des Pfarrers Lars Levi Laestadius, der in einem harten Kreuzzeug gegen Trunksucht, Ehebruch und Diebstahl die Samen zu einem sittsamen, christlichen Lebenswandel zu bekehren versuchte, indem er in seinen Predigten die grausamsten Strafen des Himmels androhte und eine Erweckungsbewegung begründete, die nicht frei war von animistischen Zügen. Hier ist etwas von der mystischen Tiefe dieses Landes zu erkennen, in dem noch heute manche Menschen eher der Magie der Schamanen vertrauen und ihrer Kunst, den Wind und die Wolken zu beherrschen.

Von Jukkasjärvi aus sind wir die Stromschnellen des Torneälven hinuntergefahren und haben uns mit einem lauten Schrei – damit der Flußgott die Annäherung gnädig aufnimmt – in die Strudel gestürzt, die das große Schlauchboot für Augenblicke zu ihrem Spielball machten, und sind dann wieder durch ein sanftes, glitzerndes Wasser geglitten, begleitet von bunten Enten und dem heiseren Schrei eines Raubvogels. Wir haben an einem blumenüberzogenen Felsen angelegt und über dem offenen Feuer in Birkenblätter eingepackte Saiblinge gebraten. Das war eines der Abenteuer, andere folgten.

In Lannavaara führte uns ein Mann, der sich wie einer aus dem Wilden Westen Amerikas kostümiert hatte, in einen von vielen Rinnsalen durchzogenen Sumpf, damit wir aus dem Schlamm Gold waschen sollten. Es war ein mühseliges Geschäft, den Mücken ausgesetzt, die sich auf jedes Stückchen freie Haut stürzten, und mit gebeugtem Rücken in einer Pfütze zu stehen und die Blechpfannen zu schütteln. Es war kein sehr erregendes Gefühl, als einmal ein winziges glitzerndes Stückchen Gold, kaum größer als ein Sandkorn, auf dem Grund der Pfanne liegenblieb, auch wenn die Männer, die hier Tag für Tag dem großen Glück nachjagen, beifällig mit dem Kopf nickten und dann weiter in der Erde wühlten. Wir sind nach einer stürmischen Überfahrt über den See Torneträsk einen Hügel hinaufgestiegen und in ein Lappenzelt eingekehrt. Fast erstickt vom Rauch haben wir gebratene Schneehühner gegessen und dick mit Multebeeren-Mus bestrichene Pfannkuchen. Bei uns, sagte der große starke Mann, der geschickt mit Töpfen und Pfannen umging, ist die Welt noch in Ordnung, da tragen die Frauen den Rucksack. Wir sind oberhalb von Björkliden in moosige, vor Nässe tropfende Berge gestiegen und sind, bis zu den Knien im Wasser, in eine Höhle gekrochen. Dort haben wir ein wunderbares Stalaktiten-Bühnenbild gesehen, das im Licht der Taschenlampen gespenstische Schatten warf. Wir sind ein Stück in den Abisko-Nationalpark hineingewandert auf einem schmalen, von einem rauschenden Bach gesäumten Weg – und haben seltsame Vogelstimmen gehört. Wir sind am Fuß des Kebnekaise, Schwedens mächtigstem Berg, gestanden, umgeben von dramatischen, schneeglänzenden Gipfelketten. Wir sind mit dem Hubschrauber über ein kahles, schattenfarbiges Hochland nach Tjuonajokk geflogen, einem Fischercamp mitten in der Wildnis. Hierher, stundenweit von der nächsten Siedlung entfernt, kommen die begeisterten Angler, weil es Fische in Menge gibt. Aber schöner als Angeln ist es, wenn die Sonne am Abend auf den See fällt und im letzten Tageslicht die weite Wasserfläche silbern schimmert, wenn die Berge schwarz werden und kein Laut zu hören ist. Ein Ereignis ist auch die Kneipe in Straumsjøen gewesen, wo der norwegische Teil der Nordkalotte ins Meer stürzt. Bei Krabben satt legte der Diskjockey Platten auf, verkündete in weltmännischem Englisch die neuesten Hits, und die Paare tanzten die halbe Nacht Rock auf den Lofoten, während das Meer, das endlose, unruhige Meer, an die Kaimauer klatschte und die Möwen ihre Köpfe zum Schlafen in das Gefieder gesteckt hatten.

Doch es sind nicht die arrangierten Ereignisse, die eine Reise hinter den Polarkreis erregend machen. Es ist das ganze Land, das ergreift, das Angst macht und durch seine Schönheit überwältigt. Es ist kein Land für jedermann, sondern ein Land für den, der bereit ist, alle seine Sinne aufzubieten, um hineinzusehen und hineinzuhören in die Weite und in die Stille, für den, der auch ein wenig Ehrfurcht mitbringt vor der Größe der Natur und sie nicht nur benutzen will. Man darf dieses Land nicht in Eile durchmessen und man soll kein Ziel haben. Wenigstens einmal muß man hinaufsteigen in die bedrohliche Einsamkeit der Fjälls, über die unstet die Rentiere wandern, wenigstens einmal muß man zwischen den nackten Bergfelsen die Flechten leuchten gesehen haben, und man muß dort anhalten, wo sich Wasserblau, Schneeweiß und Wiesengrün zu einem großen Bild zusammmenfügen oder wo mitten in der grauen Einöde ein paar Häuser sich in trotzig grellen Farben zusammenballen wie eine heimliche Sehnsucht nach Süden. Man muß den Regen spüren und den Wind riechen und sehen, wie das Licht, das ungeheuer klare Licht des Nordens, den Dingen eine neue Kontur gibt. Dann erst erfüllen sich die Ahnungen, daß diese Welt wenig gemein hat mit der geordneten Welt, aus der manche für eine kurze Zeit hierher entkommen wollen – meist nur dann allerdings, wenn es hier hell und warm ist in einem jähen Sommer. Denn Leben und Überleben in diesem Land, das nicht vier Jahreszeiten zählt, sondern acht – außer denen, die wir kennen, noch den Frühlingswinter, den Frühlingssommer, den Herbstsommer und den Herbstwinter mit ihren eigenen Bedeutungen und ihren eigenen Bewegungen in der Natur –, ist so hart, daß es nur jene ertragen, die sich gegen das Dunkle wappnen können.

Auf den Wegen durch die Nordkalotte hat uns Mikael, ein junger Schwede, begleitet. Alles, was er getan hat, tat er mit einer ruhigen Sicherheit, gleich, ob er mit unendlicher Geduld das Feuer entfachte, einen Fisch ausnahm oder einen Birkenzweig spitzte, um darauf schmale Streifen Rentierschinken zu spießen. Mikael redete nur das Notwendigste, und er spürte, wann es Zeit war, zu schweigen. Manchmal dachte ich, er ist wie dieses Land: still und bedächtig, und wenn man es versteht, kann man etwas von sich selber finden.

Dieter Vogt

Spiel mit dem Schneemobil

Eine Scooter-Safari

Eiskalt weht es von den Bergen, hoch liegt der Schnee – man sollte warme Handschuhe anziehen, wenn man diese winterlichen Reiseprospekte in die Finger bekommt. Für Frost kann ich mich nicht erwärmen, offen gesagt. Lustlos durchblättere ich die Alpen. Mag der Wintersport andere Leute Geld kosten. Die Skistiefelfabrikanten lachen sich in ihre Fäustlinge. Sie haben das schier Unmögliche vollbracht: Schuhe zu verkaufen, in denen man nicht gehen kann. Der Wintersport gibt Rätsel auf. Was ist zum Beispiel eine Loipe? Niemand gibt freiwillig zu, daß er von einer Sache rein gar nichts versteht. Außer dem Duden und mir scheinen alle Bescheid zu wissen. Da traut man sich natürlich nicht zu fragen: Was ist eine Loipe?

In jedem Manne schlummert ein halbstarker Jüngling, und gefährlich ist's, den Kerl zu wecken. Ich sitze friedlich über den Prospekten, die mich zu nichts anregen (außer: die Nähe des Ofens zu suchen), da steht der Halbstarke in mir auf: Los, Alter, laß uns das Ding drehen! – Welches Ding? – Hast du nicht gelesen? Er stößt mich mit der Nase auf den fettgedruckten Werbetext, von jungen Leuten ausgeheckt für junge Leute: »... ein Hammerangebot für alle, die noch Abenteuergeist und Mumm haben«. Schnee-Scooter-Safari im südlichen Lappland. Ich gehe gelangweilt zu den Dolomiten über. Aber der Halbstarke läßt nicht locker: Hier, lies weiter: »... für PS-Fanatiker und solche, die es werden wollen«. Und hier: ». . . für alle, die selbst noch bei den Dolomiten das große Gähnen kriegen!« Jetzt habe ich dich, ruft er, packt den Koffer und zerrt mich zum Flughafen. Was soll man da machen, er ist stärker als ich.

Zwei Stunden Flugzeit bis Stockholm. Er läßt sich von der Stewardeß einen doppelten Whisky bringen, stemmt die Füße in die Lehne des Vordersitzes, packt das Tablett wie eine Lenkstange und läßt den Motor aufheulen: Brrrm, brrrm, brrrm, mit Vollgas durch den Schnee. Kann ich Ihnen helfen? fragt die Stewardeß besorgt. In Stockholm besteigen wir eine alte Metropolitan und fliegen noch einmal zwei Stunden nordwärts. Blick aus dem Fenster: Eis und Schnee, so weit das Auge reicht. Ja, in Schweden, sagt er händereibend, verstehen sie sich noch auf einen anständigen Winter.

Die Stadt heißt Skellefteå, 40000 Einwohner, in der Nähe wird Kupfer und Erz gewonnen, und die Sägewerke dröhnen. Bei zwanzig Grad Kälte gefriert einem natürlich das Lächeln im Augenwinkel. Hier haben die Parkometer nicht nur einen Schlitz, sondern auch eine Steckdose. Jeder winterfeste Schwede zieht ein Kabel unter der Haube hervor, wenn er seinen Wagen abstellt – die Kühlwasserheizung. Wie eiskalt ist dies Ländchen!

Einsam ist die Straße und glatt. Stundenlang durchfahren wir dünne Nadelwälder, darin Birken zur Untermiete stehen. Am Straßenrand flitzt unscheinbar ein kleines Holzschild vorbei: »Lappland«. Hier beginnt die größte Wildnis Europas. Schon ist sie zum Greifen nahe: Haarscharf rutscht das abgebremste Auto, sich drehend, an einer grauen Elchkuh vorbei, die dummen Blickes die Fahrbahn kreuzt. Sogar der Halbstarke ist etwas blaß geworden. Seen rechts, Seen links, zugefroren, schneebedeckt, und endlich auch eine Herde Rentiere, die zu Lappland gehören wie die Kamele zu Marokko. Schön warm wäre es in Marokko.

Wir sind am Fuß der Berge, die Schweden von Norwegen trennen. »Da gibt es jetzt Saxnäs«, hat der flotte Prospekt verkündet, »sagt Ihnen gar nichts, oder?« Saxnäs hat nicht mehr als hundert Einwohner. Ein Dorf aus roten Holzhäusern, die schöner nicht gelegen sein könnten: auf einer schmalen Landzunge im Kultsee, von den Wassern umgeben – aber jetzt ist alles Eis. Daß Saxnäs nicht spurlos im nordischen Schnee versinkt, daß es vielmehr als Vorposten der Zivilisation in deutschen Prospekten gelobt wird, ist das Verdienst des Ingenieurs Göran Hagelberg und seiner Frau Maud.

Göran Hagelberg, ein gemütlicher Zweieinhalbzentnermann aus Stockholm, war der trockenen Technik überdrüssig, zog sich in die unwirtliche Hochebene zurück und entfaltete vor den mißtrauischen Augen der Lappen eine ungeheure Aktivität. Göran eröffnete nacheinander ein Hotel, eine Tankstelle, eine Werkstatt, einen Gemischtwarenhandel, einen Bootsverleih, eine Autovertretung, einen Reitstall und ein Andenkenhäuschen. Wenn heute jemand nach dem Geschäftsleben von Saxnäs fragt, wird ihm die Antwort zuteil: Ja, das ist Göran. Bei Göran also steigen wir ab. Sein Anwesen, Saxnäs Gården, umfaßt mehrere Gebäude, darunter einen alten Schuppen, der sofort die Aufmerksamkeit meines Halbstarken auf sich zieht.

Die Schnee-Scooter! flüstert er mir ins Ohr, während ich noch mit einem zähen Stück geräucherten Rentierfleisches beschäftigt bin, sieh sie dir an, die Feuerstühle der Polarnacht! Laß uns einen Ritt wagen. Ich bremse ihn mit dem Hinweis auf die Dunkelheit, die jetzt im Dezember schon mittags um drei einsetzt, und schleppe ihn in die Sauna, wo eine angenehme Temperatur von 96 Grad Celsius herrscht.

Scooter sind Gebrauchsfahrzeuge. Im Winter, wenn der Schnee die Wege verbirgt und die Weidegründe unpassierbar macht, holen die Bauern und Farmer ihre Schneemobile aus dem Stall. In den wenig besiedelten Gegenden Amerikas und Nordeuropas kommt man damit am schnellsten vom Fleck. Der Schnee-Scooter sieht aus wie ein zu dick gewordenes Motorrad. Er wird von einer Gummiraupe angetrieben und hat statt des Vorderrads zwei Schneekufen. Preis und Stärke sind unterschiedlich, es gibt lahme Enten und heiße Öfen, die man mit 140 Sachen über den spiegelglatten See jagen kann. Da braucht sich niemand zu wundern, daß die Schneemobile über den reinen Nutzeffekt hinaus zu Lustobjekten schneidig gesinnter Jünglinge geworden sind.

Göran schafft einen Berg Kleider heran, Socken, Pullover, Overall, Handschuhe, Sturzhelme, Brille – und als wir das alles auf dem Leib haben, stehen wir der stattlichen Gestalt Görans kaum noch nach. Leif und Nisse, die beiden jungen Handlanger des hagelbergschen Betriebs, ziehen die nämliche Rüstung an, und auch Toni, der Freund aus Stockholm, tapst schwerfällig wie ein Bär herum. Die Sachsmotoren werden mit Seilzug gestartet, und nun geht es brrrm, brrrm, brrrm hinaus ins Gelände.

Was soll ich sagen? Es ist so ähnlich wie Motorradfahren, manchmal ziemlich unbequem, ach ja, man kommt vorwärts. Trottel, du – ruft mein Halbstarker, hast keine Ahnung. Hört mir zu, Leute, das ist eine tolle Kiste! Nehme ich also den Stuhl zwischen die Beine und kitzle ihn hoch, so auf achtzig, immer das Gas unterm Daumen, weich in den Knien, stehe ich in der Apparatur, und wo ich drüberrutsche, kann der Schnee nicht mehr papp sagen.

Leif und Nisse sind mit der Probefahrt zufrieden. Morgen folgt eine Tour ins Gebirge, Start um zehn, wenn die Sonne aufgegangen ist. Den beiden stärksten Scootern werden Schlitten angehängt, mit Fellen, Schlafsäcken, Proviant, Feuerholz und Görans kleinem Sohn Ulf beladen.

Vier knatternde, heulende, jaulende stotternde Motoren erwecken das stille Land aus seinem hundertjährigen Schlaf. Im Gänsemarsch zieht die Kolonne dahin, nur gelegentlich stockend, wenn eines der Mobile in einer Schneewehe immobil wird. Zu zweit, zu dritt wuchten wir die Scooter wieder heraus – eine Anstrengung, für die wir viel zu warm angezogen sind. Einmal murmelt der Halbstarke: Zu Fuß wär' es vielleicht einfacher gewesen. Aber schließlich haben die fleißigen Raupen alle Böschungen, alle Büsche und Bäche hinter sich gebracht und sind bis zur Baumgrenze vorgestoßen. Ein paar verkrüppelte Zwergbirken, sonst wächst hier nichts. Der Bergkegel glänzt im Licht. Die Sonne schwimmt auf dem Horizont, ihre Strahlen werden erst im Februar wieder das Tal erreichen. Zwei Monate lang liegt Saxnäs im Schatten.

Die Szene ist nicht ohne Komik. Die Scooter bilden einen Halbkreis um das Feuer, das dem Kaffeekessel einheizt, und vier aufgeplusterte, orangefarbene Gestalten, die statt des Kopfs einen Helm zwischen den Schultern zu tragen scheinen, bewegen sich schwerfällig auf der endlos weißen Bühne. Wenn wir im Kino wären, würde ich jetzt denken, das sei die Geschichte, wo die Astronauten auf dem falschen Stern gelandet sind. Es gibt Knäckebrot und Kaffee. In der Dämmerung schwingt der Halbstarke sich auf die Maschine und probiert alle Tricks aus, die er bei Leif gesehen hat: wie ein Schmiermaxe beim Seitenwagenrennen legt er den Körper in die Kurve, so weit, daß er beinahe am Boden schleift; jagt im Stehen über die kleinen Hügel, die sich in Sprungschanzen verwandeln; zum Schluß vergißt er, den Gashebel loszulassen, und radiert unser Feuer aus, ehe er schneestiebend in einer Bodenwelle verschwindet. Kleinlaut kommt er zurück: Kann mal jemand helfen, es steht auf dem Kopf und rührt sich nicht.

Wir beschließen, die Nacht nicht in den Bergen zu verbringen – da doch die warmen Betten nur zwei Stunden entfernt sind. Man muß ja nicht jeden Unfug ausführen, der in Reiseprospekten angeregt wird. Der Beschluß zur Heimkehr ist im wesentlichen mein Werk, ich habe alle anderen überstimmt. Sie fingen schon an damit, an den Schlafsäcken zu nesteln. Nisse versäumt nicht, von jener wundervollen Nacht zu erzählen, da sie zu sechst von einem Schneesturm zugedeckt und von der Bergwacht herausgezogen worden waren.

In der Nacht darauf fegt ein Schneesturm über Görans Reich. Ob wir heute ein Loch ins Eis bohren, um Lachsforellen zu fischen? Ob wir das Schulhaus von Saxnäs oder das verlassene Lappendorf Fatmomakke besichtigen? Ob wir auf die Skier oder aufs Pferd steigen oder Schneehühner jagen sollen? Auch gibt es zehntausend Rentiere in der

Gegend. Wie kurz die Tage sind! Während wir, beim Frühstück sitzend, über die Gestaltung des heutigen Tages nachdenken, ist er schon vorbei, und gleich wird das Abendessen serviert. So was von Muskelkater! sagt der halbstarke Jüngling nachdenklich, hätte nie gedacht, daß frische Luft mir so zu schaffen macht. Mit dir, erwidere ich nachlässig, kann man offenbar keine großen Dinger drehen.

Hans Eckart Rübesamen

In Jokkmokk frieren die Nasen zu

Der kälteste Markt der Welt

Es ist wärmer geworden. Das Thermometer am Laden von Lars Pirak ist auf 28 Grad minus gestiegen. Das verdanken wir der Mittagssonne, die ihr Bestes gibt, obgleich sie sich nur zwei Handbreit über dem Horizont am blaßblauen Himmel entlangschleppt. Die Menschen, die sich dick vermummt zwischen den Buden drängen, rauchen alle Pfeifen ... Ach nein, das sieht nur so aus. Die Wölkchen, die aus allen Mündern wie Tabaksqualm aufsteigen, sind das, was wir ausatmen. Noch nie habe ich so kompakten, so körperlich wirkenden Odem gesehen. Je kälter die Luft, desto dichter der Dampf! Die Physiker werden wissen, warum.

Lappenmarkt in Jokkmokk – und wir sind dabei. Jokkmokk liegt etwas nördlich des Nördlichen Polarkreises im schwedischen Teil von Lappland, den die Schweden auch Norrbotten nennen. Außerdem wird im gleichen Zusammenhang die Bezeichnung Nordkalotten verwendet. Gemeint ist die gemeinsame Nordregion der Länder Norwegen, Schweden, Finnland – »the top of Europe«, wie die Angelsachsen sagen, sofern sie der Geographie kundig sind. Die häufige Verwendung des Begriffs »Norden« mag signalisieren, daß wir uns in der Tat recht weit oben auf dem Globus befinden, dort also, wo es nach allgemeiner Ansicht sehr kalt ist. Diese Ansicht trifft zu. Während unseres Aufenthaltes im Februar hat sich das Thermometer vorwiegend auf Bewegungen zwischen minus 30 und minus 40 Grad beschränkt.

Temperaturen, bei denen sich der Frost beißend in Bärten und Nasenlöchern festkrallt, bilden keine günstigen Voraussetzungen, um Touristen auf die Beine zu bringen. Der Ruf des Lappenmarktes von Jokkmokk ist denn auch noch nicht bis nach Mitteleuropa hinuntergedrungen. So genießen wir das Privileg, uns hier als garantiert einzige »Tysks« kalte Füße holen zu dürfen. Dabei müssen wir allerdings mit Befremden notieren, daß Wärmendes allein in Form von Pelzwerk und Textilien angeboten wird. Von Glühwein, mit dessen Hilfe sich sogar deutsche Christkindlmärkte besser durchstehen lassen, oder gar von noch Höherprozentigem keine Rede!

Dieser Mangel dürfte dem Lars Levi Laestadius, der von 1800 bis 1861 lebte, anzulasten sein. Der schwedische Geistliche hat seinerzeit heftig gegen die Sünde im allgemeinen und gegen den Alkohol im besonderen gepredigt, mit dem man damals den Lappen offenbar ebenso übel mitgespielt hatte wie jenseits des Ozeans den Indianern mit dem Feuerwasser. Die Missionsbewegung des Laestadius, die schnell viele Anhänger im Norden Schwedens fand, hat sich bis in unsere Zeit gehalten. »Laestadianer« rauchen, trinken, tanzen, musizieren nicht; Farben, Schmuck, Radio – außer zur Verkündigung von Gottes Wort – und Fernsehen werden von ihnen verdammt. Leider haben sie die spätere Wandlung ihres Gründers nicht nachvollzogen, der unter dem Einfluß seiner Liebe zu einem jungen Lappenmädchen zur Toleranz zurückgefunden haben soll.

Auch wir hätten gern ein junges, hübsches Lappenmädchen kennengelernt. Doch das Glück war uns nicht hold. Im Lauf der Zeit sind die Lappen auf ihrem Markt nämlich stark in die Minderheit geraten. Diese Feststellung hielten wir zunächst für eine Art optischer Täuschung, weil die meisten Lappen so kleinwüchsig sind, daß wir es für denkbar hielten, sie nicht bemerkt zu haben. Aber nachdem wir den Markt – er ist sehr übersichtlich: zwei Budenstraßen, die sich im rechten Winkel kreuzen – mehrfach durchkämmt hatten, durften wir sicher sein, daß uns keiner entschlüpft war, und wäre er noch so klein gewesen. Andererseits: ein paar fette, großspurige Menschen mit Sommersprossen im Gesicht sahen trotz ihrer kompletten Lappen-Montur und einer roten Quaste an der typischen Schirmmütze akkurat wie Maskierte aus, die einem Münchner Kostümfest entsprungen sein konnten.

Es ist das historische Schicksal der Lappen, die sich neuerdings lieber Samen nennen, als ewige Minderheiten zu leben. Ihre Herkunft gilt immer noch als ungeklärt; doch wird ihre ursprüngliche Heimat zumeist in Zentralasien vermutet. Eine andere Lesart hält sie für eine der Urbevölkerungen Europas und stützt sich darauf, daß in der französischen Dordogne Höhlenzeichnungen mit Rentieren gefunden worden sind. Jedenfalls haben die Lappen sich in geschichtlicher Zeit von den aggressiven Germanen-Völkern immer weiter nach Norden abdrängen lassen, bis sie im heutigen Lappland ein Gebiet fanden, das zu unwirtlich war, um ihnen noch von irgend jemandem streitig gemacht zu werden.

Als Nomaden an der Gründung eines Staates mit festen Grenzen nicht interessiert, mußten sich die Lappen damit abfinden, von den Staatengründern vereinnahmt zu werden als geduldete, von vielen für minderwertig gehaltene Minoritäten. Heute leben etwa noch 10000 Lappen beziehungsweise Samen in Schweden. 20000 in Norwegen, 5000 in Finnland und ein paar tausend auf der Halbinsel Kola in der Sowjetunion. Überall aber sind sie nicht nur innerhalb ihres »zuständigen« Staates, sondern auch in ihrer eigentlichen Heimat Minderheiten. Die Zahl der »richtigen« Schweden im schwedischen Lappland ist beispielsweise jetzt schon auf etwa 150000 angewachsen.

Der Lappenmarkt von Jokkmokk gibt also nur ein Spiegelbild der gegenwärtigen Situation in Lappland wieder. Als er, im Jahr 1605, durch einen Erlaß des Schwedenkönigs Karl XI. gegründet wurde, war das anders. Da waren die Lappen hier oben noch unter sich, und der Monarch hielt es für angebracht, den wirtschaftlichen Austausch im Norden seines Landes zu fördern. Dies übrigens nicht nur in Form von großzügiger Entwicklungshilfe. Wenn die Lappen kamen, um ihre Rentierfelle zu verkaufen, wurden sie gleich auch zur Steuerkasse gebeten.

Daß Karl IX., als er den Markttermin in der kältesten Jahreszeit anberaumte, nicht schon an die touristischen Belange des Landes gedacht hatte, ist zu verstehen. Fragt man aber herum, warum es denn ausgerechnet Anfang Februar sein mußte, kristallisieren sich erst nach einigem hin und her zwei mögliche Motive heraus. Erstens: In den Wintermonaten wandern die Rentiere nicht, brauchen also auch nicht überwacht zu werden. Zweitens: Im wasserreichen Lappland reist man im Hochwinter schneller, weil man mit dem Rentierschlitten den direkten Weg über die zugefrorenen Seen nehmen kann.

Mit dem Rentierschlitten reist heute kein Lappe mehr. Wer zu Wohlstand gekommen ist, läßt seine Herden manchmal sogar aus dem eigenen Helikopter überwachen. Im übrigen ist man mit dem Auto oder – auf kürzeren Strecken – dem Motorschlitten unterwegs. So sind in Jokkmokk statt lebender Rentiere nur deren warme Winterfelle zu sehen, die reichlich zum Markt getragen wurden, um zu Preisen zwischen 50 und 100 Mark den Besitzer zu wechseln. Außerdem häufen sich die Gelegenheiten, dickfelliges Pelzwerk – Mäntel, Westen, Mützen, Handschuhe, Stiefel – zu erwerben. Wie gern hätten wir öfter zugegriffen, wären wir nur besser mit schwedischen Kronen versorgt gewesen! Die molligweiche Ware hat allerdings ihren Preis, und der liegt nur wenig unter dem, der in deutschen Geschäften verlangt wird.

Preisgünstiger wären Haushaltschürzen (Dessins etwa wie in Bielefeld oder Kempten) oder Plastikeimer (gleiche Qualitäten wie auf den Indiomärkten in Mexiko) gewesen. Originell, wenn auch nicht gerade abwechslungsreich, die Auswahl an Nahrungsmitteln: Rentierschinken, Rentierrücken, Rentierwurst, Rentierschlegel sowie ein paar Schneehühner. Außerdem natürlich die herrlichen Süßwasserfische Lapplands, vor allem eine hier heimische Felchenart und Lachsforellen in allen Größen. Auf jedem Fischmarkt stinkt es – in Jokkmokk nicht. Wie man sie aus dem Wasser zieht, werden die Fische in den Schnee geworfen, frieren steif und fahren dann im offenen Schlitten zum Markt. Die Frage, ob es sich hierbei noch um frische Ware oder schon um Tiefkühlprodukte handelt, überlassen wir zur Beantwortung gern der gastrosophischen Literatur.

Zum Rahmenprogramm des dreitägigen Marktes gehören Volkstanzveranstaltungen, Kunstausstellungen, Gottesdienste. Das Lappenmuseum zeigt seine bescheidenen Schätze; die gemütliche kleine Lappenkirche, die vor einigen Jahren der abgebrannten aus dem 17. Jahrhundert nachgebaut worden ist, kann besichtigt werden. An der Friedhofsmauer liegen, dezent, aber nicht penibel abgedeckt, die Leichname der im Winter Verstorbenen und warten auf das Frühjahr, wenn man wieder Gräber ausheben kann.

Abends ist »Danssupé« oder Diner dansant im Hotel Gästis. Je eisiger die Luft draußen, desto feuriger die Nordländer drinnen. Kaum daß sie ihre Pelzstiefel abgelegt und sich das Eis aus den Bärten geschlagen haben, greifen sie nach der nächsten Dame und schweben mit ihr zu den Melodien der »Roten Laterne von St. Pauli« oder eines finnischen Tango über das Parkett. Viele schwingen das Tanzbein mitten ins Menü hinein und ziehen die erwählte Partnerin von ihrem Teller weg auf die Tanzfläche. Bei der Lachs-Vorspeise mag das noch angehen; störender aber wirkt sich der rhythmische Bewegungstrieb der stürmischen Norrbottener beim Hauptgericht aus. Rentierfleisch will, wie Hammel, warm gegessen werden. Da es aber nur lauwarm serviert wird, wäre an sich keine Zeit zu verlieren. Doch wir opfern der Damenwahl unsere fleischlichen Gelüste und tanzen in untadeliger Haltung Foxtrott, indessen unser Rentier still erkaltet.

Im Hotel Gästis darf auch das eine oder andere Glas getrunken werden, was in Schweden nur in Häusern mit gehobenem Preisniveau zulässig ist, denn vor den Gefahren des Alkohols müssen insbesondere die weniger zahlungskräftigen Landeskinder geschützt werden; das ist überall so in der Welt. Wir nehmen also einen Aquavit vor dem

Lachs und einen nach dem Lachs und dazu ein Importbier. Zum Rentier Rotwein und nach dem Rentier Portwein. Und auf das Dessert einen Cognac, gut eingeschenkt. Die Rechnung ist ruinös. Wer sie weniger ruinös halten will, bringt vielleicht ein Fläschchen in der Tasche mit und stärkt sich, wenn das Personal nicht hinsieht, als Direktverbraucher. Dann kommt es auch schon mal vor, daß einer eine ihm nicht so nahestehende Dame etwas zu kräftig anpackt und daß die Ehre dieser Dame erst nach längeren Debatten zwischen Tür und Angel wiederhergestellt werden kann.

Es geht auf Mitternacht, als wir das Hotel verlassen. Drinnen toben sie noch weiter. Aber auf den Straßen ist es totenstill. Ausgestorben steht die Budenstadt, eine verlassene Oase in Eis und Schnee, sternenklare, bitterkalte lappländische Winternacht. Uns wird bewußt, daß dies ein menschenleeres, ein weites, wildes, grenzenloses Land ist. Sterne, Stille, Schnee statt Sand – warum fällt uns jetzt auf einmal die Sahara ein? Les extremes se touchent, die Extreme berühren sich.

Hans Scherer

Richtfest am Nordkap

Wo die Welt zu Ende ist

Auf dem Plateau des Nordkaps wurden die Trompeten geblasen. Die Korken der Champagnerflaschen flogen in die Luft. Der Regierungschef der norwegischen Provinz Finnmark, zu der das Nordkap gehört, wurde an einem Seil vom Hubschrauber heruntergelassen. Die Ehrengäste applaudierten artig, zogen fröstelnd ihre Schals fester und bliesen in ihre Fäuste. Gefeiert wurde die Grundsteinlegung zu einem erweiterten Besucherzentrum am Nordkap, einem Café, einem Kino, einer Champagner-Bar, einem amphitheaterartigen Aussichtspavillon mit Blick auf das stürmische Meer im Norden. Noch während die Gäste sich das Festmenü schmecken ließen, wurde mit den Arbeiten begonnen; die Betonmischmaschinen drehten sich quietschend, die Baukräne hoben sich. Bevor in wenigen Wochen der harte Winter einsetzt und dämmrige Dunkelheit Land und Meer überziehen wird, soll der größte Teil der Aufbauten schon stehen. Bereits in der nächsten Sommersaison wird die Eröffnung sein.

In den offiziellen Tischreden klang viel Heimatstolz mit, auch liebenswürdige Übertreibungen, die etwa in der Forderung gipfelten, das Nordkap müsse ein »Ziel des Welttourismus« werden. Die Neubauten sollen die überaus kurze Saison am Nordkap etwas verlängern; wenn das garstige Wetter draußen keine Besichtigungen mehr zuläßt, sollen die Besichtigungen gleichsam im Saale stattfinden. Jährlich pilgern 120000 Besucher zu diesem gigantischen Felsen, 71 Grad nördlicher Breite, 10 Minuten, 21 Sekunden. Die meisten von ihnen sind Skandinavier, aber dicht gefolgt von Deutschen, Italienern, Franzosen, Briten.

Von Ferne wird oft von hochmütigen Weltreisenden die Frage gestellt: Was ist dort oben denn eigentlich zu sehen? Worauf die spöttische Antwort lautet: nichts. Aus dieser Sicht klingen alle Berichte über Besucherzahlen, Neubauten, Pläne und Projekte komisch oder gar absurd. In Wahrheit verhält es sich anders. Die Bedeutung des Nordkaps geht über das Sichtbare hinaus; sie ist eine geographische, geopolitische, poetische, sogar philosophische – für diejenigen, die die Endpunkte der Welt suchen. Die Attraktion besteht darin, dort zu sein. Und daß es dort nichts zu sehen gebe, der dumme Spruch kann nur von Leuten stammen, denen jeder Blick für die Natur fehlt.

Geographisch sind die Superlative, mit denen das Nordkap sich schmückt, umstritten. »Der nördlichste Punkt Europas« – da könnten eventuell auch die Russen Ansprüche anmelden, vor allem aber zählen doch auch Spitzbergen und Grönland noch zu Europa. »Der nördlichste Punkt des europäischen Festlandes« – auch das ist nicht richtig, denn das Nordkap befindet sich auf einer dem Festland vorgelagerten Insel. Es ist nicht einmal der nördlichste Punkt dieser Insel, denn neuere Vermessungen haben ergeben, daß die Spitze der flachen Landzunge neben dem Nordkap in Wirklichkeit etwas nördlicher liegt. Vermutlich hatte man sich von Anfang an für den bombastischen Felsen entschieden, weil er der romantischen Vorstellung vom wind- und wetterumtosten Endpunkt der Welt näherkam.

Es ist eine dramatische Landschaft. Wir waren in zwei Etappen hierher geflogen, zuerst von Oslo nach Alta, dann mit einer kleineren Maschine nach Honningsvag; von hier sind es noch etwa dreißig Kilometer Busfahrt bis zum Kap. Die Piloten beider Maschinen setzten ihren ganzen Stolz darein, uns ihre Flugkünste vorzuführen. Atemberaubend niedrig kurvten wir über dem Meer zwischen grauen Wolken und schwarzen Felswänden, daß es mehr als einmal aussah, als berührten die Tragflächen das Land. Wenn die Maschine sich dann auch noch zur Seite legte, stemmte man sich innen unwillkürlich gegen die Flugzeugwand, als könne man sich damit vor dem Unheil schützen. Alle Kenner des Nordkaps versicherten immer wieder, so hätten sie es noch nie gesehen.

Einmal sahen wir, wie sich die Wolken über dem Felsen plötzlich teilten, daß er im grellen Sonnenlicht glitzerte. Ein andermal jagten Wolkenschleier darüber. Ein einziger Sonnenstrahl fiel aufs Meer und traf ein flaches schwarzes Schiff, ein russischer Holzfrachter, wie man mir erklärte, auf der Fahrt nach Osten, aber jeder dachte an den »Fliegenden Holländer«, der durch die Meere irrt – und auf eben diesen einen Sonnenstrahl wartet.

Der erste berühmte Nordkap-Fahrer war ausgerechnet der verzärtelte Bourbonen-Prinz Louis Philippe in seinen Exiljahren, 1795; als König später schenkte er den Leuten vom Nordkap huldvoll seine Büste. Immer war das Nordkap ein bevorzugtes Ziel der Könige und Mächtigen. Vielleicht läßt das Schlüsse auf ihren Charakter zu: immer wollten sie bis an die Grenze gehen. Was die Deutschen im Zweiten Weltkrieg am Nordkap angerichtet haben, ist nicht vergessen, obwohl die Norweger es im allgemeinen diskret übergehen. Im Herbst 1944, als die sogenannte deutsche Nordfront immer heftiger von der Roten Armee bedrängt wurde, sollte die Taktik der »verbrannten Erde« den Vormarsch der Russen verzögern. Die Bevölkerung der Finnmark wurde evakuiert, und es wurde die totale Zerstörung aller Baulichkeiten angeordnet. Was nicht brannte, wurde in die Luft gesprengt. Am 15. Dezember 1944 waren in Honningsvag nur noch Telegrafenmasten zu sehen. Es war wohl eine der sinnlosesten Taten dieses Krieges. Es ist natürlich alles wiederaufgebaut. Die Menschen sind heimgekehrt. Manchmal sieht es so aus, als seien dem Menschen die extremsten Gegenden der Erde, die er für sich gewonnen hat, die liebsten.

Theodor Geus

Eis bricht wie Glas

Durch die winterliche Ostsee

An diesem Morgen war der Himmel glutrot. Es schien, als stünde er in Flammen und brenne in einem warmen Feuer. Aber es war kalt, bitterkalt. So blieb es den ganzen langen Weg von Trelleborg durch Schonen und Småland, durch Östergötland und Södermanland bis hinauf nach Stockholm. Das weite Land lag unter einer dünnen, makellos weißen frostigen Decke, wie erstarrt und ganz still. Nirgends waren Menschen zu sehen, nur ab und zu ein paar Pferde, die ein leichter, von ihren Körpern aufsteigender Dunst einhüllte, und ein paar Schafe, die ihre Leiber eng aneinanderdrängten. Erst als es dunkel geworden war, jäh, wie die Nacht im Norden Europas herunterfällt, leuchten aus den Fenstern der über die Hügel verstreuten und an den Waldrand geschmiegten Häuser kleine Lichter als Zeichen, daß dieses Land im Winter nicht ausgestorben ist.

Selbst die große Stadt Stockholm wirkte leer. Jetzt, da die zweite große Kältewelle dieses Jahres über sie hereingebrochen ist, beginnen sogar die Menschen, die an einen langen und harten Winter gewöhnt sind, zu leiden. Seit man Temperaturen mißt, sagen sie, sei es nicht so kalt gewesen, und soweit man zurückdenken kann, sei noch nie soviel Schnee gefallen. Und dann reden sie alle von der Sommerheiterkeit dieser Stadt und vom Birkengrün, als könnte die Sehnsucht nach Wärme helfen, die grimmige

Kälte leichter zu ertragen. In diesen Tagen jedenfalls haben es alle in dieser sonst so geruhsamen Stadt eilig. Mit rotgefrorenen Gesichtern hasten sie durch den eisigen Ostwind, und nur wenige gehen auf dem Mälarsee spazieren, über den sich die Fußspuren wie ein bizarres Muster ziehen. Überall dort, wo sich sonst das Wasser zwischen die vierzehn Inseln der Stadt drängt, ist es zu Eis geworden, an manchen Stellen nur mühsam aufgebrochen durch kleine Schiffe, die keuchend und rauchend eine Spur in den weißen Panzer reißen: eine fast sinnlose Arbeit, denn hinter den Schiffchen schließt sich die schmale Fahrtrinne wieder wie eine schnell vernarbende Wunde zu einer grauen Kruste. Das Eis umklammert jetzt ganz Stockholm mit einem harten Griff. Im Venedig des Nordens bläht sich kein Segel mehr, und all die Dampfer, die sonst geschäftig den Saltsjön durchpflügen, liegen bewegungslos am Kai. Fahren können jetzt nur noch die großen Fähren, diese haushohen Riesen des Meeres, die ihren Bauch vollstopfen mit Lastwagen und Autos und weit über tausend Passagiere auf einmal transportieren.

Es war noch fast Nacht am Terminal von Värtahamn, wo einer dieser weißen Giganten lag – bis in den zweiten Stock seiner neun Etagen mit einer funkelnden weißen Schicht überzogen. Auch hier war es still und leer, denn wer fährt schon zu dieser Jahreszeit, wenn er nicht unbedingt muß, an ein kaltes Weltende auf der anderen Seite der Ostsee nach Turku. Am Ende mögen es wohl an die hundert Passagiere gewesen sein, die sich in den Sälen und Gängen dieses Kolosses verloren: Geschäftsleute, die hier eine Konferenz abhielten, wohl weil sich von hier niemand davonstehlen kann, ein paar Finnen, die früh begannen, sich gegen die Kälte in ihrer Heimat mit Wodka zu wappnen, Lastwagenfahrer, die gleich in ihren Kabinen verschwanden, ein paar Menschen, die zum Vergnügen über die Winter-Ostsee fuhren. Obwohl Gerüchte kursierten, daß ein solches Schiff kürzlich umkehren mußte, weil der Sturm Eisschollen zu gewaltigen, undurchdringlichen Barrieren aufgetürmt hatte, sah es nicht nach Abenteuer aus, als sich die Fähre mit einem leichten Ruck vom

Kai löste und langsam Fahrt aufnahm – hinaus auf die Ostsee.

Auf die Ostsee hinaus? Es waren keine See und kein Wellenspiel zu sehen, sondern so weit man blicken konnte, war da nur eine weiße Ebene mit dunklen Flekken. Das ganze Wasser-Land- und Land-Wasser-Durcheinander des Schärengürtels zwischen Stockholm und Turku war auf wundersame Art verwandelt und verzaubert und erleuchtet von einem seltsam blauen Licht. In Schweden sagt man, daß nun die Natur ihr Brautkleid angezogen hat – ein weißes, mit glitzernden Diamanten über und über besetztes Kleid, und dazu trägt sie einen grünen Kranz, allerdings nicht aus der südlichen Myrte, sondern aus vom Wind gebeugten, bemoosten Kiefern. Durch diese neu entstandene Tiefkühl-Landschaft, eine magische Landschaft, suchte sich das Schiff seinen Weg, vorbei an Inseln, vorbei an Inselchen und winzigen Landbrocken, auf denen manchmal ein noch winzigeres stummes Sommerhäuschen steht und gerade noch Platz ist für zwei oder drei Bäume. Das Schiff bahnte sich seinen Weg mit der barbarischen Kraft von über zwanzigtausend Pferdestärken, und unter dieser Wucht splitterte die Eisebene wie Glas in tausend Scherben. Mit einem leisen Knirschen zogen sich die Risse und Spalten über die glatte Fläche, und durch dieses Spinnennetz quoll dunkles Wasser. Es war anders als vor Jahren bei einer Fahrt mit einem Frachter von Travemünde nach Helsinki. Dies war auch nicht gerade ein kleines Schiff mit seinen zwanzig Lastwagen an Bord, aber es mußte sich mühsamer durch das Eis kämpfen. Damals war der heftige Ruck zu spüren, wenn es sich auf die Schollen hob, die unter seinem Gewicht zusammenbrachen, und es war ein Krachen, Schaben und Dröhnen zu hören – die ganze Nacht und so laut, daß an Schlaf nicht zu denken war. Da drängten sich die Gedanken auf, irgendwann müßte der stählerne Schiffsleib unter dem gewaltigen Druck zerbersten.

Diese Fähre fuhr langsam und stetig voran auf einem gewundenen Kurs, als würde sie von einer geheimnisvollen Macht geleitet und nicht von computergesteuerten Maschinen. Sie fuhr durch eine Märchenwelt von überwältigender Schönheit. Manchmal schien es, als würde das Schiff in einen dunklen Wald hineingleiten, aber dann öffnete sich doch plötzlich wieder eine weiße Gasse. Manchmal schien es, als läge am Horizont schon das Festland, aber es war ein Trugbild, denn beim Näherkommen löste sich die Hügelkette auf zu neuen Inseln – die meisten namenlose Eilande, die kaum jemals ein Mensch betritt. Ab und zu schwamm das Schiff in ein Stück offenes Meer, aus dem der Sturm, der wenige Tage vorher hier getobt hatte, das Eis fortgetrieben hatte. Über dem Graublau lagen dünne Nebelschleier: Der Wind war dabei, die letzte Spur Wärme aus dem Wasser zu saugen. Danach drang es wieder in die weiße Ebene ein. Nach Osten zu, hatte der Kapitän gesagt, werde das Eis immer dicker – zwanzig, dreißig Zentimeter vielleicht –, und nun war auch deutlicher zu spüren, daß die kalte Macht des Winters dem Schiff den Kampf angesagt hatte. Es zitterte am ganzen Leib beim Aufprall auf die Schollen, und es mußte seine ganze Kraft aufbieten, das Eis zu brechen. Auch das Krachen und Knirschen war lauter geworden, beängstigender, je tiefer man in das Schiff hinunterstieg.

An diesem Tag schien die Sonne mit aller Pracht, aber es war eine trügerische Sonne, die all ihre Wärme verloren hatte – ein kaltes Gestirn über einer kalten Welt. Niemand wagte sich auf das riesige Deck, auf dem im Sommer die Liegestühle aufgebaut sind, niemand stand an der Reeling. Nur für Minuten war es möglich, sich dem schneidenden Fahrtwind auszusetzen, der den Atem nahm und die Tränen in die Augen trieb, durch Mantel, Pullover und Hemd bis auf die Haut drang, die Finger klamm machte und die Lippen aufspringen ließ. Einmal fuhren wir an einem Eisbrecher vorbei, der, vom Oberdeck der Fähre betrachtet, wie ein Spielzeugschiff aussah. Darauf standen vermummte Männer, die einer fürchterlichen Natur trotzen bei ihrer schweren Arbeit. Ein anderes Mal passierten wir ein Dampferchen mit ein paar frierenden Menschen und einem Auto voller Eiszapfen an Bord. Es setzte sich hinter die Fähre in die aufgebrochene Spur, um

Kraft zu sparen. So durch das Eis zu fahren, ist etwas anderes, als bequem dahinzugleiten.

Aus diesen beiden Begegnungen wurde deutlich, daß diese Reise seltsam unwirklich war: geborgen hinter festen Wänden an einer großen Einsamkeit und an der Unwirtlichkeit vorbeifahren, nichts spürend von der beißenden Kälte und dem pfeifenden Wind. Vollends zum Traum wurde sie, als die Bordkapelle irgendein Lied von Hawaii oder der Copacabana spielte und beim Captain's Buffet Früchte des Südens – Datteln, Orangen, Bananen – und frische Erdbeeren serviert wurden, während hinter den riesigen Aussichtsfenstern des Speisesaals wie auf einer Leinwand ein Film von Nordpolkälte und unendlicher, menschenfeindlicher Weite ablief. Daß ein solcher Traum manchmal doch zerstört werden kann, erzählten später einige Leute in Stockholm: In der gleichen Nacht, in der die gewaltige »Wellamo« auf der Rückfahrt war, ist eine andere Fähre von gleicher Größe im Eis steckengeblieben und konnte erst nach Stunden mühsamer Arbeit wieder freigeschleppt werden.

Wir haben kurz angelegt in Mariehamn, dem Hafen der größten der Åland-Inseln. Wo im Sommer viele Menschen aussteigen und in dieses amphibische Reich eindringen, verließ jetzt niemand das Schiff. Auch dieser jämmerlich frierende Ort lag wie tot da. Danach sind wir in die Dunkelheit hineingeglitten auf Turku zu, während am Himmel tausend Sterne leuchteten und ab und zu wie aus einem Scheinwerfer ein heller Schimmer über den Horizont huschte – das Echo eines fernen Nordlichts. In Turku waren wohl alle Menschen schon ins Bett gekrochen. Hinter den Lichtern der Hafenanlagen war die Stadt von Finsternis zugedeckt. Hier kehrt die Fähre um und macht sich auf den Rückweg nach Stockholm durch eine lange Nacht, die erfüllt war vom Lauschen nach fremden Geräuschen – dem Scharren des Eises, dem Ächzen des Stahls, dem Klirren irgendwo im Bauch des Schiffes, dem Surren der Klimaanlage, die eine wohlige Wärme schuf.

Auch an diesem Stockholmer Morgen ging die Sonne glutrot auf, aber es war noch kälter geworden, und der Ostwind weht noch beißender bis weit an die südschwedische Küste hinunter. Es wird nicht lange dauern, sagten einige Schweden, dann können wir über den Oeresund zu Fuß nach Kopenhagen gehen. Vielleicht wird dies so sein, denn auf dem Weg von Trelleborg nach Travemünde hatte die Ostsee an manchen Stellen schon eine dünne, schimmernde Haut, und von überall her trieben Eisschollen über die Wogen wie Teile eines Puzzles, das hier die Natur zu einem Bild zusammenbaut – ein Bild, das endlos weiß ist.

Hans Eckart Rübesamen

Das Nordkap links liegen lassen

Norwegen und die finnische Tundra

In Tromsø wundern wir uns, daß die Menschen alle in Hemdsärmeln und leichten Sommerfähnchen herumlaufen. Sind wir hier vielleicht nicht nördlich des Polarkreises, auf gleicher Höhe etwa wie das mittlere Grönland, das nördlichste Sibirien? Gewiß sind wir das. Aber ich sage nur ein Wort: Golfstrom! Hinzu kommt, daß es nicht nur verblüffend warm ist, sondern auch erbarmungslos hell. Nun ist das nächste Stichwort fällig: Mitternachtssonne – in Tromsø durchgehend vom 23. Mai bis 23. Juli. Das »durchgehend« ist in unserem Fall wörtlich zu verstehen: Wir sind zwölf Tage lang im Norden Norwegens unterwegs gewesen. Zwölf Tage und zwölf Nächte hat uns ohne Unterbrechung die Sonne geschienen. Das ist, zugegeben, nicht die Regel. Aber gar so außergewöhnlich ist es auch wieder nicht.

Tromsø also, Ausgangsort unserer Fahrt. Die 45 000-Einwohner-Stadt bietet die erstaunlichsten Superlative: nördlichste Universität der Welt, nördlichster Bischofssitz, nördlichste Bierbrauerei ... Daß Tromsø auch die Gemeinde mit der größten Grundfläche im Lande ist, sei nur der Vollständigkeit halber noch erwähnt. Gesamteindruck: hell, warm, freundlich, reinlich und ein bißchen langweilig. Aber wer reist schon nach Nordnorwegen, um eine aufregende Stadt zu erleben?

Am nächsten Morgen holen wir den vorbestellten Leihwagen ab – Camper sind leider kaum zu bekommen –, verstauen unser Gepäck und fahren los, nach Norden natürlich. Genaueres wissen wir selbst noch nicht. Eigentlich wollen wir uns nur so treiben lassen, alles Weitere wird sich dann schon finden. Von weitem gesehen, scheint das auch ganz klar. Es gibt nur eine durchgehende Straße, die »R 6«, von Süden nach Norden. Irgendwie, irgendwann landet man schließlich am Nordkap. Und dann kehrt man wieder um. Doch so simpel, gottlob, war es nicht. Was wäre das Reisen, hätten wir nicht auch die Qual der Wahl?

Wir verlassen Tromsø über die neue, elegant geschwungene Fjordbrücke, bewundern noch die „Eismeerkathedrale" – sie gefällt uns in ihrer klaren, kompromißlosen Modernität – und stehen nach einer halben Stunde schon am ersten Fährhafen. Diese herrlichen Fahrten mit den Fähren immer wieder. Jedesmal haben wir uns darauf gefreut, uns wieder einschiffen zu können. Wenn aber gerade eine Fähre abgelegt hatte und wir warten mußten, so war es auch recht. Unvergeßlich die zwei Mittagsstunden, als wir in der warmen, trockenen Wiese am Fjord liegen und träumen durften.

Am schönsten sind die Fahrten mit der Fähre in den Abendstunden, je später, desto schöner. Dann kommt die große Stille über das Wasser, nur das Grummeln und Stampfen der Dieselmaschine ist noch zu hören, doch das ist wie ein Knacken im Kachelofen – man fühlt sich geborgen und wohl. Das Licht wird klar und leicht, die Häuser am Ufer leuchten hart, wie von innen heraus, die Sonne will nicht untergehen und wird nicht untergehen. Man steht aber oben auf dem Deck, läßt sich vom Fahrtwind durchblasen und spürt es durch und durch, bis in die kleine Zehe hinein: das ist Norwegen.

So schön sind die Fahrten mit den Fähren, daß wir die Straßenabschnitte dazwischen vielleicht nicht immer genügend gewürdigt haben. Die Fjorde entlang bummeln wir durch üppiges Grün, auf den Wiesen duftet es nach frisch geschnittenem Heu, in den Dörfern blühen Goldregen und Flieder, Pfingstrosen und Rittersporn. Nicht nur Birken und Fichten, auch Buchen, Weiden, Ebereschen wachsen am Straßenrand. Dieses grüne Band beschränkt sich freilich nur auf die Küstenregion. Entfernt sich die Straße vom Wasser oder steigt sie an, wird Nordnorwegen gleich karg und herb. Je weiter wir nach Norden kommen, um so tiefer sinkt die Baumgrenze. Auf der Breite von Hammerfest erreicht sie fast den Nullpunkt. Dafür schaut gelegentlich ein Gletscher aus gar nicht fernen Höhen in die Täler hinein: Oksfjordjokelen, Seilandsjokelen, Nordmannsfjordjokelen – Jokelen heißt Gletscher; doch das ist kein Grund, sie weniger ernst zu nehmen – überschreiten kaum die Tausend-Meter-Grenze, was hier oben schon zum Hochgebirge zählt; viel höher geht es da nirgends mehr.

Auf der Autokarte macht die R 6 (auch E 6) eine dicke Linie, wie eine Autobahn. Doch das ist sie bei weitem nicht. Nur streckenweise voll ausgebaut, ist sie immer noch nicht durchgehend asphaltiert. Die entgegenkommenden Autos mit den stolzen Inschriften auf der Staubschicht der Karosserie, in denen das Wort »Nordkap« nicht fehlen darf, können uns daher bald nicht mehr beeindrucken. Nachdem wir die ersten drei Baustellen passiert haben, sieht unser braver Wagen ebenso verwegen aus – nur ohne Inschrift.

Alta an der Mündung des Altaelv, »einer der fischreichsten Flüsse der Welt«, ist eine weitläufige, wenig reizvolle Siedlung, nicht Stadt und nicht Dorf: Einkaufszentrum, Tankstelle, zwei Hotels, ein kleiner Flugplatz und noch dies und das. In Alta müssen wir uns entscheiden, ob links herum, rechts herum oder geradeaus. Im Klartext: Schon in Tromsø hatten uns die Straßenschilder mit der Angabe »Kirkenes 818 km« mächtig gereizt. Kirkenes – das hat so etwas Endgültiges, so einen Hauch von »am Ende der Welt«, der Neugierigen in den Fingern jucken muß. Gleich hinter dem Fünftausend-Seelen-Städtchen, das seine Existenz den nahen Erzgruben verdankt, ist diese unsere Welt nämlich wie mit Brettern vernagelt, unpassierbar: die Grenze zur Sowjetunion. In einer Stunde nüchterner Überlegung schlugen wir es uns dennoch aus dem Kopf. Zu weit und – nach allem, was wir darüber in

Erfahrung bringen konnten – dafür nicht interessant genug. Auch hätten wir den ganzen Rückweg auf derselben Route machen müssen.

Dann natürlich das *Nordkap*, der große Renner hier oben. Neunundneunzig Prozent aller Wagen, die auf der R 6 unterwegs sind, fahren zum Nordkap. Warum nicht wir? Weil wir es eigentlich da am schönsten finden, wo wir nur wenigen Menschen begegnen. Es wäre uns widersinnig erschienen, die weite Reise ins menschenleere Nordland zu unternehmen, uns dort aber wieder von den Verdrießlichkeiten des Tourismus einholen zu lassen: den Warteschlangen vor der Fähre nach Honningsvog, der Kolonnenfahrerei auf der Insel, dem Gemeinschaftserlebnis mit den zahlreichen Zeitgenossen, deren fixe Idee, Mitternachtssonne sei nur, was man vom Nordkap aus gesehen und geknipst hat, wir aber durchaus nicht teilen können. (Übrigens ist nicht das Nordkap der nördlichste Punkt Norwegens, sondern die Spitze der Halbinsel Knivskjellodden, die noch 1500 Meter näher am Nordpol liegt!)

Wir haben also das Nordkap geschwänzt und zunächst einen Abstecher nach Hammerfest gemacht. Die nördlichste Stadt der Welt ist schließlich auch etwas. Hammerfest, eine immer noch bedeutende Hafenstadt, ist im Krieg stark zerstört, anschließend modern wieder aufgebaut worden, kompakt und charaktervoll. Auf einer stillen Klippe vor dem Hafen haben wir uns von der Mitternachtssonne bestrahlen lassen. Am Tag darauf haben wir in den kahlen Bergen der Umgebung einen namenlosen Höhenzug bestiegen und in das faszinierende Gewirr der Inseln, Fjorde und Sunde ringsum geblickt; in der Ferne glitzerten unbekannte Gletscher.

Die Entscheidung war längst gefallen. Nicht Kirkenes und nicht Nordkap, sondern das Landesinnere, die Finnmarksvidda. Zurück also aufs Festland und nach Lakselv am Ende des Porsangenfjordes. Unvergeßlich wird der Ort uns dadurch bleiben, daß wir im einzigen Restaurant am Platz den auf der Speisekarte angebotenen Lachs nicht bekamen. Vielleicht war das auch gut so. Denn der Steinbutt, den ich ersatzweise bestellte, war mit miserabler

Panade und dito Sauce zum Gotterbarmen zugerichtet. Vermutlich hätte man den Lachs ebenso maltraitiert.

Über die Küche, weil wir schon beim Thema sind, möchte ich mich nur zurückhaltend äußern, um genossene Gastfreundschaft nicht mit Undank zu vergelten. Grande oder gar Nouvelle Cuisine haben wir natürlich nicht erwartet. Doch wer sich im nördlichen Norwegen einmal so richtig an Lachs laben will, ist falsch programmiert. Er bekommt »Mailänder Snitsel« oder »Svinekotelett Hawaii«, aber kaum einen anständigen Hering oder einen anderen frischen Fisch aus dem Atlantik. Praktisch alles, was man hier in den Geschäften kaufen, in den Restaurants essen kann, kommt aus Dosen und Tiefkühltruhen.

Nach überwundener Lachsenttäuschung brechen wir auf ins Landesinnere, in die Finnmarksvidda: eine grenzenlose, über Finnland bis tief nach Rußland hineinreichende Tundra-Landschaft, in der sich die Vegetation allmählich auf Zwergbirken, Wacholder und allerlei Flechten- oder Moosbewuchs zurückzieht. Eine wunderschöne Fahrt in den Abend hinein, der nicht dunkel werden kann. Wir gewöhnen uns daran, unser Tagesprogramm so einzuteilen, daß wir nach dem Abendessen noch ein Stündchen oder zwei fahren können. Ein Geschenk, das nur das Land der Mitternachtssonne zu vergeben hat. Unsere Sinne sind um diese Zeit besonders empfänglich. Wir werden und werden nicht müde – ein herrlich intensiver Zustand.

Gegen Mitternacht beziehen wir schließlich unser Quartier in einer schlichten »Gjestgiveri« (Gasthaus) in Karasjok, einem kulturellen Zentrum der norwegischen Lappen. Es gibt hier Schule und Internat für Lappenkinder, eine Bibliothek und ein bescheidenes Lappenmuseum. Aber mit den Lappen, die sich lieber »Samen« nennen, ist das so eine Sache. Jahrhundertelang sind sie von Norwegern, Schweden, Finnen verdrängt und ausgebeutet worden. Seit einiger Zeit regt sich bei Intellektuellen und Politikern in den Hauptstädten im Süden das schlechte Gewissen. Die samischen Minderheiten werden unterstützt und subventioniert. Aber sie sind an einem besse-

Absender (bitte deutlich schreiben):

(Name)

(Berufsbezeichnung)

(Straße)

(PLZ) (Ort) (Plz-Erg)

☐ **Verlagsverzeichnis** (kostenlos)

______________, den ______________

(Unterschrift)

E-08/90 (12,5) **B**

Antwort

Bitte frankieren

An die Buchhandlung

Buchhandlung
Mühlhausen GmbH & Co. KG
Schillerstr. 5
6000 Frankfurt/M. 1
Telefon 2 07 81

ren Lebensstandard mehr interessiert als an der Überlieferung, die man bei ihnen zu neuem Leben erwecken möchte. Und so sieht man sie in ihren typischen Trachten vor ihren typischen Zelten am Rande der Autostraßen, wo sie den Touristen typische Lappen-Souvenirs verkaufen. Wenn es zu herbsteln beginnt, brechen sie ihre Zelte ab und ziehen in ihre Eigentumswohnungen in den Städten, anstatt ihr »kulturelles Erbe« in Ehren zu halten.

In Karasjok steht eine hübsche kleine Holzkirche, etwa 150 Jahre alt. Es gibt zu denken, daß hierzulande die Kirchen gemütlicher sind als die Wirtshäuser. Noch aus einem anderen Grund zögern wir, das Gotteshaus wieder zu verlassen. Es handelt sich bei ihm nämlich, aus welchen Gründen auch immer, um einen der wenigen mückenfreien Räume Lapplands. Ich fürchte, überfordert zu sein mit dem Versuch, die sommerliche Mückenplage in den angemessenen Klagetönen darzustellen. Wir waren wohlversorgt mit einem bewährten Mittel zum Einreiben und dazu noch einem Spray – die Mücken stachen uns kaum. Aber sie waren da und allezeit bereit, pro Kopf etwa eine Dreiviertelmillion. Wolkenweise umschwärmten sie uns und drehten immer erst im allerletzten Moment ab, weil wir so abstoßend stanken, daß sie uns nicht berühren mochten. Doch dann kamen schon die nächsten Schwärme aus der Reserve, ausgeruht, angriffsfreudig und blutdurstig ...

Man gewöhnt sich an alles. So streunen wir – die Autofenster weit offen, Zugluft mögen die Mücken nicht – kreuz und quer durch die Finnmark, erfahren die Weite der Tundra, schauen auch einmal nach Finnland hinein zum großen, kalten Inarisee, geraten auf schnurgerader Landstraße in eine Rentierherde, kampieren ein paar kurze Nachtstunden lang auf den Liegesitzen im Auto, für das wir uns ein schattiges Plätzchen gesucht haben, waschen uns anschließend nackt und genüßlich im frischen Fluß (morgens schlafen die Mücken), erreichen mit dem letzten Tropfen Benzin und heftig knurrendem Magen gerade noch rechtzeitig das Frühstücksbuffet in Skiboth an der Küste.

Die Liegesitze waren unser primitivstes Nachtquartier; sonst hatten wir es komfortabler. Auf Campingplätzen und in Jugendherbergen haben wir schlichte kleine Holzhütten gefunden, nicht immer mit fließendem Wasser, aber wohnlich und billig. Decken kann man ausleihen, oft auch Bettbezüge und Handtücher. Weniger gut haben uns die Stadthotels gefallen, komfortabel, doch gesichtslose Kästen mit unpersönlichem bis muffigem Service. Aber wenn man nicht mehr zwanzig ist, findet man gelegentlich eben auch eine warme Dusche und frische Bettwäsche erstrebenswert.

Von Skiboth führt uns die R 6, diesmal östlich an Tromsø vorbei, südwärts durch die verschlungene Fjordlandschaft, die sich immer wieder in neuen Bildern zeigt und uns nie langweilig wird.

Narvik, als heroischer Kriegsschauplatz des Jahres 1940, hat für viele Ältere noch einen bedeutungsschweren Klang. Doch längst dominiert hier wieder eisenharter Kommerz: Im größten Erzexporthafen der Welt bestimmen Industrie-, Hafen- und Verladeanlagen den Eindruck. Das Erz kommt aus dem schwedischen Kiruna über die Grenze. Aber mein alter Traum, einmal mit dieser Bahn fahren zu können, bleibt weiterhin unerfüllt. Unsere Reise geht ihrem Ende zu.

Zwischen Narvik und Bodø sind die Brückenbauer besonders fleißig gewesen. Doch ein paar Fährpassagen haben sie uns auf den verbleibenden 300 Kilometern noch übriggelassen. Die genießen wir um so dankbarer, als wir wissen, daß es unsere letzten sein werden. In Bodø fühlen wir uns schon gewaltig weit im Süden. Dabei liegt die Stadt immer noch ein gutes Stück jenseits des Polarkreises. Aber das Flughafen-Thermometer zeigt 25 Grad Celsius an; bei allerschönstem Sommersonnenschein besteigen wir die Maschine nach Oslo. Dort ist es kühl und windig und in Hamburg endlich können wir auch unsere Regenmäntel benützen.

Gabrielle Wittkop-Ménardeau

Begegnung mit Havis Amanda

Winterbilder aus Helsinki

Ein Meer aus grauem Marmor, von unendlichen Rissen in Mäander zerbrochen, worauf die Sonne einen schwachen, seidigen Glanz wirft. Schwarz ist das Kielwasser des großen Eisbrechers, und austernfarbige Schaumblumen wirbeln in seiner Flut. Frachter warten schon auf die Gelegenheit, die Fahrtrinne auszunützen; einer von ihnen, dessen Container eine wahre Mondrian-Komposition ergeben, pafft Wolken rußigen Rauches gen Himmel. Auf der Brücke reißt der Wind einem die Worte aus dem Mund, legt sich als eisige Maske um die Augen. Das Gesicht wird entfleischt.

In der Kabine, die Stirn gegen die Fensterscheibe, die Hände als Trichter erhoben, habe ich versucht, die Nacht zu sehen, habe versucht, etwas von den elementaren Kräften zu erspähen, sah aber nur eine dunkle Fläche, wo sich ein Gesicht widerspiegelte. Ich wurde hungrig oder vielmehr, ich sehnte mich nach Essen als biologischer Demonstration, als Bestätigung meiner Lebendigkeit. Ich ging zum Grill Room des Schiffs. Das Essen dort – das Restaurant gehört zur Chaîne des Rôtisseurs – schmeckt trotz hoher Gästezahl immer individuell, ja liebevoll. Man serviert viel Fisch, Gravad Lachs, Heringe, Seezunge. Sirenenessen. Ein merkwürdiger, sehr milder Käse aus Kainuu, von braunen Backofenspuren ganz scheckig, den die Finnen gern in heißen Kaffee zerbröckeln, wird hier mit »lakka«, gelben, subtil schmeckenden Multebeeren der lappischen Moore, serviert – ein seltener Genuß.

Helsinki. Wunderschön und splitternackt steht Havis Amanda im Schnee zwischen sich bäumenden Robben, und zwar nicht allzuweit von der Stelle, wo sie auf dem Markt ihre Sprotten und Lachsforellen feilbot. Ein ansehnliches Weib, eine deftige Muse, vom Bildhauer V. Vallgren geliebt und 1908 in Bronze dargestellt. Sie wurde 100 Jahre alt. Ihr Konterfei erregte ihrerzeit Anstoß, denn die Nacktheit einer Brunnenfigur ist etwas anderes als die Nacktheit in der Sauna. Sauna ist Tradition, ist Therapie, Sauna ist sogar gesellschaftlicher Treffpunkt, und da die Männer fast ihre sämtlichen Geschäfte dort abwickeln, ist es für Frauen sehr schwierig, Karriere zu machen. Nun machte Havis Amanda eine Art von Karriere und drang sogar in die Legende einer ansonst spröden Stadt. Sie wurde schließlich als ein Stück Natur der schrecklichen Eventualität etwaiger Dekadenz entgegengestellt, als uriges Weib, das mit der Bastion seiner starken Brüste die mondäne Frivolität in Schach hält, als Denkmal einer gesunden Erotik zur Bekämpfung hintergründigen Flirts, unerlaubter Irrungen, lasziven Raffinements und anderer Arabesken. Sie stellt die Anti-Kurtisane par excellence dar, die gute Havis Amanda, und braucht ebensowenig einen Fächer wie sie einen Schleier vertragen würde.

Die erleuchteten Fischbuden aus rotem Leinen setzen feurige Akzente in den Abend, wo alles sonst die graublaue Farbe einer Seifenlauge annimmt. Darin scheinen die Laternen des Hafens zu schwimmen, diffus, mit flauschigen Lichthöfen. In der Markthalle selbst ist es heute abend fast leer; ab und zu kauft ein Kunde etwas ein, eilt schon weg. Es ist so kalt, es ist schon so spät ... Ganz oben, im Gebälk leuchten schwach die Lampen, werfen ein trübes Licht über die Gänge aus weißlackiertem Holz, die an alte ländliche Badezimmer denken lassen, an diese Frisiertische, die neben Zinkwannen standen. Hier werden Riesenlachse angeboten, rosa schimmernd unter Plastikplanen, silbrige Heringe, geräucherte Makrelen, Töpfe und Gläser mit Rogen, mit Rollmöpsen, mit Kaviar, Holzfässer mit Salzanchovis, ledrige Aale, Krabben, Klippfische, Felchen. Eine reiche, aber strikt geordnete Welt, den strotzenden, chaotischen Märkten des Südens ganz unähnlich.

Die Stadt öffnet sich blumenartig, bizarr gezackt zwischen ihren Wasserbecken, immer scheint sie bereit, ein Blütenblatt zu verlieren, einen ihrer Ränder plötzlich driften zu lassen. Sie hat etwas zugleich Obstinates und Unentschiedenes. Obwohl 1550 gegründet, ist Helsinki eine junge Stadt, die, oft abgebrannt, nur noch ihren alten Granitsockel aus den frühen Jahren beibehalten hat. Im November 1808 brannte sie abermals, ein wahres Feuermeer erfaßte die rotgestrichenen Holzhäuser und ein Drittel der Siedlung fiel in Asche. Bevor sich Helsinki von der Katastrophe erholt hatte, wurde Finnland infolge des Friedens von Hamina (Frederikshamm) an Rußland abgetreten, was die politische Lage der kleinen Hafenstadt völlig änderte: weil der Zar Alexander I. die alte Hauptstadt Turku allzuweit von Sankt Petersburg entfernt fand, dadurch schwierig militärisch zu verwalten, zeigte er sich geneigt, der Anregung seines Günstlings Mauritz Armfelt zu folgen: am 8. April 1812 wurde Helsinki zur Hauptstadt des Groß-Herzogtums Finnland ernannt. Ein guter Hafen, eine gute Stadt, deren Bevölkerung sich loyaler zeigte als diejenige von Turku, Zentrum der alten schwedischen Sympathien. Es hieß aber, eine neue Metropole bauen. Der Staatssekretär Johann Albrekt Ehrenström hatte das sogenannte Kocke-Projekt, das eine treue Rekonstruktion des alten Helsinki vorsah, abgelehnt und befürwortete ein monumentales Konzept. Der Berliner Architekt Carl Ludwig Engel, ein Schüler von Friedrich Gilly, wurde vom Zar mit dem Bau beauftragt. Engel, von den Ideen Winckelmanns beeinflußt, hatte schon den Klassizismus in Sankt Petersburg eingeführt. Klassizistisch wurde auch Helsinki, eine strenge Stadt, eine Exemplifizierung der geraden Linie. Der Dom, der eher einem Pantheon denn einer Kirche ähnelt, der Senatsplatz mit dem Monument Alexanders II. und die hellenistische Fassade des Hauses Bock, drücken den massiven Machtwillen eines Staatszentralismus aus. Eben dazu wurde der Empire-Stil entwickelt: klassischer Akademismus als Modell konformistischer Gedankenwelt und großkarierter Lebenshaltung. Schön ist es dennoch, vielleicht als Kontrast zu der Wildheit finnischer Landschaft.

Der Südteil ist vom Jugendstil geprägt, die liebenswürdigen Villen des Diplomatenviertels stehen, rosa oder lavendelblau, zwischen dunkler Föhrenvegetation. Man sieht auch viele moderne Gebäude, von wiesenartigen Anlagen umgeben, neue Viertel, die einen frischen Gürtel um die Stadt legen. Im Nordwesten, inmitten eines Parkes, steht das Sibeliusdenkmal, eine abstrakte Stahlröhrenkomposition, die an Orgelpfeifen denken läßt, obwohl Sibelius niemals für Orgel geschrieben hat. Sie läßt aber auch an transzendentalen Schwung denken, an senkrechten Flug zur Unendlichkeit; hier wird die Bildhauerkunst zur Architektur, wenn nicht sogar zur Philosophie. Das seltsame Monument ist das Werk einer alten Dame, Eila Hiltunen.

Albertinkatu. Trotz der Nähe des Opernhauses ist die Straße gesichtslos. Briefmarkenläden, graue Mietshäuser, spießige Supermärkte. Im Schaufenster eines Damenschneiders sitzt eine dicke Plüschratte vor einer Nähmaschine, selbstgeschneiderte, selbstgenähte, schneidernde, nähende Ratte an ratternder Fin-de-siècle-Maschine. Vor einem solchen Artefakt kann man Wurzel schlagen, da bekommt plötzlich die banale Ecke eine unauslöschliche Prägung; wenn kurios, ist Vulgarität unvergeßlich.

In Albertinkatu habe ich in dem wunderbar nach frischem Teer riechenden Kala-Rivoli-Fischrestaurant geschmaust. Aber man lebt nicht nur zum Essen, man muß auch ans Trinken denken. Wie war es denn im Bauernhof, zwischen Porvoo mit seinen roten Salzspeichern am Fluß, und dem Herrensitz Haikko, wo der letzte Romanov geboren wurde und wo nachts der hingerichtete Graf Etter seine Gespenstermähre durch den Park galoppieren läßt? Die Bäuerin, hübsch und schlank, goß glühheißen Punsch ein, »glögi«, aus Rotwein und Wodka mit viel Zimt und Rosinen, ein rassiges Getränk.

Vor dem Hauptpostamt reitet Mannerheim, Marschall von Finnland, seine bronzene Mütze durch einen enormen Schneehaufen zur Mitra hochstilisiert. Folgt man dem nach ihm genannten Boulevard, kommt man bald zum Nationalmuseum, einer höchst sehenswerten Einrichtung mit reichen Sammlungen von prähistorischen Funden und volkstümlichen Gegenständen. Vor allem die Trachten und Textilien sind von unvorstellbarer Mannigfaltigkeit: Glasperlenkompositionen, bunte Kreuzstichstickereien, Pelzinkrustationen, polychrome Lederarbeiten, Muster aus Metallfäden, elaborierte Hochzeitskronen, geblümte Filzstiefel ... Die urbane Welt des 19. Jahrhunderts ist auch dargestellt, eine Welt ohne Transparenz, linear wie auf den zeitgenössischen Holzschnitten: Schnörkelmahagoni, Neo-Rokoko-Kaffeeservice und die Kloschüssel mit Holzbrille, Invicta gezeichnet. Wozu ist Lateinisch gut. Abgesehen von dieser lapidaren Namensgebung, sind im Museum alle Beschriftungen auf finnisch und schwedisch. Dasselbe gilt für die Kataloge, die übrigens zu spärlich illustriert sind, um sie auch nur als optische Bereicherung zu erwerben: abgesehen von schwedischen Büchern, bietet die Museumskasse kein fremdsprachiges Material, und das ist kein Mangel.
Graues Licht fällt flach und schattenlos ins Innere des Trambahnwagens. Leute sprechen miteinander. Finnisch, eine ugurische Sprache, mutet seltsam an; plötzlich sind keine Anhaltspunkte, keine Analogien mehr da, nichts. Es klingt magisch, wie die erfundene Sprache unserer Kindheit, als wir ganz inkantatorisch Silben aneinanderreihten. Es ist eine wohlklingende Sprache mit sehr vielen Vokalen; sie scheint sich in silbrigen Mündungen unter weiten Himmelsgefilden, zwischen endlosen Archipelen zu öffnen.

Sie sind auf Tanz versessen, Paso doble, Rumba, Walzer ... Im Club M. ist alles braun: die Tische, die Polsterungen, die Böden, alles. »Letzter Tango in Paris«, so ist es. Es gibt ein Roulette und viel Champagner, aber keine witzige Show, kein Transvestitenkabarett, letzteres ist verboten. Verboten ist auch die Prostitution, und es fragt sich, wie klug die Drosselung einer so altbewährten Institution sein kann.

Nacht in Helsinki. Die Straßen sind von fast waagerechtem Schneegestöber menschenleer gefegt, dennoch tut es gut, zu laufen, man empfindet die Kälte nicht. Die Perspektive der Pohjoisesplanadi verliert sich im fernen Gewirr weißer Baumkronen, die ihren Dom hochwölben, und Kandelaber begleiten die ganze Fuge kontrapunktisch. Eine melodische Komposition also, aber gleichzeitig ein phantastisches, wie von Grandville erdachtes Bild. 1868 ließ die griechisch-orthodoxe Gemeinde eine Kirche von Gornostajeff erbauen, eben die Uspenski-Kathedrale, deren große Kuppel Christus und die zwölf Türme die Apostel versinnbildlichen. Nicht so hoch wie der Dom Sankt Nikola, spielt die Uspenski-Kathedrale gern zwischen anderen Gebäuden Versteck, verschwindet plötzlich, zeigt sich wieder. Sie ist seltsam, wirkt beinahe so exotisch wie die Totenriten, die sich am Karfreitag auf dem orthodoxen Friedhof abspielen, wenn die Familien Äpfel, Brot und Wodka auf den Gräbern ihrer Angehörigen zu sich nehmen. In den Winternächten aber offenbart die Uspenski-Kathedrale ihre wahre Schönheit. In Nebel und Schnee, inmitten eines violetten, goldschimmernden Lichthofes, scheint sie zwischen Himmel und Erde zu schweben.

Das Bellevue-Restaurant – ein langweiliger Name für großartige Küche – befindet sich nicht allzuweit der Uspenski-Kathedrale. Im Bellevue ißt man russisch. Spätromantische Lithographien an den Wänden, silberne Samovare, das Foto einer ehemaligen Besitzerin, die sich zu Tode getrunken haben soll und sehr elegisch dreinschaut. Keine künstliche und übermäßige Dekoration, zum Glück auch keine kostümierten Kerle, die einem schrill ins Ohr fiedeln und vom Essen ablenken. Kein Firlefanz. Man kann sich allerlei guten Sachen widmen, zum Beispiel dem Kaviar oder, was noch feiner sein kann, Lachsforellenrogen mit Smetana, diesem dickflüssigen, nussigen, russischen Rahm. Auf der Champignoncreme treiben winzige Piroggen wie Schiffe auf dem Meer, bevor sie im tödlichen Malstrom des Gourmet-Schlundes untergehen. Wie in fast allen guten Restaurants der Welt ist das Licht ungenügend und vor allem schlecht verteilt, so daß man, von greller Kerzenflamme geblendet, sich im Dunkel zum Essen hintasten muß; ist die Kasserolle schwarz, dann sieht man überhaupt nichts und muß sich der Nase anvertrauen. (Zur Erinnerung: die helle, jedoch milde, indirekte Beleuchtung ist eine Erfindung des Ritz.) Zurück zum Bellevue. Das Rindsfilet à la Novgorod, sehr zart, von Kohl, Rüben und Gerste prächtig begleitet, ist keine Kleinigkeit für die Dame, keine puritanische Kost, keine esoterische Nouvelle cuisine, sondern vitales Bojarenessen, Apotheose der Körperwelt, pure Gaumenfreude für vollblütige Genießer.

Ich lege mir eine zweite Portion auf den Teller. Der Nachtisch ist mir neu, eine georgische Spezialität, die sich etwa wie sehr mildes Käsefondue präsentiert, warm und würzig. Es ist sehr lecker und verlangt nach viel Wodka. Damit, so heißt es, wird man hundert Jahre alt und hundert Kilo schwer, wie Havis Amanda, immerhin ein hohes Ziel. Alles, was man in Finnland ißt, hat seinen unverfälschten Geschmack behalten; Boden, Wasser und Luft sind noch rein, und so schmecken arktische Himbeeren nach Wald und Gehölz, Blini nach frischem Getreide, Hummer nach Meer und Tang, ein Erlebnis für passionierte Gourmets.

Am Ufer Merisatamaranta: Inseln wie Tuschzeichnungen in abgestuften Grau-, Schwarz-, Sepiatönen heben sich von nebliger Dämmerung ab. Man meint, das Beben unhörbarer Töne in der Luft zu ahnen, Lockgesang des Schwanes von der Toteninsel Tuonela, ferne Klänge. Eine Unruhe entsteht, aber Unruhe und Verwirrung sind ideale Voraussetzungen für den Reisenden. Helsinki ... Was ist das für eine Stadt? Was für eine schwer zu verstehende Stadt mit ihren Bingohallen, dem Denkmal der toten Seeleute und der immerfort brennenden Flamme, den langweiligen Wohnblöcken, den roten Trambahnen, den Nachmittagslokalen mit Damenwahl? – Die schlimmste Art des Unverstandes besteht darin, zu glauben, daß man verstanden hat. Die Stadt roch nur nach Schnee, und so konnte ich ihre Witterung nicht nehmen. Man müßte im Sommer wiederkommen, vielleicht.

Dieter Vogt

Camping auf arktisch

Eine Polarnacht im Zelt

Hat man etwa die Hälfte des Weges von Frankfurt zum Nordpol zurückgelegt, so erreicht man den Ort Tankavaara in Lappland. Ende März steckt hier alles noch bis zum Hals im Schnee. Vielleicht verzichtet man besser auf den zweiten Teil der Reise, kehrt im warmen Gasthaus ein und fragt nach dem Mann, der draußen das Pappschild an den Baum genagelt hat. Auf dem Pappschild steht: »Koiravaljakkoretket ja ajelut saariselän tunturialnueella«. Das ist Reijo Järvinen, sagt der Wirt, er wohnt in der Blockhütte da hinten, links am Haus vorbei, immer dem Hundegebell nach.

Der Trampelpfad geht durch schütteren Bewuchs, Nadelbäume, Birken, man folgt dem Lärm der Hunde. Eine vielköpfige Meute verbellt den Fremden, kaum daß sie ihn von ferne gewittert hat. Mit jedem Schritt schwillt das Heulen und Jaulen und Kläffen an, und schließlich hallt das ganze Tal wider von der furiosen Aufregung. Wahrscheinlich kriegt man sogar drüben in Rußland mit, daß Reijo Järvinen soeben Besuch bekommt. Achtzehn Hundehütten stehen rund um die Menschenhütte, in der Reijo mit seiner Frau Eija lebt. Guten Abend, darf ich reinkommen? Die beiden haben nicht viel mehr Platz als ihre Hunde. Immerhin, sie haben zwei selbstgezimmerte Betten, einen Tisch, elektrisches Licht, sogar Telefon, einen Propangasherd und allzeit eine Kanne mit dampfendem Kaffee.

Reijo Järvinen ist ein groß gewachsener Mann von schwer zu schätzendem Alter, nur der graue Bart verrät den Mittfünfziger. Vor sechzehn Jahren fing er mit Schlittenhunden an. Aus der Liebhaberei ist Leidenschaft geworden. Die Hunde haben ihren Herrn aus der südfinnischen Fabrik in die nordfinnische Einöde gezogen, sie sind die große Zugnummer seines Lebens. Er hat gelernt, unter arktischen Bedingungen zu überleben, sogar im Freien. Dreißig Grad unter Null sind gerade die richtige Betriebstemperatur für sibirische Huskies. Mit Reijo Järvinen kann man verwegene Pläne machen, eine Expedition nach Narvik oder Murmansk ins Auge fassen, wenn nicht die Nordpoltour. Am Ende einigt man sich natürlich auf ein kleines Dreitageabenteuer hart an der Zivilisationsgrenze. Aufbruch ist morgen früh um acht.

Hast du gar nichts zum Anziehen? fragt Eija und mustert den Gast in seiner mitteleuropäischen Winterkleidung. Für Lappland taugt das nicht, zieh dich mal aus. Plötzlich sitzt er also in langen Unterhosen in der Wohnstube fremder Leute, das ist ihm auch noch nicht passiert. Eija wühlt in einem Kleiderberg und fördert dicke Strümpfe, eine Weste, eine Mütze zutage, die sie aus Schlittenhundewolle gestrickt hat, dann eine gefütterte Hose, Rentierfellschuhe. In der Tür erscheint, unangemeldet und gutgelaunt, ein Freund der Familie. Das ist Jussi, der Goldwäscher, der während der Eiszeit nichts zu waschen hat. Reijo fragt ihn, ob er morgen mit auf die Reise gehen will, hm, warum nicht, abgemacht.

Nebelgrau ist der Morgen und kalt. Der Gast zieht über, was Eija herausgesucht hat, und da er nun selber ein wenig wie Hund riecht, wird er von den Huskies mit Schwanzwedeln begrüßt. Reijo türmt Berge von Gepäck auf den großen Schlitten. Den Ölofen, die Primuskocher, die Petroleumlampe, das Zelt. Jetzt, da der Aufbruch in der Luft liegt, werden die Hunde wieder unruhig und bellen sich warm. Mit dem schweren Schlitten, sagt Reijo, werden wir neunspännig fahren. Der Leithund ist Neekee, er war schon zehntausend Kilometer im Geschirr, die anderen sind Anjui, Tirkir, Piegan, Memu, Rieppe, Viiru, Njarbes und Bata. Sie kläffen einander vor Begeisterung an und kugeln sich im Schnee. »Ihr Haupttrick ist, über- und unter- und umeinander zu laufen und ihre Stränge so zu verwirren, daß der Gordische Knoten dagegen ein Kinderspiel ist«, klagte schon der Amerikaner Robert E. Peary. »Bei einer Temperatur zwischen achtzehn und fünfzig Grad Celsius unter Null hat der Kutscher alsdann seine warmen Handschuhe auszuziehen und mit nackten Händen die Stränge zu entwirren, während die Hunde um ihn springen und schnappen und bellen und ihn auszulachen scheinen.« Man sieht, wie schwierig es für Peary war, den Nordpol zu erreichen.

Gefragt, ob er als Gepäck auf dem Schlitten oder als Anhänger hinter dem Schlitten fahren will, wählt der Gst die Skier und den Strick. Mit einem Ruck geht es los. Die Hunde ziehen an, als hießen sie nicht Anjui und Memu, sondern Niki und Lauda. Der Schnee stiebt auf, und als der Skifahrer wieder auf den Beinen steht, verschwindet der Schlitten schon um die nächste Ecke. Der zweite Startversuch ist schon weniger umwerfend. Das Gespann verläßt Tankavaara und verliert sich in der tief verschneiten Landschaft, die »niemals ohne Kompaß, Karte und Streichhölzer« betreten werden soll. Lappland ist Europas letzte große Wildnis, sie erstreckt sich von Schweden bis in die Sowjetunion, und von Tankavaara aus betrachtet, liegt der Polarkreis tief im Süden.

Reijo steht hinten auf den Schlittenkufen und ruft seine Kommandos. Mag der Gast wanken und straucheln, so kann er sich doch mit den Augen an der aufrechten Gestalt des Schlittenführers festhalten. Die Fahrt geht durch eine sanft gewellte Hügellandschaft, bestanden mit Fichten und Kiefern, die sich selten zu einem richtigen Wald aufraffen können. Die Bergkuppen sind von tiefen Wolken wie abgeschnitten. Die Stille über dem Land ist unerhört. Spuren kreuzen den Weg, aber Tiere lassen sich nicht blikken, nur einmal scheuchen die Hunde einen großen schwarzen Vogel auf, der inkognito entkommt.

Nach stundenlanger Fahrt steigt Reijo in die Bremse und wirft den Schlittenanker aus. Die Gesellschaft rastet unter Bäumen, am Rand einer unbewachsenen Hochebene, auf der es stürmt und pfeift, jedenfalls sieht man schon von weitem die aufgewirbelten Schneeschleier tanzen. Im Sommer tanzen hier die Mücken, sagt Jussi, es ist ein Hochmoor, man muß aufpassen. Diese Landschaft läßt dich nicht mehr los, wenn sie dich einmal gepackt hat, sinniert Reijo. Die Weite, die Ruhe, die unverfälschte Natur. Die Männer lehnen nachdenklich am Schlitten und stellen sich zum wiederholten Mal die Frage, ob die Sonne heute noch den Nebel durchdringen wird. Es gibt Kaffee aus der Thermosflasche. Die von Eija liebevoll belegten Brote sind so kalt, daß sie nach nichts schmecken.

Bei Temperaturen tief unter Null ist die Überquerung des Hochmoors nicht gefährlich, aber wie hundsgemein bläst der Wind! In diesen Breiten geht eine Schlittenpartie ganz schnell in eine Expedition über. Dem Mitteleuropäer wird bewußt, daß er aus der Infrastruktur der bewohnten Welt herausgefallen und in einem Niemandsland angekommen ist, wo er keine Menschenseele finden wird, kein Haus, kein Hinweisschild, kein Telefon, keine Hilfe. Es gibt nicht einmal einen Weg. Die Hunde folgen einer kaum erkennbaren Piste, sie wissen, wo der Untergrund fest ist, weil ein Scooter oder Schlitten oder vielleicht nur der Wind entlangfegte. Der Gast weiß es nicht, er fällt immer wieder rein, trotz der Skier versinkt er im meterhohen Pulverschnee, strampelt sich frei, rappelt sich hoch und hat nun doch ein wenig das Gefühl, in ein Moor geraten zu sein. Zur Abwechslung fährt er Schlitten, erst als Passagier, dann als Kutscher, freilich als auszubildender.

Auch Schlittenhunde sind nicht unfehlbar. Neekee verirrt sich im Schnee. Als der Schlitten die eigene Spur schneidet, zieht Reijo die Landkarte hervor. Wir müßten am Fuß des Berges sein, sagt er. Etwa hier. Oder da. Laßt uns das Lager aufschlagen, ehe es dunkel wird. Im Talgrund, wo der Wind nur mit halber Kraft bläst, entladen Reijo und Jussi den Schlitten. Sie schnallen die Schneeschuhe an und trampeln so lange auf einem Geviert von drei mal drei Quadratmeter herum, bis der Pulverschnee zu einem soliden Baugrund geworden ist. Unser Schneeschuhtanz! ruft Reijo – also erzähle daheim, du hättest in Lappland auch Folklore gesehen.

Reijo Järvinen, der arktische Handwerker, hat nicht nur den Schlitten gezimmert, auch das Zelt ist selbst gemacht, »pyramidenförmig, mit einer Stange in der Mitte«, wie es schon Polfahrer Peary empfahl. Eine halbe Stunde später steht die schwarze Pyramide in der weißen Winterwelt. Sie wird mit Rentierfellen ausgelegt, und mit Sack und Pack ziehen die Bewohner ein. Nachdem die Hunde versorgt sind, liegt man zu dritt um den Ofen herum und freut sich der Wärme, die es erlaubt, Mütze und Handschuhe auszuziehen. Nach zwei Gläsern Rum mit Honig ist auch der Anorak entbehrlich. Die Primuskocher fauchen. Es gibt Rentiergulasch, Preiselbeeren, Kartoffelbrei. Manchmal schüttelt der Wind das Zelt, als wolle er den Männern zeigen, wie dünn ihre Haut sei, wie dünn die Grenzschicht zwischen Wohlbefinden und Erfrierungstod. Zum Kaffee zündet der Mann mit dem Bart seine Pfeife an, und der romantisch verwirrte Gast kann im Licht der Petroleumfunzel nicht erkennen, ob es Järvinen ist oder Amundsen oder Nobile.

Camping auf arktisch – die Gemütlichkeit hört auf, sobald man nachts einmal das Zelt verlassen muß. Man windet sich aus dem Schlafsack, dieser Oase von Behaglichkeit, zieht im Dunkeln sämtliche Kleider an, kriecht durch den Ausgang, möglichst ohne schlafende Hunde zu wecken, und steckt sogleich bis zu den Hüften im Schnee, ach ja, man vergaß die Schneeschuhe. Nicht einmal das kann man hier ohne Schneeschuhe machen!

Der Goldwäscher Jussi ist ein schweigsamer Mensch, der die Frage nach seinen Reichtümern mit einem vielsagenden »Haha« beantwortet. Es leben nicht mehr viele Goldsucher im finnischen Lappland, eine Handvoll vielleicht. Der große Goldrausch kam 1870 über das Land, die Männer fuhren von Rovaniemi mit Booten flußaufwärts, denn Straßen gab es nicht, sie schleppten ihre Boote über die Berge und fuhren jenseits der Wasserscheide den Fluß hinunter bis zum Inarisee. Ivalojoki und Lemmenjoki hießen die goldenen Gewässer. Der größte Goldklumpen wog

395 Gramm, er wurde aber erst 1935 gefunden, leider nicht von Jussi. In den fünfziger Jahren kam eine neue Generation von Glückssuchern, dann war es aus mit dem Rausch. In dem Dorf Tankavaara, wo auch das Goldmuseum steht, ist Goldwaschen zu einer Freizeitbeschäftigung für Sommertouristen verkommen. Da kann jeder den Waschteller in die Hand nehmen und versuchen, das Urlaubsgeld wieder hereinzuholen. Und mit Erfolg? fragt der Gast. Haha! lacht Jussi.

In der zweiten Nacht erzählt Reijo, warum er nicht müde wird, mit seinen Hunden durch das karge Nordland zu reisen, aber am Ende ist der von Rum und Reise ermüdete Gast vollends in seinem Schlafsack verschwunden, und viel hat er wohl nicht mitbekommen.

Gabrielle Wittkop-Ménardeau

Die Zeit der kurzen Tage

Winterliches Finnland

Ist es Glühwein mit Wodka oder Wodka mit Glühwein? Und wie viele Gläser davon braucht man, um dem Kreuzritter, der nachts in voller Rüstung durch den Park reitet, zu begegnen? Was ist mit der bösen Frau, die die Schläfer aus dem Bett wirft? Sie treibt ihr Unwesen nur in einem bestimmten Zimmer, aber es ist gerade belegt, so daß man es nicht besichtigen kann, entschuldigt sich die Gastgeberin. Man sieht, daß die Frage ihr nicht sehr behagt. Das Schloß Haikko ist jetzt ein Hotel, und Gespenster sind nur in Großbritannien gern gelitten. Diskreter, nicht einmal erwähnt, sind die verblichenen Protagonisten unbekannter Dramen, die, eines Tschechow würdig, sich in Haikko abgespielt haben mögen: hier im Edelplüsch des ovalen Salons, im Petroleumschein der Milchglaslampen oder zwischen den Nebelbänken, die vom Porvoojoki zum Park wie Rauch heraufziehen. Der Name Haikko leitet sich von einem alten Wort für Raucher ab, sagt man.

Archäologische Funde zeugen von einer frühen Besiedlung der Ortschaften um die Flußmündungen. Weil sich hier Handelsplätze und Wohnstätten entwickelt hatten, kamen auch bald Eroberer aus West und Ost, über Land und Meer, Wikinger und Raubritter, Plünderer mit klingenden Namen, mit Schwertern, Fackeln, schnellen Pferden. Die Erde wurde schwarz, der Himmel rot. Man erzählt noch allerlei während der langen Abende des finnischen Winters, wie Peter der Große eine Münze zu Ehren der russischen Flotte, die in Haikonselkä landete, prägen ließ und wie es der unbesiegbaren Gräfin Swanström nach Stockholm zu fliehen gelang.

Im Neorokokostil 1911 gebaut, erinnert das heutige Schloß aber an Fin-de-siècle-Festlichkeiten, als eine fürstliche Lebensform entlang der schönen, schmalen Küste der finnischen Bucht ihre Pracht entrollte. Oft war die Yacht des Zaren dort vor Anker, und Haikko stand im Mittelpunkt mondäner Begegnungen. Empfänge, Bälle, Jagdpartien, Spiele folgten einander in einem eigentümlichen Mischstil, der die Ungezwungenheit Helsinkis mit dem Luxus St. Petersburgs vereinigte und dazu noch, da der Hausherr Österreicher war, die morbide Schwüle, die traurige Fröhlichkeit Wiens. Als »die Erde bebte«, entflohen der Großherzog Kiril Wladimirowitsch und seine Gattin in einem Schlitten über den vereisten Meerbusen nach Haikko, wo der letzte Romanow geboren wurde.

Die Sonne erhebt sich kaum über den Horizont, und ihre fast waagerechten Strahlen blenden nicht nur die Augen, sondern die Seele und den Geist, blenden das Lebensbewußtsein. Es ist Vorschrift, daß die Autofahrer ihre Lampen brennen lassen. Alle diese roten Rücklichter erzeugen eine Katastrophenatmosphäre. Man ist wie in der Erwartung eines überirdischen Ereignisses, vielleicht auch in der unendlich langen Erwartung eines Wunders namens Frühling. Jedenfalls ahnt man, daß etwas sich ändern wird, plötzliche Epiphanie oder Apokalypse.

Die Straße entrollt sich dunkel zwischen Wäldern und bleichen Lichtungen von erhabener Kargheit. Lang war Holz das einzige Exportgut, heute macht es einen viel kleineren Anteil der gesamten Ausfuhr aus, bleibt dennoch wichtig: Birken, Tannen, Fichten, Finnlands »grünes Gold« und sogar manchmal sein Brot, wenn im Krieg Mehl aus gemahlener Rinde gewonnen wurde. Der Wald bedeckt noch mehr als 65 Prozent des Landes, er ist Beschützer, Ernährer, und immer wenn Gefahr droht, bangt der Finne um ihn, fürchtet sich, auch von ihm verlassen zu sein: »Erde, Baum und Wasser, beschütze mich. / Laß mich leben, / nicht den Sumpftod sterben ...« Dennoch, langsam ziehen die großen Flöße zum Meer, langsam gleiten die Bäume, wie auf den Schultern getragene tote Könige.

Porvoo wurde im Jahre 1346 vom Schwedenherrscher Magnus Eriksson an dem Flüßchen Borg-ä – Bergfluß – gegründet und ist somit nach Turku Finnlands älteste Stadt. Sie war immer von schwedischer Kultur geprägt, auch heute noch ist sie Zentrum der schwedischsprachigen Finnen. Mit einer typischen Sandmischung rot gestrichen, die Dächer vom fleckenlosen Schnee bedeckt, alle regelmäßig und linear, wie auf einem farbigen Holzschnitt, reihen sich die alten Salzlager am Wasser entlang. Ein heiteres Bild in verschiedenen Ausdrücken, die je nach Lichtverhältnissen von Scharlach zu Purpur, von Magenta zu Lila variieren. Noch bevor die Sonne schwindet, versinkt alles in der Tinte der Nordnacht. Die Hauptstraße erstreckt sich, holprig, bucklig und lieblich, zwischen niedrigen Holzhäusern, Lädchen, wo man Wollsachen verkauft, kleinen Cafés, die, hell erleuchtet, hinter gehäkelten Gardinen dem Vorübergehenden als Inbegriff der Wärme und der Gemütlichkeit erscheinen. Durch die runden Augen seiner Turmluken schaut das Rathaus auf die eisverkrusteten Straßen hinab. Es ist nicht sehr alt, denn allzuoft stand der rote Hahn auf den Dächern von Provoo. 1760 wurde die Stadt von einer Feuersbrunst fast völlig zerstört. Nur die Steingebäude blieben verschont, ein klassisches Beispiel für viele finnische Agglomerationen.

Just auf dem neuerbauten Rathausplatz spielte sich anläßlich eines Besuches Gustafs III. eine verblüffende und gar erschröckliche Szene ab: Die Bauern hatten mit ihren Ackerpferden ein Spalier gebildet, und als die Trompeten zu Ehren des Königs ertönten, bäumten sich die entsetzten Gäule gleichzeitig auf, während die Dörfler flach auf den Boden vornüberfielen. Gustaf III. zeigte sich von dem ungewöhnlichen Empfang stark beeindruckt und dankte herzlich für die tolle Darbietung.

In einem Haus des südlich gelegenen Empire-Stadtteils lebte und starb der Nationaldichter Johann Ludwig Runeberg. Die ersten Strophen seiner Dichtung »Fähnrich Stål« wurden Finnlands Hymne, sehr heroisch, wie es sich gehört, sehr exaltiert, wie man es halt braucht, um die Scheußlichkeiten des Kampfes zu vertuschen. In Wirklichkeit hatten die Schweden – und Finnen – in dem russischen Krieg von 1808/09 Niederlage über Niederlage erlitten. Übrigens wurde die Nationalhymne von einem Hamburger vertont, von Friedrich Pacius, in Kassel ausgebildet und als Professor an die Universität Helsinki berufen. Das Haus von Runeberg wird gerade renoviert; wir können es also diesmal nicht besichtigen und versuchen uns dafür zu entschädigen, indem wir über glatte Treppen und Katzenköpfe eine typische Behausung des 18. Jahrhunderts aufsuchen. Wanha Laamanni – zum alten Richter – heißt es, ist nicht großartig, sondern freundlich, mit tiefen Dekken, dunklen Balken, Wänden, an denen Schablonenmuster naive Blätterranken bilden. Obwohl ein Restaurant, ist das Haus jetzt ein Dornröschenschloß, was sicherlich keinen Glühwein verspricht.

Hoch über die Stadtlichter erhebt sich die Fassade der angestrahlten Domkirche, einer der wenigen mittelalterlichen Bauten Finnlands. Sie ist abweisend und schön, mit geometrischen Giebelverzierungen und der Strenge einer Festung. Eine Festung war sie auch wirklich, denn bei feindlichen Überfällen suchten Frauen und Kinder Zuflucht in ihren Mauern, und am Eingang befand sich eine Kammer, wo, vor dem Gottesdienst, die Männer sich ihrer Waffen entledigten. An einer anderen Seite des dreieckigen Hofes – Symbol der Heiligen Dreifaltigkeit – steht der barocke Glockenturm neben einer kleinen Holzkirche für die Finnen, denn erst nach 1917 wurde es erlaubt, die Bibel in der Domkirche auf finnisch zu lesen. Die Geschichte dieses Landes ist dunkel und verworren. Als Napoleon den Zaren Alexander I. in Tilsit traf, versprach er ihm Finnland, wenn Rußland keine Koalition gegen Frankreich einginge. Rußland griff Schweden an, gewann, und noch vor dem Friedensschluß berief der Zar die finnischen Stände ein in Porvoo. Er zeigte sich großmütig, erklärte Finnland zum Großfürstentum, dessen Großfürst jeweils der Zar selbst sein würde, und versprach die Erhaltung der Rechte, die die Finnen unter Schwedens Herrschaft genossen hatten. Für Finnland allerdings waren sie ein zusätzliches Mittel der Distanzierung Rußland gegenüber. Abgesehen davon, hatte der Zar nie von Gleichstellung gesprochen. Gleichstellung war nicht einmal den Toten beschieden, deren Gräber neben der Domkirche entdeckt wurden, als vor einigen Jahren eine Heizung gebaut wurde. Sie lagen in vier Schichten übereinander, und an dem Geld, das den Toten mitgegeben war, konnte man erkennen, daß die Reichen oben und die Armen unten ruhten. Ein klares Lebensbild im Tod.

Porvoo ist etwas verschlafen. Die alte Poststation, die sich langsam zur Stadt mauserte und eine Rolle in der Geschichte Finnlands spielte, hat jedoch niemals das Problem der Auswanderung nach Helsinki vollkommen verkraftet, einer Migration, die schon begann, als die Stadt der Wasa ganz jung war, und heute ihre Fortsetzung darin findet, daß ein großer Teil der Bewohner Porvoos in der Hauptstadt arbeitet.

»Die Fennen«, sagt Tacitus in seinen »Historiae«, »sind erstaunlich wild und erschreckend arm; keine Waffen haben sie, keine Pferde, keine Behausungen. Als Nahrung verwenden sie Kräuter, als Kleidung Tierhäute, als Nachtlager den Erdboden. Ihre einzige Hoffnung setzen sie auf Pfeile, die sie mangels Eisen mit Knochenspitzen versehen. Die Jagd ist ein Gewerbe, das die Frauen mit den Männern teilen: Sie folgen ihnen überallhin und verlangen ihren Teil von der Jagdbeute.« So sah es vielleicht noch vor hundert Jahren in Lappland aus. Aber man kann sich fragen, woher Tacitus seine Informationen bezog, ob er sie etwa über Germanien bekam. Was die Lebensgewohnheiten der heutigen Lappen betrifft, halte ich mich eher an eigene Erfahrungen. »Obwohl finnische Staatsbürger, sind die Lappen anders als die Finnen«, sagt mein Freund Dr. S., ein junger italienischer Arzt, der in Lappland praktiziert. Die Lappen seien überhaupt nicht »erstaunlich wild«, aber eine Untersuchung der Frauen dauere bestimmt doppelt so lange wie bei anderen Finninnen. Sie hätten keine andere Anatomie, aber sie trügen zwanzig Röcke übereinander. »Es nimmt unendlich viel Zeit, bis sie sich halbwegs herausgeschält haben. Und zaubern können sie, glaub es mir, Blutstürze besprechen, Warzen auch ...«

Finnland im Winter?, wundern sich viele Leute. Und sogar Lappland im Winter? Es ist doch alles dunkel... Und wie steht es um die nuklearen Auswirkungen nach Tschernobyl? – Kalt ist es bestimmt, aber trocken. Dunkel, ganz sicher, doch nicht den ganzen Tag. Was den radioaktiven Niederschlag betrifft, muß man betonen, daß der Teil Lapplands um Rovaniemi und noch viel weiter davon verschont geblieben ist. Es war reine Glückssache übrigens.

Der Große Norden und die eigentliche Eismeerstraße beginnen in Rovaniemi, einem Städtchen von etwa 30000 Einwohnern, direkt am Polarkreis. Der am Zusammenfluß von Ounasjoki und Kemijoki seit alters bestehende Tauschhandelsplatz erhielt 1960 Stadtrecht. Als die kleine lappländische Metropole während der deutsch-finnischen Kampfhandlungen 1944 fast völlig zerstört wurde, beauftragte man Alvar Aalto mit der Planung des Wiederaufbaus. Für ihn war die Architektur reine Poesie, und von der Freiheit des Genies inspiriert, gab er dem Straßennetz die Form eines Rentiergeweihs. Es war schön, es war kühn, es war aber auch katastrophal und führte dazu, daß eine sehr mäßig befahrene Stadt kaum lösbare Verkehrsprobleme bewältigen muß. Zum Glück ist der längste Fluß Finnlands, der Kemijoki, da: er wird immer noch zum Holzflößen benutzt. Rovaniemi – Roi, wie man es gewöhnlich einfach nennt – macht einen unfertigen, wenn nicht gar chaotischen Eindruck: unbebaute Flächen, niedrige, alleinstehende Häuser, Zementfassaden, Pizzerien, Shops, Spielautomaten, Bars. Hier kommen die Holzfäller, Goldwäscher, Pelztrapper, Rentiermetzger, um sich ein paar gute Tage zu machen: die Atmosphäre ist die einer Goldgräberstadt. Dennoch gibt es eine hübsche orthodoxe Kirche, vielseitige Sportmöglichkeiten, auch Buchhandlungen, denn man liest viel in Finnland; die Statistiken würden Tacitus verblüffen.

Das berühmteste Gebäude von Rovaniemi ist das Lappland-Haus, Lappia-talo, von Alvar Aalto, ein der Fjälllandschaft nachempfundener Bau von eigentümlicher Majestät. Er gliedert sich in Konzert- und Kongreßsäle, ein Theater und ein interessantes Museum mit archäologischer Sammlung, dazu Gebrauchsgegenstände und Kunst der Samen. Die Kostüme sind von explosiver Farbenlust, von einem chromatischen Reichtum, der übrigens im 16. Jahrhundert von italienischen Seeleuten eingeführt wurde. Eine Kuriosität also. In diesem Museum habe ich die unvergeßlichen Bilder von Andreas Alaristo gesehen; ich mag naive Maler nicht, aber Alaristo in kein gewöhnlicher Naiver, sondern ein Chronist, ein Historiker, ein Dichter, ein Märchenerzähler, der malt, was er zu sagen hat. Die Komposition ordnet sich instinktiv, die Malweise ist nebensächlich, die Farben stammen aus einem Kindermalkasten, es bleibt nur eine Magie, ein Geruch, das Wesentliche.

Das Leben der Samen am Kemijoki, wie Andreas Alaristo es zeigt, ist von phantastischem Realismus geprägt, weil jede triviale Situation dieser Welt, wo man jagt, kocht, Bäume fällt und Netze knüpft, sich an eine uralte Mythologie anlehnt. Der Dämon, mit dem ein Bauer einen Vertrag schließt, ist ebenso gegenwärtig wie der Mann, der Gold wäscht zwischen Felsenblöcken. Die Behandlung von Krampfadern, wobei die Venen mit spitzem Messer in einem Salzwasserbad gestochen werden, ist genauso blutig wie die Auspeitschung einer kopfüber aufgehängten dörflichen Femme fatale. Ein Bild zeigt die hierarchisch geordneten Schlafstellen der Familienmitglieder im runden Lappenzelt, der Kota. Alle ruhen mit dem Kopf zur Lederwand, die Füße nach dem Feuer, das in der Mitte des Zeltes brennt. Die Eltern schlafen im Hintergrund, während die Schwiegersöhne neben dem Eingang liegen, mit dem Auftrag, das Feuer niemals erlöschen zu lassen.

Im hohen Norden spielt das Feuer eine vitale, eine sakrale Rolle, es versinnbildlicht die lebenserhaltenden vorchristlichen Kräfte, und oft sieht man vor den Häusern große oder kleine Feuer in Eisenpfannen brennen, lebendige Flammen, die die Polarnacht beleuchten. Ein beglükkender Anblick.

Glück muß man bewußt erobern. So wird zum Beispiel die Insel der Glücklichen über eine Brücke, die wie ein Gummiband schwingt, erreicht. Es ist mir sofort klar, daß ich auf diese etwa vier Meter breite, solide Brücke fallen, in die Höhe schnellen und dann in weitem Bogen in den vereisten Kemijoki stürzen werde, denn dies ist meine Art zu fallen. Man glaubt es mir und zeigt sich so gütig, mich zur Insel der Glücklichen zu leiten, wo butterfarbene Fichtenbungalows wunderbar duften und das Restaurant die konische Architektur einer Kota wiederholt. Mögen die »Finnen erstaunlich wild und erschreckend arm« sein, sie sind hervorragende Gastgeber und gute Köche. Man ißt viel, sehr viel, auch Essen wird zur extremen Handlung in diesem Land, dessen Natur einen zu allen extremen Handlungen treibt. Was kann man Leckeres am Polarkreis bei minus 30 Grad Celsius erwarten? Allerlei Rogen, zum Beispiel von Regenbogenforellen, und alle mit Smetana, dem ganz dicken Rahm, serviert: auch Lachs, natürlich, in verschiedenen Variationen: gepökelte, marinierte, geräucherte Heringe, Glasmeisterheringe, Felchen, warme Schinken, Rentierfilet, Steckrübenauflauf und Möhrenauflauf, Piroggen mit Eibutter, Nesselbrot, Roggenbrot, Knäckebrot, Selleriesalat, Rotkohl- und Johannisbeer-Salat, Kompotte, Preiselbeertorten, Mesimaria, die wilde Beere, die nur in Lappland wächst, Gebäck mit viel Zimt, wahrhaft phantagruelische Wonnen, mit Wodka reichlich begossen. Davon wird man sicher nicht schlanker, aber man schläft ausgezeichnet.

Es ist Kaamos, die Zeit zwischen November und Ende Januar, wenn die Tage sehr kurz sind, aber der Schnee manchmal noch dünn, vor der großen Kälte des Februar. Die Menschen empfinden ihr Kaamos als eine romantische, der Innerlichkeit gewidmete Zeit; man bleibt gern zu Haus, mit viel Kerzen, man schreibt Briefe, man kehrt in sich zurück. Es ist auch eine gute Zeit, um die polare Natur in ihrer schauerlichen Schönheit zu erleben. Man kann es schwerlich mit Worten vermitteln, eher mit Farben, vielleicht wie Caspar David Friedrich, als er seinen »Chasseur im Walde« malte. Dieselbe Schneise, tief zwischen sehr geraden Tannen, dieselbe Spannung, »die Tragödie der Landschaft«, die er empfand. Sicher vernahm er den Schneegeruch, obwohl anders, es muß ein anderer Schneegeruch gewesen sein, damals in Deutschland ...

Um sechs Uhr früh ging ich hinaus, ich wollte den Nachthimmel sehen. Er war vom rosigen Dunkelgrau einer jungen Feldmaus und hing ganz tief, mit einem dünnen Silberstreifen am Horizont. Es war kein Nordlicht zu sehen, aber ein Ton schwang in der Luft, etwas, was man mehr mit den Eingeweiden als mit den Ohren hörte – so habe ich einmal eine Pflanze schreien hören –, es war diesmal mehr ein Lied als ein Schrei! Eisstücke, Kristalle, vom Wind bewegt, ich weiß es nicht, weiß nur, daß es eine Gnade war, vielleicht um Sibelius besser zu verstehen.

Schon am frühen Nachmittag fällt die Sonne, wie eine Orange fallen würde, wirft mit Nolde-Farben und wilden Säften um sich, kurz und sehr theatralisch. Plötzlich ist der Himmel leergewaschen, und ein Dämmerlicht, das man sonst nirgends sieht, hüllt die Natur ein. Die von Frost kandierten Birken sind pfirsichrosa gepudert, unter der Schneelast spielen die Nuancen der Tannen vom Flaschengrün zum Türkisblau, und jede Wasserader ist zum Agatenstein von subtiler und morbider Tönung erstarrt. In dieser Welt außerhalb der Welt, in dieser dämmerigen Zwischenwelt, bin ich Beifahrer auf einem Motorschlitten. Im Nirgendwo reite ich hinter jemandem, dessen Gesicht ich nicht sehe, bin weggeführt, meine Stirn begraben in dem toten Fuchs, in der Mütze des Hermes Psychopomp. Wir gleiten schnell.

Auf der Rentierfarm werden wir von Matti in voller Lappentracht empfangen. Raia übersetzt seine kurze Begrüßung. Die Augen der Rentiere sprechen von Angst und tragischem Unverstand. Ich entsinne mich des Lappenmärchens »der wilden und der gezähmten Tiere«, wo Wölfe und Luchse klug genug waren, den Menschen zu meiden, das Rentier dagegen darauf bestand, auf eine Hochzeit eingeladen zu werden. Das Resultat kennt man.

Ein Rentier ist kein Motor, und diese Schlittenfahrt wird sehr geruhsam. Ich habe versäumt zu fragen, wie das Tier heißt, es ist eine alte, sehr phlegmatische Kuh, und da der Schnee noch recht spärlich ist, hält sie einfach hie und da, um ein wenig Flechten zu grasen. Ich bin kein Tierschinder: »Na, wird es bald, altes Mädchen? ... Mach schon ... Allez ...« Wir werden wohl einmal ankommen, denn das Rentier läuft immer stur dorthin zurück, wohin es gehört. Am Ende der Fahrt will ich allerdings der Sache ein bißchen mehr Nerv verleihen, und um einen spektakulären Auftritt bemüht, treibe ich die Alte zum Galopp, brülle »Brrrrrrrr!«, versuche mich triumphalisch auf dem Schlitten aufzurichten – das Image von Ben Hur schwebt mir vor –, aber das Fahrzeug torkelt wild, und ich falle zurück auf den Hintern, was mir trotzdem brausenden Applaus einbringt.

In der Mitte der Kota brennt das Feuer lichterloh, und schaut man nach oben, sieht man den Rauch durch eine Öffnung sich in die Nacht milchig verflüchtigen. Zuerst kam es uns hier mollig warm vor, bis wir die Dampfsäule unseres Atems bemerken. Matti hat uns ein Poronkäristys, ein Rentiergeschnetzeltes, und Kartoffeln gekocht. Wir essen mit Appetit das dunkle, stark nach Hammel schmeckende Fleisch und trinken heißen Obstsaft, den wir mit Whisky reichlich veredeln.

»Wüßten die Menschen, wie schön Lappland im Winter ist, würden sie unsere Temperaturen sofort in Kauf nehmen«, sagt Raia. »Ich stamme aus Mittelfinnland, aber ich habe das Lappland-Fieber bekommen, und es zieht mich immer wieder dorthin, immer wieder. Kann sein, daß Sie es auch einmal kriegen, wer weiß?«

Ein Rentier von cremigem Grau steht in der Lavendeldämmerung, der zunehmende Mond ist ein blasses Mandarinenstück, und der dunkle Wald gibt dem Himmel geheime Zeichen.

Theodor Geus

Alle Mädchen heißen Solveig

In Oslo

Im Winter stürzen sich die Skispringer vom Holmenkollen herab, und sie fliegen in die Tiefe ohne einen Blick auf die Stadt und das Meer. Jetzt, da ein jäher Sommer angebrochen ist, stehen die Touristen unter dem Schanzentisch. Dort, wo sonst die Skispringer landen, ist nun ein schwarzer See, in dem sich der Tag und die Wolken spiegeln. Weit unten liegt Oslo, eine Stadt ohne festen Umkreis, die sich mit ihren Rändern in die Wälder versteckt und mit grünen Fingern in das Wasser greift – auf einer Fläche so groß wie die New Yorks. Nur: Wo dort sich Wolkenkratzer türmen, weiden hier Kühe, wo dort sich Stadtautobahnen winden, ziehen hier Bauern Furchen in die Erde, wo dort tausendfältiger Lärm sich in Straßenschluchten fängt, ist hier Stille.

Oslo ist eine kleine Stadt, heimelig und gemütlich. Sie ist nicht die Primadonna ihres Landes und ohne das aristokratische Flair einer Metropole. Oslo ist bürgerlich, ein Emporkömmling unter den europäischen Hauptstädten, der sich schwer tut mit seiner Geschichte. Es dauerte Jahrhunderte, ehe an dem einstigen Sitz rauher Wikingerkönige wieder Politik gemacht wurde. In der Zwischenzeit stritten sich Schweden und Dänen um ein dunkles Land und ein Dorf mit hölzernen Hütten. Nicht einmal einen richtigen Namen hatte die Stadt. Der dicke Dänenkönig Christian IV. lieh ihr den seinen und nannte sie huldvoll

Christiana. Erst 1925 erhielt sie ihren alten Titel zurück: Oslo – Gottesfeld. Der hammerwerfende Thor soll hier geübt haben.

Heute fehlt nichts von den Attributen der Hauptstadt: Könige in majestätischer Bronze, Dichter aus Stein, ein Nationaltheater, so häßlich wie überall auf der Welt, eine Universität, ein Schloß, das sich in Bescheidenheit übt, Museen, das Reichstagsgebäude, ein klotziges Rathaus und die Karl Johans Gate, Oslos Boulevard, auf dem Bürger flanierend Weltstadt üben – das meiste aus dem 19. und 20. Jahrhundert, zu jung, um Patina anzusetzen, und zu bescheiden, um zu groß zu sein. Es ist nichts Stolzes an dieser Stadt, Akershus vielleicht ausgenommen.

Die Festung, die aufs Meer hinaus droht, war alt, als Christian IV. sie in ein Renaissanceschloß umbaute und zierliche Türmchen aufsetzen ließ. Die Kanonen auf den Wällen sind längst rostig geworden und die Soldaten, die hier Wache stehen, sehen lustig aus, wenn die Federbüschel im Marschschritt wippen. Die Bilder der Könige, die Waffen, Fahnen und schweren Truhen zeigt ein Mädchen in Tracht: langer schwarzer Rock und weiße Schürze und weißer Latz um den Hals. Sie hätte wie ein Pinguin ausgesehen, wären nicht die fröhlichen Lapislazuliaugen und der Multebeerenmund gewesen. Wahrscheinlich hieß sie Solveig, denn alle Mädchen in Norwegen heißen Solveig.

In einem kleinen Torhaus von Akershus hat die Norwegische Heimatfront ihr Museum. Die offizielle Fremdenführerin, selbst eine Deutsche, wollte es den Deutschen nicht zeigen. Man sollte es trotzdem besuchen. Norwegisches Leid ist hier nüchtern dokumentiert, Mord, Folter und Angst sind kühl aufgezeichnet ohne einen Funken Haß. Daraus kann man lernen, wie die Vergangenheit eines unseligen Krieges zu bewältigen ist.

Es lebt sich langsam in dieser Stadt, deren Architektur den Hang zum Leidenschaftslosen und zum erdgebundenen Standfesten widerspiegelt, in der sich – trotz König – republikanischer Geist und eine puritanische Seele begegnen. Nur zweimal im Jahr schlüpfen die Norweger aus ihrer harten Haut der Trägheit, am 17. Mai, dem Jahrestag der 1814 eingeführten freiheitlichen Verfassung, und am 23. Juni zur Sommersonnenwende.

Den Nationalfeiertag feiern die Kinder. Zu Tausenden sammeln sie sich zu einem langen Zug, voran Kapellen in bunten Phantasieuniformen, und dann ziehen sie hinauf zum Schloß und schreien sich vor Jubel die Kehlen heiser, während der König auf dem Balkon seines Schlosses steht und freundlich den Zylinder lüftet. Soldaten werden hier nicht gebraucht, nur Flaggen, Abertausende norwegischer Flaggen, als Papierfähnchen, zum Anstecken oder als T-Shirt. An den Straßen stehen die Menschen in den alten Trachten – jedes Tal hat seine eigene Tracht – und im guten schwarzen Anzug. Und wenn im noblen »Continental« eine Kapelle, die welke Musik zum Essen spielt, die Nationalhymne intoniert, dann stehen alle auf und singen mit: »Ja, vi elsker dette landet« – Ja, wir lieben dieses Land.

Sie singen den Refrain ganz leise, und man vergißt, daß die Suppe kalt wird. Draußen brodelt Oslo vor Festtagsfreude, angestachelt von dem wilden Treiben der Abiturienten – die der Handelshochschulen ganz in Blau und die der Gymnasien ganz in Rot –, die an diesem Tag das Ende der Schulfron begehen: auf abenteuerlich zurechtgemachten Autos, mit viel Bier und – die älteren Norweger sprechen es nur mit Entsetzen aus – mit viel Sex. Die Polizei ist blind an diesem Tag und in der folgenden hellen Nacht.

Die Sommersonnenwende feiern die Erwachsenen draußen vor der Stadt auf den Halbinseln und Inseln auch mit viel Bier und – die älteren Norweger sprechen es mit dem Schmunzeln der Erinnerung aus – mit viel Sex. Neun Monate später schnellt die Geburtenrate hoch.

Von der puritanischen Seele ist die Rede gewesen. Man spürt sie überall. Nicht nur, daß die hohen Türme und die leuchtenden Kuppeln eines strahlenden Katholizismus fehlen – hier sind die Kirchen mäßig hoch und innen ohne leuchtende Farben –, auch Tag und Nacht sind streng geordnet. Vom Holmenkollenhügel aus, wo die Reichen ihre Häuser haben und die gepflegten Gärten, die im Winter von den Elchen gestutzt werden, kann man es sehen: Die

Lichter verlöschen früh, Oslo hüllt sich in eine müde Provinzialität. Und unten in der Innenstadt sind die unter Christian IV. angelegten fünfzehn Meter breiten Straßen noch zu breit für die wenigen Menschen. Nur in den Hotelrestaurants – die kleine Kneipe wird man vergebens suchen – ist zwischen dem Säulenpomp der Jahrhundertwende leises Leben.

Viel mehr bleibt sowieso nicht übrig: Ein Schwips ist teuer in Oslo und ein Vollrausch kostet ein Vermögen – allerdings nur an Werktagen, sonn- und feiertags wehrt jeder Kellner mit Entrüstung den Wunsch nach Hochprozentigem ab, und beschämt bestellt man Milch. Sie ist billig und schmeckt gut, aber lustig macht sie nur Norweger. Man übt sich in Bescheidenheit. Nur einmal überkam die Bürger Oslos der Größenwahn, als sie die Bezirke der menschlichen Freuden und der dazugehörenden Mädchen Algier und Tunis nannten. Algier und Tunis gibt es nicht mehr. Es soll allerdings ein paar frivole Lokale geben, wo zur Sommerzeit, wenn Frauen und Kinder am Wasser Ferien machen und die Männer widerwillig den Tag abarbeiten, Striptease bis zum Nabel geboten wird – von oben herab, versteht sich.

Weil wir bei den Freuden sind: Die reinste bereitet das Frühstück in Oslos Hotels. Es gibt ein altes Sprichwort in Norwegen: »Was du im Bauch hast, brauchst du nicht im Rucksack mitzuschleppen.« Daran sollte man sich erinnern, wenn man an den Tisch tritt, auf dem sich Marmelade und geräucherter Hering, Haferbrei und brauner Ziegenkäse bunt durcheinander häufen.

Es ist gut, mit satter Zufriedenheit gerüstet zu sein, wenn man Oslos metaphysische Seite entdecken will. Sie zeigt sich vorwiegend in Stein: Skulpturen aus dunklem Granit, kolossal und erdig, bevölkern die Stadt und reflektieren die Vorzeit eines düsteren Götterhimmels, summiert in der berstenden Nacktheit der Figuren Gustav Vigelands im Frognerpark, deren schwere Symbolik erschreckt. Sie zeigt sich in den Bildern Edvard Munchs, die im ehemaligen Viertel der armen Leute in einem Museum gesammelt sind: Reflexionen einer leidenden, selbstquälerischen Seele, Spiegelungen der Einsamkeit und Offenbarungen des Herzens. Sie zeigt sich auch in den großformatigen Malereien im Rathaus – norwegisches Gefühl quadratmeterweise.

Draußen vor der Stadt pflegt Oslo seine Vergangenheit. Auf der von einem grünen Meer umspielten Halbinsel Bogdöy ist der Traum von hoher See nachzuträumen: im Wikinger-Museum, wo der drachenköpfige Steven des Oseberg-Schiffs den Schrecken blutiger Kaperfahrten signalisiert, im Kon-Tiki-Museum, wo Thor Heyerdahls abenteuerliche Reise zu erleben ist, im Fram-Museum, wo Fridtjof Nansens kühne Nordpolreise wiederholbar wird. Auf Bogdöy ist auch Vergangenheit gesammelt mit den festen Holzhäusern aus den tiefen Tälern des Landes, und vor jedem Haus steht ein Mädchen in Tracht und lächelt. Es lächelt auch für Touristen, aber meistens für sich selbst, weil Lächeln in Oslo und überall in Norwegen zum Leben gehört. Auf Bogdöy hat auch der König ein Landhaus, ein Landhäuschen eher, in aller Bescheidenheit. Wenn er hier mit seinem Hund spazierengeht, kann man ihm ein fröhliches God dag zurufen und er wird den Gruß fröhlich erwidern. Nirgends sitzt ein Leibwächter im Busch.

Verlassen wir Oslo, ehe wir hier ein Stück Seele lassen. Nicht langsam mit dem Schiff für einen langsamen, wehmütigen Abschied, sondern mit dem Flugzeug, das sich schnell in einen südlich blauen Himmel stürzt: Land und Meer verschwimmen zu einem bizarren Scherenschnitt.

Margit Mummert

Es riecht nach Fisch und Teer

Ein Wochenende in Trondheim

Im nachhinein betrachtet hat sich Trondheim als ein Ort verblüffender Gegensätze festgesetzt, als eine janusköpfige Stadt an der Grenze zwischen Süd und Nord, zwischen Tag und Nacht. Sie ist das Tor zum strengen Reich des Nordlichtes, an dem Zauderer anhalten und sich prüfen, ob sie eine Landschaft annehmen wollen, die nichts Verspieltes, Launisches, Verzärteltes mehr duldet, sondern ernst und unerbittlich ist. Der Norden ist kein Land für Angsthasen. Denn hier kann sich keiner verstellen, hier muß man der Einsamkeit ins Auge sehen können. In Trondheim also scheiden sich die Geister.

Am Morgen hatten wir noch – von Kristianssund kommend – an einem Fjord gerastet, der ein oberitalienischer See hätte sein können mit seiner Farbenpracht und seinem üppigen Bewuchs, wenn nicht ein unverwechselbar anderes Element dazugekommen wäre. Aus Spalten und Höhlen quoll und sprudelte kristallklares Wasser und ergoß sich in Rinnsälen und Wasserfällen in den grün-dunklen Schlund. Es war eine Atmosphäre der Sauberkeit und Klarheit über der Landschaft, die anders als im Süden ist. Wasser malte ein feuchtklares Bild von der Natur, Wasser wusch die Farben zu strahlender Leuchtkraft, in der ein Himmel blau, ein Baum grün, ein Dach rot und eine Kuh braun waren. Das gegenüberliegende Ufer war in gestochener Schärfe zu sehen. Und im Fjord lag friedlich und spiegelverkehrt der Berg, der drüben so mächtig in die Höhe ragte.

Gleichsam vollgesogen mit Landschaft näherten wir uns der Stadt an einem Samstagnachmittag. Als wir auf breiten Wegen mitten auf den Straßenbahnschienen hineinfuhren, wunderten wir uns über den verkümmerten Verkehr und die unerwartete Menschenleere. Trondheim war eine verlassene Stadt. Nach Geschäftsschluß hatte die Bevölkerung fluchtartig die Straßen geräumt, hatte sich mit Autos, Booten und Wohnwagen über die Vororte und die Umgebung ergossen. Die Stadt blieb erschlafft und blutleer zurück.

Wir mußten nach dem Weg fragen, doch die wenigen Untertanen eines märchenhaften Kannitverstan, die in der Stadt verblieben waren, zuckten mit den Achseln. Mit dem Stadtplan fanden wir endlich das Hotel, dessen hochtrabender Name ein anderes Haus hatte erwarten lassen. Das Bauwerk war in den Winkel einer spitz zulaufenden Straßenüberschneidung hineingezwängt, so daß eine absonderliche geometrische Form zustande kam, die jedes Zimmer drei- oder fünfeckig machte. Die Betten zeigten in verschiedene Himmelsrichtungen, ein Vorhang teilte den Raum in unerklärlicher Absicht. Wir legten uns ermattet in die Betten nach den vier Winden, ahnend, daß ein eigenwilliger Kurs zu steuern war.

Am Abend, der nur durch den Blick auf die Uhr und durch ein leeres Gefühl zu erkennen war, da es unverändert hell war, gingen wir aus. Wir liefen durch die breiten, leeren Straßen und bewunderten die alten Holzhäuser, die patriarchisch und behäbig den vergangenen Wohlstand zeigten, während sich der jetzige mit Stein und Beton hervortat.

Fast alle Lokale waren geschlossen. Man sah einzelne Suchtrupps von Touristen sich in zwei Richtungen formieren, die den gleichen Reiseführerempfehlungen folgten. Im Kielwasser einer Gruppe gerieten wir durch die offengehaltene Tür in ein Restaurant mit unverhofft großer Menschenschar. Es schienen wieder einmal die Pensionäre aus Texas zu sein, die dröhnend und überreizt lachten, in Tabaksschwaden und fadem Fischdunst auf ein versprochenes Dinner warteten. Einheimische Folkloremusik begleitete unseren Rückzug.

Wir zogen noch einige Schleifen durch die unwirtliche Stadt, stießen dann erfreut die Tür eines Hotels auf, das mit seinen Plaketten und Sternen internationale Anerkennung zur Schau stellte. Durch ein strenges Vestibül der Jahrhundertwende geleitete man uns unverzüglich in einen verzauberten Märchengarten, der die nördlichen Breitengrade Lügen strafte. Ein säulengetragenes Karree unter einem gewölbten Lichtdom umgab einen grünen Rasenteppich mit illuminierten Wasserspielen. In Kübeln wucherten üppig Palmen und anderes Exotisches. Die Zentralheizung verströmte südländische Wärme. Wir sahen weißgedeckte Tische, Kerzenlicht, vornehmes Personal und festlich gekleidete Gäste. Eine kleine Kapelle zauberte dezente Unterhaltungsmusik der dreißiger Jahre. Man übersah die Touristenkleidung und bewirtete uns mit soignierter Würde. Der Küchenchef kochte superb.

Als wäre die Nähe des Polarkreises nicht die Wirklichkeit, wurde hier die Illusion von italienischer Riviera, Côte d'Azur beschworen mit anderem Grün, mit flimmerndem, dunstüberzogenem Licht, in dem sich die Konturen verlieren. War es der Versuch, das zu zaubern, was man nicht hat, aber sich wünscht? War es die Absicht, den nüchternen, klaren Norden mit schwellender, samtiger Wärme auf abendlicher Bühne zu hintergehen? Welch ungestillte Sehnsucht offenbarte sich da!

Während ich mir vorstellte, wie man diese Palmen sorgsam pflegte und päppelte, wie man sie argwöhnisch belauerte, damit sie nicht etwa aufgäben, fiel mir die Geschichte eines deutschen Botanikers ein, der Rosenkataloge in den Orient schicken und bei seinen Besuchen die mickerigen Exemplare bewundern mußte, die im feuchten Tropenklima nicht gedeihen konnten. Die, die vom Farbenrausch wildwüchsiger Orchideen fast erdrückt wurden, wollten ein Rosenwunder erleben. So seltsam sind die Menschen.

Als wir auf die Straße traten, erschraken wir über den

kupferroten Feuerschein, der sich in den Fenstern des alten Stiftsgaarden-Palais spiegelte. Es war die Sonne, die sich so inbrünstig wie vergeblich mit dem Horizont vermählen wollte und dann – nicht weit von Mitternacht – sich einfach in einem graudunstigen Wolkenstreif verbarg, viel Licht zurücklassend.

Der nächste Morgen war kalt und zeigte einen abweisenden, bedeckten Himmel. Wir suchten das Frühstückszimmer des Hotels und fanden es zu unserem Entsetzen im Keller dieses so merkwürdig verzwickten Hauses. Durch zwei brandsichernde Eisentüren hindurch gelangten wir in einen nüchternen Raum mit gedeckten Tischen. Zwei vergitterte Fenster befanden sich in Deckennähe nach der Straße hin. Was hatte der Hotelier sich dabei gedacht? Nun tappten ein bißchen ungläubig die fröhlichen jungen Familien, die wir auf der Reise immer wieder mit ihren blondschöpfigen Kindern getroffen hatten – an Waldecken, Fährenanlegern und anderswo – den Kellergang entlang. Den Kindern blieb das Wort im Halse stecken.

Ein kleiner Hinweis auf einer Plakatsäule veranlaßte uns, zum Dom zu gehen, über den im Reiseführer etwa dies zu lesen steht: Nidaros-Dom, zwischen 1100 und 1300 gebaut, schönste gotische Kathedrale des Nordens. Im Oktogon, dem Mittelteil von überirdischer Leichtigkeit, stand einst der Schrein des heiligen Olav, dessen Vorgänger, Olav Trygvasson, die Stadt Trondheim um 1000 gegründet hatte. In dem Dom wurden die Könige gekrönt und fanden ihre letzte Ruhe. Sie hatten früh und intensiv die Christianisierung des Landes betrieben, und Adalbert von Bremen fand bereits eine norwegische Landeskirche vor, die die Königsmacht und den Landfrieden stützte. Diesem Zusammenspiel verdankte Trondheim seine mittelalterliche Blütezeit. In den Isländer-Sagas steht geschrieben, daß die politische Einigung, die Unterdrückung der heidnischen Bauern nicht ohne Schmerzen vor sich gegangen war. Viele waren übers Meer nach Island geflohen, weil sie zu stolz und zu eigenwillig waren, um sich zu beugen.

Der Dom überstand einige Brände, fiel aber im 17. Jahrhundert dem Feuer ganz zum Opfer und verkam bis zur Ruine. Erst im 19. Jahrhundert begann man mit der Restaurierung und Rekonstruktion, die noch andauert. Auch die Residenz des Erzbischofs wird, nachdem man sie als Warenlager mißbraucht hatte, wieder instand gesetzt.

Auch heute noch strahlt der Dom eine machtvolle Würde aus. Im Innern ist das gotische Oktogon in aller Schönheit erhalten. Die bezwingende Strenge mittelalterlicher Andacht hat eine zeitlose Gültigkeit behalten. An diesem Sonntag fand ein Festgottesdienst statt zum Treffen skandinavischer Trachtengruppen.

Familien, Vereine, ganze Dorfgemeinschaften waren herbeigereist, um ihre Tradition zu demonstrieren. Da eilten die Trüppchen von jungen Leuten dem Portal entgegen, Mädchen mit Zöpfen unter weißen Häubchen, rosigen Wangen, Leibchen, großblumigen Schultertüchern und leuchtenden Röcken, ernsthafte Burschen im ererbten Bratenrock, mit glänzenden Knöpfen, Kniebundhosen und Schnallenschuhen, alte Paare, die im Zusammenleben sich ähnlich geworden waren. Frauen mit weißen Haaren, Hauben und spitzenverzierten Schürzen mit gerundeten Hüften. Dazu gemessenen Schrittes die Männer mit breitrandigen Hüten, gestickten Wämsen, Schafspelz und Knotenstock. Man sah viele rote wollene Zipfelmützen, die mit gestreiften Westen, weißen bauschigen Hemden und Kniebundhosen Uniform ganzer Vereine zu sein schienen. Dazwischen die goldhaarigen Kinder, in Stoff und Bordürenphantasien verpackt. Mit leuchtenden Farben war nicht gegeizt worden, als müßte man das Dunkel des Landes beleben. So stemmt man sich gegen die Nacht, wenn sie kein Ende nehmen will.

Man konnte sich denken, was da in den Jahrhunderten gewebt und gestichelt worden war, wie kunstvoll Kopfputz, Knopf und Schuhschnalle ausgeführt wurden. Wie viele Wintertage waren am Stickrahmen und Klöppelbrett verbracht worden. Über Generationen hinweg wurde sorgfältig gepflegter, ausgebesserter und neuaufgeputzter Sonntagsstaat vererbt. Man bekam eine Ahnung von dem lebendigen Brauchtum, das im handwerklichen und künstlerischen Ausdruck einen Wert schafft, den wir schlicht Kultur nennen. Werte der Vergangenheit? Hier oben, wo die Uhren noch langsam laufen, wo man noch schwerfällig, zäh und wortkarg Eigenheiten bewahrt, werden Dinge länger festgehalten. So ist auch solch ein Treffen noch glaubwürdig: Zu wenige Schaulustige sind zu erwarten.

Die Orgel dröhnte in dunklen Baßtönen, während sie die Singstimme silberhell und überdehnt intonierte. Die weißen Spitzenhäubchen leuchteten im Kerzenlicht, und schattenhaft traten die herben männlichen Profile hervor. Für Momente schrumpfte die Zeit. So hatten schon die Väter die Hände übereinandergelegt und die Mütter die weiten Röcke auf den schmalen Bänken geordnet. Später würden die Kleider wieder in den Schrank gehängt und in die Truhen gelegt werden mit pfleglichen Gebärden. Wir Fremden hatten die Menschen hier belauscht, und sie hatten uns geduldet. Nur die Kinder hatten sich neugierig umgedreht, uns ohne Scheu gemustert.

Über die Munkegate gingen wir Richtung Hafen, in dessen Nachbarschaft sich die eindrucksvollen Speicherhäuser in großer Zahl zusammenducken. Einige sind mehrere hundert Jahre alt. Sie schmiegen sich um die alte Stadt, wo der Nidelv noch vor dem Fjord einen großen Bogen schlägt. Aus Holz gebaut und in heiteren Farben gestrichen, sind sie ein malerisches Wahrzeichen der Stadt. Beim Anblick der Reklame, die an einer Holzwand für Peppes Pizza Pub warb, kamen wieder südländische Gedanken in den Sinn. Die bunten Fassaden warfen selbst bei dem bedeckten Himmel Regenbogenfarben in das Wasser, und die endlosen Reihen der bemoosten Pfähle, auf denen die Häuser ruhen, schienen wie braun-stummelige Zähne, durch die limonadenfarbenes Wasser rinnt.

Wir überquerten die Jernbanbru, die Brücke, die am Bahnhof vorbei zu dem eigentlichen Hafenbereich mit seinen Kaianlagen führt. Es roch nach Fisch und nach Teer. Auch hier herrschte an diesem Sonntag Grabesruhe. Erst am äußersten Ende entdeckten wir Leben. Am Hurtigreisen-Kai, der mit seiner Mauereinfassung ein geschütztes Hafenbecken bildet, lag ein einziges Schiff mit leise grollenden Dieselmotoren. Rundherum war die Betriebsamkeit einer Abreise. Autos brachten Passagiere herbei, die schweres Gepäck über die schmale Gangway zerrten.

Das waren nicht die üblichen Touristen mit Kindern, Puppen und Teddybären. Wir sahen rauhe Männer in warmem Zeug, junge Paare mit halber Haushaltshabe, ein paar junge Rucksackträger, ein älteres Ehepaar. Alle versammelten sich an Deck, winkten den Zurückbleibenden. Worte wurden hinaufgerufen, die wir nicht verstanden. Aber alles Wichtige schien schon gesagt. Die Leute, die hier zurückblieben, schienen den Abschied nicht leicht zu nehmen. Eine weißhaarige Frau wischte sich die Augen.

Wir schauten uns um, hielten Ausschau nach jemandem, der vielleicht deutsch spräche, hatten Glück und hörten Sensationelles: Das Schiff fuhr nach Spitzbergen. Die Möglichkeit, nach Spitzbergen zu reisen, einfach so, verwirrte uns. Wir stotterten Worte des Erstaunens. Doch, doch, wurde uns bedeutet, das sei eines der planmäßigen Linienschiffe, die fünfmal im Sommer nach Spitzbergen führen, das die Norweger Svalbard nennen.

Die Gangway wurde weggerollt, der Kran krümmte sich klein an Deck zusammen. Quietschend und rasselnd hob sich der Anker aus dem Wasser und schwebte hoch über unseren Köpfen an der Bordwand. Die Motoren rumorten kraftvoll in der Tiefe des Schiffsbauches und übertönten die Abschiedsworte.

Während wir zu den Reisenden an Deck hinaufsahen, überkam mich eine seltsam sentimentale Stimmung. Wer reiste hier fort, dessen Verlust mich untröstlich hätte machen können? Abenteurer, Geschäftsleute, Menschen, die neue Existenzen anstreben? Ich kannte keinen. Aber Auswandererschicksale kamen mir in den Sinn, zurückbleibende Seefahrerfrauen, Seefahrer, die nicht wiederkehrten. Ich schluchzte mit den anderen und winkte und winkte.

Laut tönten die Sirenen. Das Schiff glitt langsam – sich

von der Kaiwand lösend – durch das Hafenbecken. Die Fahne wehte schlapp am Heck, man konnte den Namen lesen. Das Schiff hieß Harald Jarl. Beim Entfernen hinterließ es eine schaumige Wellenspur, die wie eine breite Schleppe hinterherschleifte. Möwen folgten in aufgeregtem Schwarm mit krächzenden Schreien. Als das Schiff hinter der äußeren Mole verschwand, wendeten wir uns ab.

Aber Spitzbergen geisterte noch in meinem Kopf herum. Ich sah das Schiff, das unseren Blicken entschwunden war, nach Spitzbergen fahren durch schmale, treibeisgesäumte Wasserstraßen, vorsichtig um eisbedeckte Landzungen herumnavigieren, in Mondbuchten hinein.

Spitzbergen ist auch heute noch ein Abenteuer, wenngleich es in bescheidenem Rahmen touristisch »erschlossen« wird. Spitzbergen ist zu vier Fünfteln von Eis bedeckt, aus dem abgeschliffenes Gestein und Rentiermoos hervorlugen. Spitzbergen ohne einen einzigen Baum. Spitzbergen mit ungehobenen Bodenschätzen, belauert vom russischen Nachbarn. Spitzbergen als Wetter- und Satellitenstation, Vermessungspunkt für futuristischen Wagemut. Spitzbergen als Faszination für Einzelgänger.

In meinen Gedanken wurde Spitzbergen zum Synonym für nordländischen Abenteurergeist. Mag sich etwa mit den Menschen des Nordens die Vorstellung von grenzenloser Duldsamkeit verbinden, die sich in Sprachlosigkeit zurückzieht, die Winternächte mit Trollen und Märchengestalten bevölkert und Schwermut gelegentlich tief in Alkohol taucht, so schiebt sich schnell vor dieses Bild der nüchterne, willensstarke Mensch, der weiß, was zu tun ist. Der den Fischfang gegen andere Nationen verteidigt, der Eisenerz im Norden bricht, der Kohle von Spitzbergen räumt, der Öl aus der Nordsee pumpt und dem die Härte der Lebensbedingungen kein Alibi für Verzagen ist. Das ist der gleiche Mensch, der die Kühnheit besaß, vor tausend Jahren übers Meer zu fahren, was vorher noch keiner gewagt hatte. Den Polarstern im Blick, fuhr er gen Amerika, wenn auch die schlanken, offenen Boote Spielball von eisigen Wellen und Stürmen wurden. Dieser mutige Mensch, der schützende Küsten verläßt, sein Schiff vom Land abstößt, der neugierig ist und gefestigt in sich, der fährt nach Spitzbergen, nach Island und anderswohin. Nur Landratten und Hasenfüße bleiben irgendwo in der Gegend von Trondheim zurück.

Am späten Nachmittag konnten wir die Tochter überreden, mit uns auf den Gråkallen zu fahren. Das hatte einige Mühe gekostet. Der Bühnenvorhang im Hotelzimmer hatte ihre Phantasie entzündet, und sie war dazu übergegangen, ein Theaterstück zu schreiben über den jungen Harald Jarl, den man König Schönhaar nannte und der einst die stolze Hardanger-Prinzessin zur Frau bekam, nachdem er die nördlichen Provinzen um Trondheim herum geeint hatte.

Von der höchsten Erhebung dieser Gegend hatte man einen schönen Ausblick über Trondheim und den Fjord, der von hier aus erst in seiner Ausdehnung erfaßbar wurde und die geschützte und versteckte Lage der Hafenstadt offenbarte.

Trondheim war im Mittelalter Ausgangspunkt für die Fischereiwirtschaft gewesen. Der Klerus hatte seine merkantile Begabung unter Beweis gestellt, die Fischerdörfer zu Abgaben herangezogen und sogar zollfreie Einfuhren nach England erwirkt. Fisch brachte großen Wohlstand, bis die Pest ihren schwarzen Schleier ausbreitete und die Stadt in geschichtsloses Dunkel versank. Die Hanse in Bergen bewirkte ein weiteres Schattendasein, und erst im 17. Jahrhundert erholte sich Trondheim zu neuer, nachhaltiger Blüte durch die Auftrags-Schiffahrt.

Wir schauten über das Land, über die großen Bauernhöfe mit ihren Erdbeerfeldern im warmen Schutze des Golfstromes. Die gegenüberliegende Fjordseite verzweigte sich in eine weitläufige Schärenküste mit krüppeligen Kiefern und Birken, Streifen von zartvioletten Flechten und buschigem Kraut. Graue, watteartige Wolken verhüllten den Blick in die Ferne. Man dachte nur: Dahinter wird es flach und eintönig. Die Straße, die unbeirrbar nach Norden führt, scheitelt das langgestreckte Land mit nüchterner Strenge. Die hohen Fichtenbäume werden noch einsamer und immer kleinwüchsiger. Wir warfen einen letzten, scheuen Blick hinüber. Hier war unsere Wendemarke. Am nächsten Morgen würde die Reise wieder nach Süden gehen.

Am Montagmorgen war der Teufel los. Wir rieben uns die Augen. Die Stadt war vollkommen verwandelt. Aus dem menschenleeren Provinznest war eine lebendige Industriestadt geworden. Die Straßen wimmelten von geschäftigen Leuten, die Straßenbahnen klingelten, und die Autoschlangen schoben sich zweispurig schrittweise voran. Die Ampeln wechselten das Licht in rascher Folge, als hätte sich der Herzschlag beschleunigt. Staunend liefen wir durch die Geschäftsstraßen, die mit lustigen Wimpeln geflaggt waren. Vor den Läden drehten sich Windräder mit flatternden Jeans und Hemden.

Vielleicht hätte ich darauf verzichten sollen, noch einmal zu den schönen Speicherhäusern zu fahren. Wir gerieten in einen zeitraubenden Verkehrsstau. Der Hafen brodelte, die Kräne nickten in fleißiger Arbeit, und die Lagerhäuser hatten weitgeöffnete Mäuler. Wir konnten uns nur mit Mühe an den dicht aufgereihten Lastwagen vorbeiwinden. Aber ich wollte partout in die malerischste Ecke.

Dann verließen wir die Stadt, die sich in mitteleuropäisch-vertrauter Weise in lauter Geschäftigkeit gebärdete. Das ruhige Wochenende war auf einmal nicht mehr vorstellbar.

Theodor Geus

Am Ende des Regenbogens

Zu Schiff nach Norwegen

Wie oft habe ich an der Reling gestanden und gedacht, irgendwann wird das Schiff von der Umarmung des Gesteins erdrückt werden oder an den Felsen entlangschrammen. Aber dann öffnete sich doch wieder ein neuer Durchlaß, und das große, weiße Schiff drängte sich langsam, unaufhaltsam langsam in sanften Schlingen tief in das Land hinein, vorbei an Bergen, deren Spiegelbilder im Wasser explodierten, wenn sie die Bugwellen berührte, vorbei an einem schmalen Wiesenrain, der wie ein grüner Pelzbesatz das Ufer säumte, vorbei an kleinen Häusern, deren Farben wie ein Aufschrei in der Einsamkeit waren. Drei-, viermal hatte sich dieses Spiel der Annäherung wiederholt, die Annäherung an den zerfurchten, zerklüfteten Saum Europas, an die Küste Norwegens, in die das Meer wie mit Dolchen hineinsticht. Jedesmal war es ein Abenteuer, zu sehen, wie sich die graue Landmasse am Horizont fast unmerklich aufzulösen begann in tausend Buchten und geheimnisvolle Tore. Wie würde der Kapitän steuern, wann würde er das Zauberwort »Sesam, öffne dich!« sprechen, wo würde der Weg in das Innere des norwegischen Körpers enden? Jedesmal war es ein aufregender Augenblick, anzukommen in den großen Amphitheatern, die von der Natur am Schluß der gewaltigen Seetäler aufgebaut wurden, und daß das Schiff sich hier niederließ wie eine fremde Raumstation: zweihundert Meter lang, über achtundzwanzig Meter breit, 33819 Bruttoregistertonnen, glänzend wie ein gigantischer Eisberg, dessen Proportionen die Harmonie dieser Landschaft sprengten.

Es war eine seltsam bewegungslose Reise bis hinauf in das norwegische Fjordland. Die großen Kreuzfahrtschiffe sind nicht mehr anfällig gegen den Rhythmus der Wellen und gegen das Heben und Senken des Meeres. Es schien, als stünde der Koloß still – eine Nacht und einen Tag und noch eine Nacht oder – nach der an Bord üblicheren Zeitrechnung – zwei Dinner, einen Lunch und zwei Frühstücke lang – und als flösse die Nordsee an ihm vorbei. Nur im Skagerrak hatte er sich ein wenig geschüttelt, als ihn der Wind mit Stärke sieben anblies. Ich erinnere mich an eine andere Fahrt auf der Straße der Wikinger. Damals hatte der kleine Dampfer im Sturm furchtbar geächzt und sich gebogen unter der Gewalt der Wogen. Am ganzen Körper hatte ich das Meer gespürt, doch heute gehört es zum selbstverständlichen Luxus einer Seereise, nichts von den Schmerzen zu merken, die das Element bereiten kann. Aber das Schiff fuhr dennoch – mit einer ruhigen Beharrlichkeit, Meile um Meile, links die Unendlichkeit des Ozeans und rechts die Schemen des Festlandes, aus denen in der Dämmerung manchmal zitternde Lichter schimmerten.

Immer nach Norden zu. So ist dieser weiße Riese an einem hellen, kühlen Morgen in Molde angekommen. Zuerst schien diese hübsche, kleine Stadt der Rosen, die langsam zu verwelken begannen, nur eine Station für den Landgang zu sein, eine Station für das vertraute Gefühl, festen Boden unter den Füßen zu haben, aber es ist anders gekommen. Vielleicht haben es nicht einmal alle von den vielen, die sich aus dem Schiff in die Straßen ergossen, gemerkt, daß sich hier Erinnerungen verstecken. Diese Stadt ist eine neue Stadt, und nur die schweren, dunkelbraunen Möwen, die im Wind taumelten, wirkten uralt. Molde, wie es einmal war – aus buntgestrichenem Holz und mit einer kunstvollen Stabkirche –, ist nach einem Angriff der deutschen Luftwaffe am 29. April 1940 in einem Feuersturm untergegangen. Auf einer Tafel ist dies angeschrieben, aber es ist nur die Rede von der Vernichtung, nicht davon, wer sie verschuldet hat – als wolle man mit diesem Verschweigen das Vergessen leichter machen. Dies ist die eine Erinnerung: die Erinnerung daran, daß sich der Mensch nicht weit genug vom Menschen entfernen kann – und sei es bis an den äußersten Rand der bewohnbaren Welt – um nicht doch von seiner Gewalttätigkeit eingeholt zu werden. Eine andere Erinnerung liegt auf einem Hügel hinter mit südlich-üppigem Blumenwuchs gefüllten Gärten. Dort stehen über vierzig Häuser aus der Vergangenheit: von jenem Anfang an, als die ersten Siedler wie Baumwurzeln lebten, halb oberirdisch, halb unterirdisch und zugedeckt von einem primitiven Dach aus grasbewachsenen Erdschollen, und sie sich, vom Meer her kommend, in diesem rauhen Land festkrallten, bis in die Zeit der aus dicken Stämmen gefügten Wohnungen. Hier oben tanzten und sangen Kinder in Tracht auf einer von Tau nassen Wiese, und ein alter Mann spielte dazu die Fiedel – eine als »Folklore« arrangierte Veranstaltung gewiß, und doch klang durch sie etwas an von der Merkwürdigkeit dieses Landes zwischen Berg und Meer und von der Eigenart der Menschen, die in einer Stille leben, für die man stark sein muß und nichts von der kontinentalen Unruhe haben darf. Nach dieser ersten Begegnung mit dem norwegischen Fjordland jedenfalls habe ich es mit einer anderen, tieferen Neugier betrachtet.

Romsdalsfjord, Nordfjord, Sognefjord, Hardangerfjord, Eidfjord: die Kenner mögen darüber streiten, welcher von ihnen der schönste ist und wo die Bilder von größter Majestät zu finden sind. Ihnen allen gemeinsam sind die grüne Unergründlichkeit des Wassers und die Schwärze der wolkenberührenden Berge, das strahlende Leuchten im Sonnenlicht und eine fast unheimliche Düsternis, wenn früh am Tag die Schatten in diese Schluchten fallen. Ihnen gemeinsam ist, daß manche Begriffe neuen Inhalt gewinnen: Ewigkeit zum Beispiel, obwohl überall die tief eingegrabenen Fußspuren des Eises Verwandlungen durch die Zeit erkennen lassen, Einöde, wenn man einen Bauernhof sieht, zu dem kein Weg hinführt und kein Weg wegführt, oder

Weltabgeschiedenheit, wenn sich plötzlich am Ende des Fjords eine unüberwindbare Mauer aus eisigen Gipfeln auftürmt oder – umgekehrt – kleine Straßen einfach aufhören und ins Wasser fallen. Und doch haben alle ihre unverwechselbare Gestalt, ja, jeder Fjord ist wie ein kleiner Kosmos und für die wenigen Menschen, die hier leben, in einem so engen Sinn Heimat wie kaum sonstwo auf der Erde. Am stärksten war dies vielleicht im Sognefjord zu spüren, als das Schiff durch eine Girlande von verschwimmenden und immer wieder neu aufleuchtenden Regenbogen fuhr. Am Ende des Regenbogens, so heißt es im Märchen, sei ein Ort des Glücks zu finden. Es schien, als wäre man endlich angekommen, allein wegen des Friedens, der hier herrscht.

Manchmal haben wir das Schiff verlassen – weiter ins Land hinein. Von Andalsnes über eine Straße, die in vielen Kehren an einen steilen Hang geklebt ist, hoch hinauf zum Trollstiegen in eine Arena der Gipfel, mit dem Rauschen der Stigfossen im Ohr, die von hier in das Tal stürzen. Oder von Flam mit der Bahn nach Myrdal. Es war eigentlich keine Fahrt mehr, sondern beinahe ein Flug zwischen den Felsen, mit abgrundtiefen Blicken auf samtene Wiesen und schwer mit Pflaumen und Äpfeln beladene Bäume. Es ist kaum vorstellbar, daß über diesem herben Land, das schon bald von einem langen, dunklen Winter zugedeckt wird, im frühen Sommer der Schaum weißer Blüten liegt, aber die Wärme des Golfstroms dringt sogar in diesen entlegenen Winkel. In Myrdal regnete es dünnen norwegischen Perlenregen. Als die Sonne für einen Augenblick aus den Wolken brach, funkelten das Gras, das Moos und die Blätter, als seien sie mit Diamanten übersät. Von Ulvik über das kahle Hardangerfjell in eine ergreifende Leere, in der jetzt das Birkengrün vergilbt und die Flechten jäh rot und gelb aufglühen, bevor der Schnee sie zudeckt. Von Stalheim auf einem schmalen Weg an Häusern entlang, deren Fenster mit altmodischen Häkelgardinen verhangen waren. In diesem Tal muß man den Kopf weit in den Nacken legen, um zu sehen, daß die Bäche, die von oben herunterstürzen und vom Wind wie silbrige Schleier verweht werden, nicht direkt aus dem Himmel, sondern über die Kanten der Felswände fallen. Überall drängten sich Bilder von fast bestürzender Schönheit auf.

Von Bergen muß man natürlich auch erzählen. Was sagt man nicht alles über diese Stadt? Daß sie im Regen ertrinke, daß sie Norwegens Tränensack sei. Aber an diesem Tag war keine einzige Wolke am Himmel. Ganz Bergen war erfüllt von mediterraner Heiterkeit und Wärme. Auf dem Markt glänzten die Fischleiber, und die Männer, die ihren Fang aus den Booten hievten, hatten die Hemdsärmel ganz weit aufgekrempelt. Vom Flöjen aus, auf den eine Zahnradbahn hinaufrüttelt, war zu erkennen, wie sich die Stadt in das Meer schmiegt, dem es seine Existenz verdankt – seit über 900 Jahren als Mittelpunkt der Fischerei, Metropole des Reiches, Sitz der Hanse, deren lange, mächtige Ära im alten Bryggen-Viertel so gegenwärtig ist, und immer noch als die heimliche Hauptstadt Norwegens. Vom Flöjen aus, einem der sieben Berge der Stadt, die in den sieben Engeln des Wappens wiederzufinden sind, sieht man die wuchtige Halle des Königs Haakon Haakonson, die glitzernden Wasserarme, die Türme der wunderlich schönen Marienkirche voller festlicher Bilder und lebensgroßer Apostel, die Plätze und ein quirliges Leben, das provinziell und kosmopolitisch zugleich ist.

Bei der Ausfahrt aus dem Hafen von Bergen hatte der Kapitän auf die Brücke gebeten. Rundherum lagen unzählige Inseln, winzige Felsbrocken und grüne Hügel mit Häusern darauf: für jeden, der auf sich hält, ist eine eigene Insel da. Während sich das Schiff einen Weg suchte, waren auf einem Bildschirm die Konturen dieses Landmeeres oder Meerlandes zu erkennen, und dazwischen bewegten sich die vielen Fischkutter, Segelyachten und Motorboote als Leuchtpunkte hin und her. Sie alle zogen einen kleinen Lichtschweif nach – wie Kometen in einem fernen Universum. Als es Nacht geworden war, ein weiter Sternenhimmel über dem Wasser stand und nichts mehr zu hören war als das Plätschern der Wellen, da schien es, als hätte auch diese Reise der Bewegung eines Kometen geglichen, der eine fremde Welt flüchtig berührt und sich wieder irgendwohin entfernt.

Theodor Geus

Der Glut der Erde nahe

Auf Island

Warum sollte die Reise in ein sonderbares Land nicht sonderbar beginnen? Das Flugzeug, das uns forttragen wollte, hieß Sudurfari – das in den Süden fährt. Dies war wie ein Versprechen für Wärme und heiße Sonne. Aber dann nahm es eine ganz andere Richtung, nach Norden zu, in das Reich der kalten Winde und der tiefen Wolken, zuerst über grüne Wiesen und braune Felder hinweg, lange über ein Meer mit weißen Schaumkronen, und schließlich senkte es sich über einem grauen Fleck im Ozean. Dort unten, hatte der Kapitän gesagt, sei schönes Wetter: bedeckt, mit leichten Regenschauern. Er wollte seine Passagiere nicht verspotten. Es ist hier so: Wenn nicht der Sturm heult, ist schönes Wetter. Konnte denn da wahr sein, was in der Zeitung stand, die an Bord verteilt wurde – daß die Kinder schon vergessen hätten, wie sich wollene Pullover und Gummistiefel anfühlten, und daß sie jeden Tag bis in die helle Nacht hinein im Freien spielten? Tatsächlich sahen die Menschen hier sehr sommerlich aus: braungebrannt, mit ausgebleichten Haaren, die Männer in kurzärmeligen Hemden und die jungen Frauen in leichten Kleidern. Waren wir durch irgendeinen Zauber etwa am falschen Ort gelandet? Hatte gar schon einer der Trolle, die da hinter jedem Felsen sitzen, begonnen, die Sinne zu verwirren? Nein, dies war wirklich die Insel im Nordmeer, nicht weit weg von Grönland und unmittelbar am

Polarkreis, aber weil wieder einmal die Welt durcheinandergeraten ist, war es hier warm wie selten zuvor, während ganz Mitteleuropa fror. So also sind wir in Island angekommen, zum ersten und nicht zum letzten Mal erstaunt, ist dies doch ein Land voller Merkwürdigkeiten: Als es eigentlich schon tiefe Nacht sein mußte, hing noch immer ein dicker Streifen Licht am Himmel, der geheimnisvoll leuchtete.

Am nächsten Morgen lag ein strahlendes Blau über der Hauptstadt Reykjavik. An diesem Nachmittag würden die Mädchen in den eisigen Fischfabriken wieder frei haben, wie es üblich ist, wenn die Sonne kräftig scheint, und sich auf den Bänken im Park räkeln. Die ganze Stadt schien von einer unbändigen Heiterkeit erfüllt und wunderbar verwandelt durch einen Rausch der Farben. Es glänzte das alte bunte Reykjavik, das um den Tjörnin, den Stadtsee, liegt wie ein Liliput-Reich, denn alles ist hier niedlich klein: die Häuser, das Opernhaus, das Parlament und der Präsidentensitz. Nur die Kirche ist gewaltig groß, hochaufgerichtet wie der Steven eines riesigen Schiffes, das vom Sturm auf das Land geworfen worden ist. Vielleicht ist diese starke Demonstration des Christentums notwendig, gibt es doch hier noch immer Menschen, die mit dunklen Riten die uralten Götter verehren. Es glänzte auch das neue Reykjavik, das die Hügel ringsum mit einem Beton überzieht, der fähig sein soll, auch dann zu widerstehen, wenn die Erde bebt.

Von einem dieser Hügel aus war weit hinten am Horizont, am Ende einer wie ein ausgestreckter Finger in den Ozean hineinragenden Bergkette, zum ersten Mal der Schatten eines mächtigen Kegels zu sehen. Dies war der Snaefellsjökull, unter allen magischen Gipfeln Islands, die eine kühne Fantasie als die mythologische Burg Asgard oder als den Eingang in die Unterwelt Helheim zu erkennen vermag, der mit der stärksten Ausstrahlung. Es heißt, daß dieser Gletscher, eher winzig im Vergleich zu den gigantischen Eisrücken des Langjökull und des Vatnajökull, eine Verbindung zu den Galaxien habe und eine eigenartige Kraft auf die Menschen ausübe – auf die einfachen

Menschen und auf die Dichter. Halldor Laxness, der große isländische Schriftsteller, sagt, der Berg erinnere zuweilen an ein umgestülptes Tongefäß mit bläulicher Glasur und zuweilen an durchsichtiges Chinaporzellan mit Goldrand, besonders, wenn die Sonne tief über dem Meer steht, denn dann umspielen ihre Strahlen den Firnschnee von beiden Seiten. »Zu gewissen Tageszeiten«, so sagt er auch, »steht der Gletscher in einer besonderen Helligkeit da, in goldenem Licht von großer Strahlungskraft, und alles außer ihm wird armselig. Es ist, als gehöre der Berg nicht mehr zur Erdkunde, sondern sei in die Ionosphäre entrückt.«

Noch freilich war nichts von seiner Schönheit zu erkennen. Der Snaefellsjökull lag in der Ferne, jenseits einer weiten Bucht, wie eine Fata Morgana. War es schon wieder Zauberei, oder war es nur die Erinnerung an die kühne Tat des Professor Lidenbrock, daß er zu rufen schien »Komm näher«? Jedenfalls wuchs die Erregung, als wir ihm entgegenfuhren und uns auf das reizvolle Spiel einließen, ihn in der durchsichtigen Luft greifbar nahe zu sehen und ihn wieder zu verlieren, wenn die Straße, die manchmal nur eine harte Schotterpiste war, zu einem weiten Umweg durch ein vom Ozean zerklüftetes Land zwang, oder er sich hinter Hügelwellen versteckte. Vorerst waren es ja auch noch andere Bilder, die fesselten: sprudelnde Flüsse, die über Steine hüpften, von hohen Felsen herabstürzende Wasserfälle, über denen zarte Regenbogenschleier hingen, eine grüne Ebene, aus der jäh das Rot und das Blau einsamer Häuser leuchtete, gehörnte Schafe, unzählige Schafe, die als weiße Tupfen das ganze Land sprenkelten, die kleinen Inselpferde, die übermütig auf den Weiden spielten und sich mit geblähten Nüstern gegen den leichten Wind stellten, als wollten sie den Duft des Sommers einsaugen.

Immer wenn der Gletscher hinter einer Hügelkette oder nach einer Wegbiegung wieder auftauchte, hatte er mehr an Kontur gewonnen. Nun waren schon die kleinen Spitzen auf dem Gipfel auszumachen, an denen wie eine Zipfelmütze die einzige Wolke hing. »Ich vergaß, wer ich war und wo ich war, ich lebte das Leben der Elfen oder Sylphen, imaginäre Bewohner der skandinavischen Mythologie.« Ja, dieser Berg ist ein seltsamer Ort. Jules Verne hat gut gewählt, als er ihn aussuchte als Schauplatz eines großen Abenteuers. »Steig hinab in den Krater des Sneffels Yokul, den der Schatten des Scutaris vor dem ersten Juli liebkost, kühner Wanderer, und du wirst zum Mittelpunkt der Erde gelangen. Was ich getan habe, Arne Sakmussemm.« Diese aufregende Botschaft hatte Professor Lidenbrock entschlüsselt und sich aufgemacht, um hier auf Island die Geheimnisse der gewöhnlichen Sterblichen verborgenen Innenwelt zu entdecken, ehe ihn ein Lavastrom am Stromboli wieder ausspie. Und nicht weniger fantastisch ist, was Halldor Laxness dem Doktor Syngmann in den Mund legt: »Okkultisten in der ganzen Welt kennen diesen Punkt, haben ihn immer gekannt. In diesem Gletscher ist eine der bedeutendsten natürlichen Energiequellen unseres Sonnensystems enthalten, eine der Einstrahlungsstätten der Allweisheit.«

Wenn man auch nicht mehr recht an die Märchen glauben mag, so ist es doch ein berührendes Erlebnis, den Snaefellsjökull zu betreten, denn hier ist die Wahrscheinlichkeit groß, den Sternen und der Glut der Erde so nahe zu sein wie nirgendwo sonst. Wir traten auf ihn zu, als sich sein glänzendes Weiß unter den Schatten heranziehender Wolken verdunkelte und der bläuliche Schimmer seiner rissigen Eiskruste grau wurde. Magisches Spiel der Natur oder Einbildung: auf einmal wirkte der Berg uralt und feindselig. Vielleicht wird er sich auch, wie die Sage von den anderen Riesen ringsum erzählt, bei Nordsturm aufblasen und zu brüllen beginnen, wenn die Pläne wahr werden, ihn von dem kleinen Fischerstädtchen Olafsvik aus mit Pistenraupen zu befahren. Als wir uns wieder entfernten, habe ich mich oft umgedreht – nicht nur wegen seines majestätischen Anblicks, sondern um mich zu vergewissern, daß er noch da war und sich nicht einfach in das Universum zurückgezogen hat.

Kenner Islands sagen, dieser Westen der Insel sei am schönsten, weil er ungewöhnlich sanft wirkt und das Lavaschwarz und das Granitgrau durch Wiesengrün gemildert werden. Es ist die fruchtbarste Gegend, voll hartem Gras, mit Rinderherden und stattlichen Bauernhöfen, die alle auf kleinen Hügeln liegen wie zur Erinnerung an jene Zeit, da man den Feind kommen sehen mußte. Sogar das Meer ist hier weniger wild, ein gutes Meer, das in guten Jahren den isländischen Fischern reichlichen Fang beschert. Es rollt langsam auf eine flache Küste zu, die sich nur an wenigen Stellen steil und mit bizarren Figuren erhebt – so wie bei Arnarstarpi, wo die Kormorane im Sturzflug in das Wasser tauchen und Tausende von Dreizehenmöwen an den senkrechten Felswänden nisten. Ihr Geschrei, das selbst das Sausen des Windes und das Klatschen der Wellen übertönt, klingt wie zorniges Gezänk und dann wieder wie der Klageruf aus dem Schlaf gerissener Kinder.

Wunderliches war auf dieser Reise zu erleben. Es schien, als seien alle Berge dieser Welt versammelt wie in einem Skulpturengarten: der australische Ayers Rock, das Matterhorn und die zerrissenen Spitzen der Dolomiten. Manchmal glänzten die Felsflanken in Lila, Gelb oder Rosa, manchmal waren sie bedrohlich düster, als beginne hinter ihnen die Hölle. Eine bedrückende Ruhe lag über dem Lavafeld Berserkjahraun, das wirklich so aussieht, als hätten Riesen in sinnloser Wut einen Berg zertrümmert und seine Brocken über die Ebene zerstreut. Ein Bild von vollendeter Schönheit bot sich an den Ufern des Hvitá, wo hundert kleine Wasser aus dem Stein drängen und in den Fluß fallen. Hraunfossar, Lavaquellen, heißt dieser liebliche Ort, von dem man sich nur schwer trennen kann, weil es sich hier gut träumen läßt – umgeben von rauschenden Stimmen und einem von Diamanttropfen übersäten Grün. Immer wieder wurde dieser schroffe Gegensatz sichtbar zwischen einer Erde nach dem ersten Schöpfungstag, die, noch nicht recht erkaltet, brodelt und zischt und Dampf ausspeit, und jenen Stellen, an denen die Natur sanft und zäh die Leblosigkeit überwunden hat – sei es auch nur durch verkrüppelte Birken, giftig schimmerndes Moos und kniehohe Farne. Wir sind durch das Kaldidalur gefahren, eine schreckliche Einöde, die eine maßlose

Stille zudeckt. Nicht einmal ein Vogelschrei ist hier zu hören, sondern nur ein röchelnder Wind. Dies ist kein Ort mehr für Menschen. So als wollte sich das isländische Hochland, diese Grenzgegend zum Schattenreich, dieses Dorado der Schwermut, besonders abweisend zeigen, krochen Wolken über den Boden und es fiel ein feiner stetiger Regen, durch den der gewaltige eisige Körper des Langjökull gespenstisch leuchtete. Hier könnte der nordische Mythos von dem sterblichen jungen Lichtgott entstanden sein, der, von den dunklen Mächten getötet, in die Unterwelt verstoßen wurde und nur wiederkehren darf, wenn alle Lebewesen um ihn weinen. Aber jenseits dieses kahlen und kalten Tals fanden wir wieder eine beinahe üppig wuchernde Vegetation in der großen Arena des Thingvellir, jener Ort, an dem sich die isländische Geschichte konzentriert. Wenn am Morgen das erste Licht auf den See fällt und die gewaltige Steinwand erleuchtet, wirkt Thingvellir wie eine Bühne, auf der die Vergangenheit mit lauter Stimme redet.

Island ist eine sonderbare Insel. Sie bewegt den Menschen. Manchmal bedroht sie ihn fast, wenn sie ihn zwingt, sich auf sich selbst zu besinnen. Manchmal macht sie ihn fast närrisch durch ihre herbe Schönheit. Man sagt, es gäbe eine isländische Krankheit: die Sehnsucht, immer wieder hierher zurückkehren zu müssen. Hat sie uns auch schon erfaßt? Als am letzten Abend in Reykjavik noch einmal in der Ferne der Snaefellsjökull zu sehen war, umgeben vom roten Strahlenkranz der untergehenden Sonne, da erinnerte ich mich an den Helgafell. Es ist ein heiliger Berg, und man sagt, wer die 73 Meter hinaufsteigt, schweigend und ohne sich umzublicken, hat drei Wünsche frei. Vielleicht hätte ich sie nicht voreilig verschwenden und wenigstens einen aufheben sollen – dieser Insel wegen.

Dieter Vogt

Die Reise nach Shannonbridge

Ein irisches Schiffstagebuch

Während erlesene Fischlein unsere Füße umspielen, schicken wir uns an, das süße Leben an Bord unserer Luxusjacht »Dromoland Star« zu beschreiben ... Nein, wir müssen die Sache anders beginnen. Die Leute aus dem Paddelbootmilieu würden vor Neid umkippen.

Im Paddelboot kauernd, von der mächtigen Bugwelle einer dahinschäumenden Jacht ergriffen, kommt man nämlich leicht ins Schwanken. Wir wissen Bescheid, wir schwankten früher oft zwischen Neid und Klassenhaß. Beides liegt ja auf der gleichen Wellenlänge. Die Schiffe waren geradezu unverschämt weiß, sie sahen sogar bei schlechtem Wetter nach Licht und ewiger Sonne aus. Die reichen Männer, die solche Schiffe fuhren, waren wohl nicht mehr die jüngsten und machten keine gute Figur, wenn sie so ohne Jackett und Brieftasche bäuchlings am Ruder lehnten, aber es fiel uns auf, daß sie trotzdem stets junge schöne Frauen auf ihren Oberdecks herumliegen hatten. Da gerät man irgendwie in den Bann der nautischen Künste, da schwankt man nicht länger. Klassenhaß zielt auf die Abschaffung der Luxusjachten und zieht allenfalls Paddelboote für jedermann nach sich. Konsequenter Neid hat schon manchen fleißigen Paddler ans Ruder gebracht.

Nun, wenn wir heute das Ruder in der Hand haben, wenn wir uns anschicken, das süße Leben an Bord unserer

Luxusjacht »Dromoland Star« zu beschreiben, während erlesene Fischlein ... Aber zuerst die Vorgeschichte.

Im Monat Januar (wenn alle rechtschaffenen Arbeitnehmer sich an sommerlichen Prospekten erwärmen) legten auch wir uns die alljährlich auftauchende Schicksalsfrage vor: Wohin geht die Ferienreise? Darüber kann man, wie die folgenden Stichworte zeigen, sehr hitzig diskutieren: nie wieder mit den Kindern ins Hotel, sie sind zu laut, zu frech, zu wild, immer kriegen wir Ärger, du hättest sie von vornherein fester anpacken sollen, wieso immer ich, bist du der Vater oder nicht, das will ich aber schwer hoffen!

Im Monat Februar, nach längerem Gedankenaustausch über Kindererziehung, plötzlich eine gute Idee: Mieten wir uns ein Boot! Auf dem Wasser sind wir unter uns. Übrigens geht in Irland ein starker Wind, der wird barmherzig alles Gebrüll verschlucken. Die Kinder begrüßten den Vorschlag mit nämlichem Gebrüll. Der Vater, der ihn eingebracht hatte, beiläufig und wie spontan, rieb sich die Hände und kaufte neue Angelhaken. Eines dieser unverschämt weißen Schiffe fahren und große Wellen machen! Vier Betten müßte es haben. Im Monat März erwischte ihn eine Freundin der Familie beim Studium von Bootsaufrissen. Sie nahm erst Anteil, dann nahm sie teil, wobei sie auf ihre gleichfalls schwierige Tochter verwies. Also ein Boot mit sechs Betten. Im Monat April besuchte uns eine Nachbarin, die den besten Einfall von allen hatte: Sie vertraute uns ihre Tochter an und blieb selber zu Hause, in Ruhe und Frieden. Man zählt die Häupter seiner Lieben, bei Gott, auf einmal sind wir sieben.

Drei Monate später, an einem Samstagabend um zehn, pünktlich zum letzten Sonnenstrahl, treffen wir in Carrick on Shannon ein: vier Kinder, zwei Frauen, ein Mann und ein Berg von Koffern, den zu bewegen wir nicht manns genug sind. Wir empfinden es als eine gewisse Erleichterung, daß einer der Koffer auf dem Luftweg nach Dublin verlorengegangen ist; er enthält zwanzig Paar Schuhe, darunter die schweren Gummistiefel. Ein herrlicher Abend! Der starke Wind trägt barmherzig die Klagelaute der müden Kinder über den Fluß hinweg ans jenseitige Ufer.

Wenn wir uns nun endlich anschicken, das süße Leben an Bord unserer Luxusjacht »Dromoland Star« zu beschreiben ... Vielleicht ist es nötig, vorher eine geographische Bemerkung zu machen. Irlands sanfter großer Fluß, der Shannon, entspringt in den halbwüchsigen Bergen des Counties Cavan, in einer wenig besiedelten Gegend, in der Erz und Kohle und Rebellen gegen England vorkommen. Kaum hat der Shannon die Ebene erreicht, verliert er an Temperament und gewinnt an Breite. Gemächlich wandert er nach Süden, quer durch die Insel, Seen bildend, um sich auszuruh'n, mäandernd, um sich umzutun, bis er sich schließlich im Südwesten hinter Limerick dem Atlantischen Ozean einverleibt. Sein Leben währet 368 Kilometer lang, und laut Wasserstraßenordnung dürfen wir ihn auf reichlich 200 Kilometer begleiten. Seitdem es in Irland überall gute Straßen gibt, ist der Shannon als Handelsweg nichts mehr wert; seitdem es in Irland Tourismus gibt, wird er von Jahr zu Jahr teurer. Alle, die ihn bereist haben, preisen ihn als ein einzigartiges Revier für Ferienkapitäne und Angler, für Segler und Vogelkundler, für Eltern, die sich von ihren Kindern erholen, und für Eltern, die sich trotz ihrer Kinder erholen wollen.

Wer heutzutage in einen deutschen Fluß fällt, ist vom Gifttod bedroht. Im Shannon lauert nur die altmodische Gefahr des Ertrinkens. Mehr braucht über das Wasser nicht gesagt zu werden.

Berühmt ist der Fluß für seinen Fischreichtum. Hechte und Barsche treten sich gegenseitig auf die Flossen. Auch andere Sagen und Fabeln werden vom Shannon erzählt. Eine jüngere behauptet, das staatliche Touristenamt gebe jeweils zur Hochsaison eine Anweisung an alle Fische des Landes heraus, sie möchten, um den Fremdenverkehr zu fördern, vorzugsweise bei Ausländern anbeißen, Engländer ausgenommen, und nur so viel Widerstand leisten, als der Angler zur Stärkung seines Selbstwertgefühls braucht, ohne seine Kräfte zu überfordern. Man muß dies in den Bereich der Fabel verweisen.

Carrick liegt am Oberlauf des Shannon, eine kleine Stadt, die aus einer schweren grauen Steinbrücke und ein paar daranhängenden grauen Häusern besteht. Bemerkenswert ist das Eckhaus des alten J. P. Murray: ein Lebensmittelladen mit Alkoholausschank, eine Art getarnter Kneipe, worin man, vom Ortspolizisten geduldet, noch stundenlang sitzen und trinken kann, nachdem das Licht gelöscht und die Stimmen herabgeschraubt sind. Draußen fließt hellgrau der Shannon und drinnen fließt dunkelbraun das Bier von Guiness, dessen Farbe so sehr an die Fluten des heimatlichen Mains erinnert.

In Carrick pflegen die meisten irischen Bootsabenteuer anzufangen. Hölzerne Stege greifen weit ins Wasser hinaus, und hundert weiße Kajütkreuzer schaukeln einladend vor sich hin, Dreimannboote und Rekord-Achter wie unser »Dromoland Star«. Wenn wir uns also anschikken, das süße Leben an Bord unserer Luxusjacht ... Wie sieht sie eigentlich aus?

Groß sieht sie aus, gewaltig sieht sie aus. Ihr fehlt nicht viel zu einem Omnibus. Wir wollten doch nur eine Bootspartie unternehmen, und jetzt sollen wir mit einem Omnibus fertigwerden! Der »Dromoland Star« (Betonung auf der zweiten Silbe) ist nicht nur das klangvollste, sondern auch das größte Schiff, das man auf dem Shannon chartern kann. Es mißt in der Länge 12,70 Meter und in der Breite 4 Meter. Obwohl wir seine Ausmaße schon zu Hause getestet haben – es reicht vom Balkon bis in die hinterste Schlafzimmerecke –, durchfährt uns ein gelinder Schrecken, als wir es an jenem Samstagabend vor uns liegen sehen. Und es wächst und wächst, je weiter wir den Steg hinabgehen. Wir hören die warnenden Stimmen erfahrener Freunde: Mit diesem Kahn wird ein Mann allein nie fertig. Schön blöd von den Iren, daß sie so ein Ding für 80000 Mark jedem hergelaufenen Nichtskönner überlassen. Die Iren, sagten wir damals indigniert, haben eben eine großzügige Auffassung von Gastfreundschaft.

Wenn wir uns nun anschicken ... Sieh an, es schaukelt nicht mal, wenn wir an Bord gehen. Tatsächlich haben wir es weniger mit einem Boot als mit einer schwimmenden

Vierzimmerwohnung zu tun. Vorn im »Salon« finden wir als erstes ein gewaltiges Fernglas: das werden wir wohl brauchen, um von der Brücke aus zu erkennen, was sich auf dem Achterdeck begibt. Zwei Stufen führen ins Schiffsinnere hinab. Den Haustürschlüssel noch in der Hand, versammeln wir die Mannschaft zur Begehung der Räumlichkeiten. Die drei Kammern sind wie zierliche Hotelzimmerchen ausgestattet, Betten, Waschbecken, Einbauschrank, Nußbaum. Die Kombüse bietet mit Backofen, Grill und Kühlschrank mehr Möglichkeiten, als einer Hausfrau im Urlaub lieb ist. Den beiden Toiletten wohnt ein merkwürdig verzwicktes Pumpsystem inne, vermutlich eine Erfindung der Trimm-dich-Bewegung.

Das Pensum, das wir am ersten Abend zu lernen haben, ist klein: Lichtschalter und Gashähne, elektrische Wasserpumpe und Ölheizung. Der bärtige Herr, der alles geduldig erklärt hat, springt an Land und läßt uns zurück auf einsamer Insel, vierzig Quadratmeter groß. Von der Zivilisation verdorben, vom Wasser gewiegt, vom Komfort eingelullt, dämmern wir weg in dem Irrglauben, wir seien zur Natur zurückgekehrt. Freilich sind wir ihr ziemlich nahe; wir hören sie unterm Bett am Fiberglas schwappen.

Am nächsten Morgen haben wir das Wasser sogar auf dem Dach. Flüsternder Regen ist das angenehmste Geräusch, wenn man im Bett liegt und nicht aufstehen will; es nagelt einen sozusagen auf der Matratze fest. Um halb zehn wollte der bärtige Instrukteur zur Fortsetzung des Lehrgangs erscheinen, aber er kommt erst um elf, als wir frühstücken, und schlägt eine Tasse Tee nicht aus, die er innerhalb von anderthalb Stunden leert. Zeit zählt in Irland nicht, oder vielleicht existiert sie nicht einmal, und an diesen wunderbaren, glücklichen Zustand müssen wir uns erst noch gewöhnen. Wir brennen darauf, endlich loszufahren. Die Maschine wird inspiziert: ein 72-PS-Diesel, der bei fünfhundert Umdrehungen alle Tassen im Schrank tanzen läßt, sich bei tausend beruhigt und bei fünfzehnhundert Touren nur noch ein fernes, dumpfes Grollen von sich gibt.

Wir legen ab, laufen aus, legen an, halbe Kraft zurück,

Vorderleine wieder los, Achterleine los, halbe Kraft voraus. Der Bärtige greift rechtzeitig zu, als die Dreijährige zum erstenmal über Bord fallen will. Der Vater hat sich ungeachtet der schleichenden Emanzipation in seiner Familie selbstherrlich zum Kapitän ernannt; er glaubt sich durch technischen Verstand und einen Sinn fürs Hydrodynamische befähigt. Ein Bootsführerschein ist nicht nötig, statt dessen fordert der Vermieter 200 Mark Kaution. Nichts ist leichter als ein Schiff zu manövrieren, wenn man zweierlei bedenkt: daß es wie ein rückwärts fahrendes Auto immer hinten ausschwenkt und daß es wie ein auf Glatteis fahrendes Auto immer noch ein bißchen in der alten Richtung weitergleiten will. Erst später lernt man dann noch allerhand dazu. Daß heftiger Wind, heftige Strömung sowie auch heftige Kinder alle Manöver ganz schön erschweren. Als wir von der Probefahrt zurückkehren, verheddert sich der Sechsjährige in der Leine, die er an Land zu werfen versucht, schwebt für einen Augenblick über dem Abgrund, kann sich jedoch festhalten und überspielt den Schrecken mit hysterischem Gelächter. Das darf natürlich nicht passieren, wird er belehrt, kein rechter Fahrensmann läßt die Leine ins Wasser fallen, sie gefährdet die Schraube, klar? Wir knöpfen uns die Kinder noch mal vor und ziehen die Gurte der Schwimmwesten fester.

Der Regen hat aufgehört, das süße Leben kann anfangen. Leise grollend schraubt sich das Schiff flußaufwärts. Wir durchfahren jede Menge schönster Natur, brav teilen sich die Wasser unterm Bug, stramm steht das Schilf, und überall laufen irische Kühe platsch-platsch über immergrüne Weiden. Bojen und Baken markieren den schiffbaren Weg, die roten läßt man links, die schwarzen rechts liegen, ein wahrhaft liberaler Kurs.

Aus der Kombüse kommt ein Hauch von Eiern und Speck. Aus der Kombüse kommt zweitens ein markerschütterndes Kindergeschrei; es klingt so, als würden die Kleinen geschlachtet, obwohl sie sich in Wahrheit nur darum streiten, wer das Ei mit dem zerlaufenen Dotter essen muß. Das leise Grollen der Maschine, das helle Kreischen aus Kindermund, dieses merkwürdige Geräuschgemisch wird uns noch lange im Ohr bleiben. Rundum ist ländliche Stille. Wir biegen in den kleinen Boyle River ein und lassen uns in der Schleuse von Knockvicar zu einem prächtig glitzernden See hinaufheben, der voller Inseln ist, vor Untiefen wird gewarnt.

Als wir Carrick verließen, zogen wir unzweifelhaft ein Beiboot hinter uns her; als wir im Lough Key anlegen, ist es unzweifelhaft nicht mehr dran. Alle mal herhören, wir haben das Dingi verloren! Aber in der Schleuse war es noch... Heute können wir nicht mehr suchen. Der Käpt'n eines Ausflugsdampfers sagt das schöne Wort: Hier bei uns ist noch nie etwas verlorengegangen.

Am nächsten Tag, auf einer Erkundungsfahrt, entdekken wir das Dingi im Fernglas, es ist an Land gespült worden. Ein freundlicher Helfer holt es mit seinem Ruderboot aus dem flachen Uferwasser, es kostet ihn viel Kraft und Zeit, denn der See ist mit einem Mal aufgewühlt und fuchsteufelswild. Nachher, aufatmend, daß alles überstanden ist, bedanken wir uns, verabreden ein Wiedersehen, legen ab und – herrje! – setzen unsere Luxusjacht mit einem häßlichen Knirschen auf die Felsbrocken am Ufer. Ein schwerer Schlag für uns und unser Boot. Schon sehen wir uns vor einem nautischen Gericht stehen, pudelnaß, der Vorsitzende dröhnt: »... ungeheure Anmaßung des Angeklagten, der sich einbildete, dieses stolze Schiff, dessen Verlust wir alle beklagen, ohne Sachkenntnis zu navigieren, ohne Mannschaft, in Gesellschaft eines Kindergartens...«

Bei jedem Wellenschlag kreischt das Schiff gequält auf. Die Vierjährige fragt ungeduldig: »Wann sinken wir denn endlich?« Kinder dieses Alters haben keinen Sinn fürs Außerordentliche. Da wirft man ihnen die atemberaubendsten Abenteuer vor, und sie wollen wissen, wann es spannend wird. Auch der Sechsjährige: Mach doch mal, daß wir sinken! Verdammt noch mal, seid ruhig, es wird jetzt nicht gesunken.

Ein anderer Kajütkreuzer zieht uns heraus, mit dem gleichen häßlichen Knirschen, mit dem wir gestrandet sind. Schwitzend, erschöpft, nervös, gleichsam in Untergangsstimmung lassen wir die Maschine an, erst mal weg vom Ufer, aber das Schiff gehorcht nicht und wendet sich zielstrebig wieder den Felsen zu. Da geben wir's auf, werfen den Anker, steigen ins Rettungsboot und rudern hoffnungslos aufs nächste Telefon zu.

Zu den angenehmen und geradezu typischen Überraschungen dieses Landes gehört immer wieder die: alles ist nur halb so schlimm. Der Mechaniker repariert das Ruder, plaudert über den schönen Tag, nippt an seinem Tee. Alles nur halb so schlimm. Immer passiert es bei diesem Bootstyp. Ein Konstruktionsfehler. Ach so. Das defekte Ruder war nicht die Folge, es war die Ursache. Der rehabilitierte Kapitän richtet sich innerlich auf und blickt im Kreis herum: Davon war ich gleich überzeugt. Zurück nach Carrick, dort wird man die Sache endgültig in Ordnung bringen. Reich mit Erfahrungen beladen, seemännisch ertüchtigt und mit einer an Sicherheit grenzenden Lässigkeit steuern wir das bißchen Schiff in zwei Stunden an den Ausgangspunkt zurück. Nachmittags um fünf verlassen wir den hölzernen Steg zum zweitenmal, jetzt flußabwärts.

Wenn wir uns nach vielen vergeblichen Versuchen aufs neue anschicken, von Bord unserer Luxusjacht »Dromoland Star« zu berichten, so wird uns nichts und niemand mehr aus dem Konzept bringen . . . Oder wurde der Hecht noch nicht erwähnt? Bei den Kindern der Stadt Athlone, die unser Schiff umlagern, erregen wir mit dem Fisch allerhand Aufsehen. Er wiegt neun Pfund und ist einen Meter lang. So einen Hecht kennen die meisten Angler nur aus Büchern, wir aber sollen ihn aus der Pfanne kennenlernen. Die Frauen besorgen Kräuter in der Stadt, die Kinder umringen staunend das Beiboot, worin der Familienvater Metzgerarbeit leistet. Das Ausnehmen dauert zwanzig Minuten. Dann ist er sauber, entschuppt, ein Stück wie aus dem Schaufenster, und dann rutscht er aus den Fingern und versinkt in der Tiefe, unwiederbringlich. Unwiederbringlich? Auf der Stelle werfen wir uns die Taucherbrille über, ihn zu verfolgen. Er ist tot, er flüchtete, kopflos, und dennoch bleibt er spurlos verschwunden. Wir haben ihn geschenkt bekommen, das ist ein Trost. Der Verlust eines selbst gefangenen Hechts von neun Pfund muß einen Angler in tiefste Depressionen treiben. Ein anderer Trost, meint jemand, ist doch, daß wir ihn wenigstens gefilmt haben. Das Wiedersehen wird schmerzlich sein. Abends spielen wir Mensch-ärgere-dich-nicht.

Wenn man auf dem Shannon reist, hat man selten Gelegenheit, Geld auszugeben. Obwohl der Fluß durch das Herz der Insel geht, berührt er nur wenige Städte, wovon Athlone mit 10000 Einwohnern die bedeutendste ist. Wir liegen zwei Tage dicht bei der Brücke, um die Stadt und ihre Lädchen zu erbummeln, dann brummeln wir wieder stilleren Ufern zu. Die schwimmende Wohnung wird jeden Tag zwanzig, dreißig Meilen verlegt. Die Dörfer gefallen uns. Nester unter wuchernden Bäumen. Kleine, graue Häuser, die sich um Poststelle, Pub und Gemischthandel scharen: Weißbrot, Braunbrot, Eier, Käse, Speck und Schinken, fertig ist das Dorf. Die Schleusenwärter sind zu jedem Schwatz bereit, sie stemmen unterdessen die schweren Holztore auf, leiern an den Wasserflutern und bewahren mit der linken Hand eines unserer Kinder vor dem Fall. Ein Tag Regen, ein Tag Sonne, zwei Tage wedernoch: Wir warten auf Sonne und freuen uns am Regen und rätseln lange herum, wofür der Himmel sich als nächstes entscheiden wird.

Das Leben an Bord ist nicht minder abwechslungsreich. Einmal schneidet sich dieses Kind in den Finger, einmal fällt jenes die Treppe herunter. Ständig werden wir zwischen wohligster Entspannung und jähem Erschrecken hin- und hergerissen. Wie durch ein Wunder stürzen die Kleinen immer nur beinahe ins Wasser, dies jedoch dauernd. Wir glauben, den Flügelschlag des Schutzengels zu hören, aber wenn wir aufblicken, sind es immer nur die Möwen. Wir übernachten in winzigen Häfen, wo sich nachts immer ein halbes Dutzend Schiffchen für die Nacht zusammenkauern, an Holzstegen und Kaimauern, und am Sonntagabend machen wir an einem grünen Ufer fest, wo uns nur Kühe erwarten, um uns sprachlos anzuglotzen. Morgens rudern wir einkaufen nach Shannonbridge.

Das Schiff hat keine Mucken mehr. Es stampft durch die Wellenberge des Lough Ree, wo wir die Bojen mit dem Fernglas suchen müssen, und schiebt sich langsam durch den schmalen Camlin River, wo wir nicht einmal wenden können, wenn uns ein Schiff begegnet. Die Mannschaft, muß man sagen, wächst zusammen. Sie verbraucht zwar 300 Liter Trink- und Waschwasser am Tag, aber das muß der Käpt'n seiner sauberen Crew einfach zugestehen.

Wenn wir uns nun anschicken, von Bord unserer Luxusjacht »Dromoland Star« zu gehen, so ist uns bewußt, daß wir von der Vielfalt des süßen Lebens auf dem Wasser nur einen Zipfel erfaßt haben. Ja, wenn wir noch vierzehn Tage länger gefahren wären!

Auf der letzten Etappe, zwischen Dromod und Carrick, werden die Kinder immer stiller und fügen sich wie natürliche Wesen in die Umwelt ein. Schade, schon vorbei. Zeit zum Packen, Zeit zum Aufräumen. Das Schlachtschiff wird in stundenlanger Arbeit in ein friedliches Kabinenboot verwandelt. Am Holzsteg steht der Mann mit dem Bart und freut sich: Der Kindergarten kehrt vollzählig heim. Und ein Koffer voll Schuhe sei eingetroffen. Nach dem Anlegen, als die Leinen bereits mit fachmännischem Kopfschlag befestigt sind, fällt ohne Anlaß doch noch einer über Bord. Es ist der Käpt'n, und wie erlöst taucht er wieder auf.

Theodor Geus

Die Schöne mit dem zerschlissenen Rock

In Dublin

Als das Taxi über den Grand Canal fuhr, erinnerte ich mich gelesen zu haben, daß es in dieser Stadt mehr Brükken geben solle als in Venedig. Grand Canal oder Canal Grande: unwillkürlich beginnen sich da Gedanken einzunisten an den Süden. Aber da ließ sich auf dem Brückengeländer eine riesige, braungefleckte Möwe nieder, riß ihren Schnabel auf und stieß einen häßlichen, höhnischen Schrei aus. Verrückter Fremder, rief sie mir nach, hast du nicht gemerkt, daß dies kein Ort des strahlenden Lichts und der schmeichelnden Wärme ist, daß sich in diesem Kanal nicht der Prunk marmorner Paläste spiegelt, sondern in ihn die Schatten der Backstein-Fassaden fallen, und daß sich in seinem dunklen Wasser die Farbe eines wolkigen Himmels spiegelt? Man hätte es schon vorher merken müssen, denn durch das offene Fenster, das zu schließen sich der Taxifahrer entschlossen geweigert hatte, drang ein Schwall eiskalter keltischer Luft, die Menschen, die draußen vorbeieilten, stemmten sich gegen einen scharfen Wind, und auf meinem Zettel stand »Bed and Breakfast bei Missis O'Donaghue, Ballsbridge«.

Erste Merkwürdigkeit: Missis O'Donaghue war ein langer, hagerer Mister, auf dessen Gesicht sich nicht die Spur eines Lächelns zeigte. Stumm führte er durch ein Haus, das wohl einmal ein herrschaftliches gewesen war, zwei Treppen hinauf in ein schmales Zimmer mit einem toten

Kamin, mit einem antiken Bett und einer antiken Matratze und mit einem Blick in einen ungeheuerlich grünen Garten. Am anderen Morgen sangen in diesem Garten Vögel laute Arien, noch ehe es ganz hell geworden war. Das Frühstück gab es an einem großen Tisch in einem Raum, an dem festlicher Stuck hing und der gefüllt war mit Nippes und Familienbildern. Mit am Tisch saßen zwei Männer, die in einer seltsamen Sprache miteinander redeten. Sie zwinkerten sich zu, schlugen sich lachend auf die Schenkel und blickten finster auf das Ei und den Speck auf ihrem Teller. War ich Zeuge eines Komplotts, einer Verschwörung? Warum bedienten sie sich der geheimen, nicht für fremde Ohren bestimmten gälischen Sprache? Wohin war ich geraten? Hatte nicht schon der berühmte Doktor Samuel Johnson gesagt, »das ist der letzte Ort, an den ich zu reisen wünschte«. Und als ihn James Boswell drängte, »würden Sie Dublin nicht gerne sehen, Sir«, gab er zur Antwort: »Nein, Sir, Dublin ist nur eine schlechtere Hauptstadt.«

Dieses Dublin. Man hat gefeiert, daß es tausend Jahre alt ist. Warum gerade jetzt, weiß eigentlich niemand so recht. Zwar wurde 988 die Wikingersiedlung an der Liffey von dem tapferen Mael Sechnaill gestürmt. Das mag ein guter Grund sein, ein irischer Grund, denn in diesem Land hält man es mit den Rebellen und Aufrührern. Aber man könnte auch tausendeinhunderteinundvierzig Jahre feiern, denn vor dieser langen Zeit bauten sich hier am Rande eines sturmgepeitschten Meeres die Männer mit den Langschiffen, gehörnten Helmen und roten Bärten ein palisadengesäumtes Piratennest. Eigentlich aber ist Dublin so alt wie der heilige Patrick und die grünen Hügel von Wicklow, es ist so alt wie der Held Cu Ćhulainn und wie die Liebe von Tristan und Isolde. Oder so jung. Denn in einer der vielen Kirchen hielt ein neuer Sankt Patrick eine zornige Predigt wider die Sünden dieser Welt, unter der sich die Männer und Frauen duckten wie ehedem die Heiden. Und obwohl Isoldes Turm, den König Duncan seiner Lieblingstochter bauen ließ, längst zusammengefallen ist und die Erinnerung an sie nur noch in einem schäbigen

Viertel namens Chapelizod – die Kapelle Isoldes – erhalten ist, laufen ihre Ebenbilder durch die Stadt: groß und kräftig, mit Flammenhaar, weißer Haut und hellen, klaren Augen.

»Wenn das Wetter nur einigermaßen schön ist, ist Dublin nicht zu schlagen ... Bei Sonnenschein durch Dublins Green zu gehen, die Üppigkeit des kühlen Grases, die Überfülle an Blumen in der Mittagspause, das kann einem die Arbeit für den Rest des Tages verleiden.« Heute war so ein Tag, wie ihn Brendan Behan beschrieben hat. Es leuchteten die patinagrünen Kuppeln über der Säulenpracht des 18. und 19. Jahrhunderts, im Merrion Park saßen Rentner und Liebespaare auf den Bänken – die einen träge wie alte Katzen in der ersten Wärme und die anderen unruhig vor so viel Frühling –, in der Crafton Street drängte sich eine heitere Menge an den Boutiquen vorbei. Es schien, als läge ein verklärender Schleier über der Stadt, und selbst das schwarze Wasser der Liffey, die wie eine dunkle Ader voll geronnenen Bluts bewegungslos in ihren steinernen Mauern liegt, begann sich gegen Abend in einen silbernen Spiegel zu verwandeln.

Zweite Merkwürdigkeit: Im irischen Fernsehen gibt es eine Sendung mit dem Titel Garda Patrol. Sie soll sehr beliebt sein. Da tritt ein sehr anständig aussehender Polizist auf und erzählt, wo eingebrochen worden ist, was gestohlen wurde und wie viele Autos man geknackt hat. In dieser traurigen Bilanz der schlechten Taten fehlen nicht Raub und Schlägereien. Es sind auch zwei Parkbänke entwendet worden. Mein Gott, denkt der erschreckte Fremde, ist dies eine Stadt der Verbrecher? Doch Dublin ist nicht besser und nicht schlechter als jede andere große Stadt. Aber sie trägt schwer an den sozialen Verhältnissen in diesem Land, denn hier sammeln sich die hoffnungslosen Jugendlichen ohne Arbeit, deren Wut und Verzweiflung sich manchmal in einem wüsten Vandalismus entlädt.

»Eigensinnige Stadt heilloser Träumer, so alt, so krank vor Erinnerung.« Überall sind die Spuren einer Geschichte zu erkennen, die wie kaum sonstwo mit Blut und Haß getränkt ist und die sich nach wie vor im Norden der irischen Insel in einem fanatischen Terror vollzieht. Fast achthundert Jahre lang war Dublin die Metropole einer ausgebeuteten, unterdrückten englischen Kolonie, und das ist ihr anzusehen. Dort, wo sich um 1800 eine kleine anglo-irische Oberschicht eine goldene Ära schuf – südlich der Liffey und rund um das St. Stephan's Green – und wo sich 1849 Königin Victoria, nur etwas verwundert über so viele »zerlumpte und elende« Menschen, mit glanzvollen Banketten feiern ließ, ist die Stadt heute noch so prächtig wie Rom oder Paris, und an den berühmten bunten Türen Dublins glänzen blankgeputzte Messingschilder mit bedeutungsvollen, geldschweren Namen. Aber dort, wo sich nach der Kartoffelpest in der Mitte des 19. Jahrhunderts die Hungrigen und die Heimatlosen zusammendrängten, ist Dublin heute noch düster und traurig. Hier sind die Haustüren nicht mehr bunt, und sie zieren keine Schilder: Hier wohnt niemand, wenigstens niemand von Bedeutung. Es riecht nach Kohlsuppe und Torfqualm.

Manche Gegensätze in dieser Stadt sind unbegreiflich und schneiden ins Herz. Da klingt plötzlich durch das Getöse der Autos der magische Ton einer Harfe oder die melancholische Weise einer Flöte. Am Morgen blickte ich vom Misery Hill am gewaltigen Zylinder des städtischen Gasometers vorbei und über verfallene, vom Gras überwucherte Fabrikhallen auf die Quays, und am Mittag speiste ich in einem der vornehmen Clubs mitten zwischen lauter Herren an einer reich mit Silber gedeckten Tafel. Rund um das Trinity College und in der Straße, in der sich die Banken Königen würdige Festsäle gebaut haben, tragen die Mädchen sehr kecke kurze Röcke und die ersten Spuren der Sonne im Gesicht, in den Liberties jenseits der alten Stadtmauer spielen in Hinterhöfen schmutzige Buben mit leeren Büchsen Fußball. Im Phoenix Park, dem riesigen grünen Fleck in der Stadt, ritten Gentlemen gelassen auf stolzen Pferden über makellose Wiesen, draußen in den Docks lümmelten junge Männer in Rockerkluft an kahlen, mit Stacheldraht bewehrten Mauern. Die Stadt hat zwei Burgen: Dublin Castle aus ehrwürdigem grauem

Granit und dort, wo die Liffey schon schmal wird, Guinness Castle mit den glänzenden Zinnen gigantischer Biersilos und Türmen, aus denen süßlicher Rauch quillt.

Dritte Merkwürdigkeit: Es war nur ein einfacher Zettel, der am Fenster klebte. Im White Horse Inn am Burgh Quay würden Balladen und traditionelle Musik geboten. Das White Horse Inn ist kein nobles Haus. Manche würden sagen, eine Spelunke, in der am Nachmittag die alten Männer ihr Bier schlürfen. Aber an diesem Abend verwandelte sich »upstairs« ein schmuckloser Raum in einen wundersamen Konzertsaal. Nüchtern waren wir alle nicht mehr, als die jungen Leute zu singen begannen – Lieder des Zorns und des Schmerzes und der Trauer, Lieder von einer jähen, unheimlichen Heiterkeit. Es wurde eine herrliche irische Nacht voller Tabakqualm und Alkoholdunst: noch ein Pint und noch ein Pint. Auf den Tischen lagen klebrige Lachen. Einer der Männer saß in der Ecke. Er schrie nicht mit und lachte nicht mit. Er saß stumm da, und ab und zu rann ihm eine Träne aus den Augen. Aber plötzlich stand er auf und rief: »Jetzt gehe ich hinaus und sprenge die Nelson-Säule.« Die anderen jauchzten vor Vergnügen, denn die Nelson-Säule steht längst nicht mehr. Andere Rebellen haben sie schon vor Jahren in die Luft gejagt.

Immer wieder gibt es Augenblicke der Verzauberung in dieser Stadt. Nirgendwo findet man zum Beispiel einen melancholischeren Friedhof als den von Glasnevin – ein Wald von Grabsteinen, vornübergebeugt vom Alter und aneinandergelehnt, als wollten sie sich gegenseitig vor dem Fall bewahren. Und es stehen gewaltige Engel da mit gebrochenen Schwingen, traurige, gottverlassene Engel, die nie mehr himmelwärts fliegen werden. Hier sind die Berühmten begraben und die kleinen Leute. Auf einem Stein waren viele irische Vornamen eingemeißelt: Liam, Sean, Goffraidh und so weiter – mit dem kleinen Zusatz »Sie starben früh«. Und hinter der Friedhofsmauer steht noch unverändert Kavanagh's Pub, in dem früher die Sargträger das Leid dieser Erde hinunterspülten mit einem Pint Bitter: ein Prosit auf die Erlösten. Nirgendwo spürt man mehr die Vergangenheit als in der Krypta der Christ Church Cathedral mit ihrem modrigen Normannengeruch. Bevor man hinuntersteigt, muß man ein Schild lesen, daß der Staub der Jahrhunderte, der an den Schuhen klebt, den schönen Boden der Kirche ruiniert. Man möge sich schnell entfernen. Nirgendwo spürt man mehr das Leben als in der Green Street mitten unter den derben Marktfrauen mit ihren rüden Witzen und dem melodischen Singsang zum Lob ihrer Waren: »A bunch of roses, six a pound« – das ist wie ein kleines Lied.

Dublin ist tausend Jahre alt. Das kann auf vielerlei Art gefeiert werden. In der St. Audeon's Church war eine Multivisionsschau zu sehen vom Triumph des christlichen Glaubens über ein dunklen Göttern verpflichtetes Heidentum. »The Flame on die Hill« – Mönche, die hier das Licht der Hoffnung entzündeten, haben es über ganz Europa verbreitet. In einem alten Haus am Ufer der Liffey war eine kleine Ausstellung aufgebaut mit den Titel »The Future of Dublin«. Sie ist ein verzweifelter Aufruf gegen die Vernichtung der historischen Stadt. Tatsächlich ist der Verfall unübersehbar, im Norden und im Westen der Stadt vor allem, am Ufer des Flusses. Manche sagen, es sei ein organisierter Verfall, um Platz zu schaffen für Bürohochhäuser und Schnellstraßen, ein organisierter Verfall auch gegen eine unzeitgemäße romantische Anhänglichkeit. Es scheint, als würden Dublin nicht noch einmal tausend Jahre gewährt werden – dieser Schönen mit dem zerschlissenen Rock und den Löchern in den Strümpfen. Zumindest wird es dann keine Stadt mehr sein, die zu lieben und zu hassen, zu bewundern und zu verachten und für die zu sterben sich lohnt, wie so viele taten: die Dichter James Joyce, Sean O'Casey, das versoffene Genie Brendan Behan, Jonathan Swift und Oscar Wilde oder der Aufrührer Patrick Pearse.

Theodor Geus

Eile schadet der Seele

Im Süden Irlands

Nichts ist einfacher, als nach Irland zu reisen. In grün gestrichenen Flugzeugen mit Stewardessen in grünen Uniformen – manchmal haben sie sogar grüne Augen – ist es nur ein Katzensprung von der Mitte bis an den Rand Europas. Und Fährschiffe pflügen durch ein grünes Meer. Aber nichts ist schwerer, als Irland zu verlassen. Nicht nur, weil ein irischer Abschied lange dauert mit Händedruck und Umarmung, frommen Wünschen – »God bless you, Sir« sagt auch der Gepäckträger – und dem verschwörerischen Einverständnis, wiederzukommen, sondern weil dieses Land Spuren hinterläßt in der Erinnerung.

Heimzu saß einer jener Männer im Flugzeug, wie sie auf dieser Insel leben: groß, stark, mit struppigen Haaren, ein buntkariertes Hemd über den mächtigen Brustkorb gespannt und mit riesigen irischen Händen. Auf seinem Tikket stand der Name irgendeiner kanadischen Stadt. Er sah aus, als habe seine Reise etwas Endgültiges. Dies ist der Unterschied: Wenn Fremde Irland verlassen, wissen sie, daß sie zurückkehren können, wenn Iren fortgehen, ist es meist für immer – heute wie seit Jahrhunderten.

Ganz unten im Süden, wo sich die Grafschaft Kerry in unzähligen Buchten im Ozean verliert, gibt es einen Felsen, von dem ein letzter Blick möglich war auf die Schiffe, die nach Amerika fuhren. Hier standen die Zurückgebliebenen und weinten. Und die auf den Schiffen weinten auch und nahmen ihre Sehnsucht mit nach Boston, New York oder Baltimore.

Wahrhaftig, Paddy O'Shea's Kneipe ist kein Luxusetablissement. Vor dreißig Jahren vielleicht hatte der violette Plüsch noch geleuchtet und war das Messing noch blitzblank. Jetzt trockneten kleine Bierlachen auf dem Tresen und der bittere Geruch von Generationen ehrbarer Trinker füllte den Raum. Aber dies ist der rechte Ort für die ersten Lektionen einer Gebrauchsanweisung für Irland.

Wer in diesem Land unterwegs ist, muß den Unterschied kennen zwischen pints und glasses, den Unterschied zwischen großem Durst und einem flüchtigen Schluck. Er muß wissen, daß Whisky mit einem kleinen e geschrieben wird, Whiskey also, der sanft und warm durch die Kehle rinnt als Trost für die Traurigen und als Lust für die Fröhlichen. Er muß lernen, daß ein Gespräch an der Bar noch mehr wert ist als die Fernsehbilder, die unbeachtet aus dem Apparat in der Ecke dringen, und daß irische Gespräche Stunden dauern können. Zum Anfang genügt oft schon ein kurzer Blick über sämige Guinness-Schaumkronen oder »nice weather, isn't it?«. Nur Mut – man darf dies sagen, auch wenn draußen Regen in Strömen fällt. Paddy O'Shea's Kneipe übrigens muß man nicht lange suchen. Es gibt sie überall.

Wer Glück hat, lernt anderes schon vor der Ankunft. Nebel in Dublin. Das Flugzeug konnte nicht starten. Was mit mitteleuropäischer Ungeduld nur schwer zu ertragen ist, kann Iren nicht erschüttern. Als Gott die Zeit schuf, hat er genug davon gemacht, sagt man auf der Insel. Vielleicht stehen deshalb die meisten Wegweiser hinter Büschen als ein verschmitzter Anschlag auf hastige Autofahrer und ist auf großen Tafeln an den Hauptstraßen »Speed kills« geschrieben. Schon Shakespeare schickte die englischen Könige gern nach Irland zu einem kleinen Krieg oder einem großen Gelage, um Bösewichtern Zeit genug zu geben, das Netz der Intrigen zu spinnen. Aus Irland kamen die Recken immer zu spät zurück, verzaubert von einer Fee mit roten Haaren oder einfach daran gewöhnt, den Tag nicht zu früh zu beginnen.

Belehrt, daß Eile der Seele schadet, und geübt in der Kunst des Trinkens, kann man sich getrost auf die Reise in den irischen Frühling machen, zum Beispiel nach Süden zu, »wo der Wind die Palmen kämmt«. Wir hatten gelacht über den poetischen Ausbruch eines Gefährten. Aber er hatte ja recht. An den Gestaden der Keltischen See wachsen Gärten in mediterranen Farben mit Blumen und Bäumen aus fernen Ländern. Der Golfstrom ist hier stärker als die kalten Wolken, die über das Meer fliegen. Und hier ist Irland noch ein wenig grüner als anderswo – grün und gelb vom Stechginster, blau und rosa von den ersten Rhododendronblüten, die in ein paar Wochen das Land überfluten werden.

Die Wege in den Süden sind schmal und gewunden. Sie führen durch die Vorzeit, das Mittelalter und die Gegenwart. Die Gegenwart: Noch immer ist Irland, das so wohlbestellt aussieht, ein armes Land voller Wiesen, Kühe und Schafe, aber ohne Schornsteine, die ein wenig mehr Reichtum brächten. Jetzt ist Irland Mitglied der Europäischen Gemeinschaft, und vielleicht wird dadurch »der Kahn, der untrennbar an den leck geschlagenen britischen Dampfer gekettet ist«, etwas besser schwimmen, weil die Bauern für Milch, Butter und Fleisch höhere Erträge erzielen. Doch zu lange schon hat die Insel Menschen exportiert: Polizisten für New York, Kellnerinnen für London. Die Lücken, die sie hinterlassen haben, sind sichtbar. Überall stehen die in den Boden verwurzelten Steinhäuser mit dem eingeschlagenen Dachfirst. Wer fortgeht, schlägt das Dach ein, weil er dann keine Steuern mehr zahlen muß. In den zerbrochenen Häusern, die ein namenloses Schicksal tragen, nisten jetzt Vögel. Geschichte, so lernt man aus diesen malerischen, romantisch von Moos und Löwenzahn überwachsenen Ruinen, ist erbarmungslos, irische Geschichte zumal, die eine endlose Kette von blutigen Kriegen, Unterdrückung und Ausbeutung ist. Fast alles davon kam aus England, das an der Insel jenseits des St. George's Channel das Kolonisieren einübte. Dies erklärt das tiefe Mißtrauen gegenüber dem Nachbarn und die Sympathie für die nordischen Katholiken. Es ist eine inoffizielle Sympathie, die den Behörden Sorge macht und Maßnahmen erfordert. Irgendwo zwischen Cork und Waterford war ein englischer Earl für ein paar Tage auf sein Schloß gekommen. Unten auf den Wiesen am Fluß trieb ein alter Mann die Kühe zusammen, während die Polizei die Zugbrücke besetzt hielt. Auf das schöne pastorale Bild fiel mit einmal ein düsterer Schatten.

Das Mittelalter: Irlands große Zeit der Heiligen und der goldenen Fibeln hat viele Namen. Clonmacnoise etwa, hoch über dem Shannon, mit grauen Hochkreuzen, zwischen denen Schafe weiden, zerzaust vom Wind und den Überfällen der Gälen, Wikinger und Normannen. Oder Rock of Cashel, der Legende nach ein Stück aus dem Gebirge, das der Teufel herausgebissen und in die Ebene gespuckt hat als Sitz von Königen und Bischöfen, noch im Zerfall ein Kleinod der Steinmetzkunst, das unaufhörlich Krähen mit heiseren Schreien umkreisen. Oder Glendalough, die Klosterstadt des heiligen Kevin, in einem wilden, smaragdgrünen Tal mit einer vom Efeu fast verschlungenen Kathedrale und Steinen voll von magischen Zeichen.

Und als sei dies nicht genug, wird auf Schloß Bunratty Mittelalter auch noch nachgespielt – zweimal täglich. Man erzählt, Amerikaner hätten Tränen der Rührung in den Augen, wenn sie, nicht mehr ganz fest auf den Beinen vom Met und erhitzt von der Arbeit, mit bloßen Händen zu essen, dieses fast ironische Bankett verlassen. Gewiß, die Mädchen in Kostümen aus dem 15. Jahrhundert singen die alten Lieder mit schönen Stimmen, die Harfe klingt gut, und die Geige, gespielt von einer Frau mit einem versteinerten, traurigen Gesicht, hat einen süßen Ton, aber so recht fröhlich – und nicht einmal sentimental – kann man hier nicht werden in einer grölenden und rülpsenden Menge. Ein Stockwerk höher in dem rosafarbenen Schloß steht noch das Bett – so lang wie breit – eines der kriegerischen O'Brien, die hier einst Herren waren, und es sind ein paar dunkle Bilder und ein spanischer Tisch, angeschwemmt aus einem gesunkenen Schiff, übriggeblieben. Einem O'Brien, da kann man sicher sein, hätte nicht gefallen, was der Shannon Development Corporation und Tausenden von Touristen gefällt.

Urzeit: Ehe sich Irland noch einmal aufbäumt, um bei den Cliffs of Moher jäh in den Atlantik zu stürzen, führt der Weg durch die Burren, ein Land aus Stein, abgeschliffen in Jahrtausenden und abgenagt von der Zeit wie ein Knochen, über das der Himmel eine maßlose Stille schüttet. Und doch sind die Burren voll Leben. Dolmen erzählen uralte Geschichten, und in den Felsspalten blühen geheimnisvoll jetzt im Frühjahr wilde Primeln und im Sommer Orchideen.

Zwischen den Zeiten liegt die irische Landschaft. Sanft und mild, durchzogen von den Bohireens, schmalen Straßen, auf denen die Kühe Vortritt haben, und eingebunden in ein Netz aus steinernen Wällen. Oder wild und braun in den Bergen von Kerry, wo nur noch zottige Schafe hausen. Manchmal stehen bucklige Häuser am Weg, gestrichen in stechendem Rosa oder Hellblau, als wäre noch nicht genug Farbe in der Natur, und manchmal begegnet man Menschen – Schäfern und Torfstechern und Hütejungen –, Menschen in geflickten Hosen.

Durch Irland reisen kann man auf zweierlei Art. Auf die offizielle mit den von der Irischen Fremdenverkehrszentrale verordneten offiziellen Abenteuern wie der Flußfahrt im Kabinenkreuzer auf dem Shannon und dem Bummel durch das Land im Zigeunerwagen oder auf inoffizielle Weise: einfach dahintreiben nach Lust und Laune, Hügel hinauf und hinunter. Gras durch die Finger gleiten lassen und Sand an menschenleeren Stränden unter den Füßen spüren.

Für den, der so reist, hält das Land wundersame Ereignisse bereit. Die Entdeckung des Friedens und der Stille zuerst, den schönen Blick über einen verwunschenen See, die Teestunde in einer mit allerlei kitschigem Krimskrams vollgestopften niedrigen Stube bei dampfendem braunen Brot und Rosinenkuchen, oder himmlische Nächte in den Himmelbetten alter Herrenhäuser. Auch der Kampf am ersten Grün gehört dazu, wenn der Besitzer des Golfplatzes angstvoll den Blick zum Himmel wendet

– irgendeiner der vielen irischen Heiligen muß doch für Golfplätze zuständig sein – angesichts des Ungeschicks seiner Gäste, die, statt den Ball zu treffen, Furchen in den makellosen Rasen ziehen. Vergessen wir auch nicht das irische Frühstück, bei dem man sich, stumm und mit erwartungsvoller Neugier von liebenswürdigen Gastgebern betrachtet, mannhaft zur Wehr setzen muß gegen einen Topf Porridge und Sahne von sehr glücklichen Kühen, gegen Eier und Speck, Blut- und Leberwurst, geräucherten Fisch und als Krönung einen Irish coffee – Whiskey mit einem Hauch Kaffee also. Vergessen wir nicht prunkvoll blühende Gärten und Schlösser, manche wie Kramläden der Erinnerung an bessere Zeiten, oder das vulgäre Vergnügen des Pub-Lunch – in der einen Faust das Glas Bier, in der anderen ein Ungetüm aus Weißbrot, Käse und Schinken.

Und ganz zuletzt, schon wieder mit dem Rücken zu dem weiten, einsamen Land und den Blick über das Meer auf das Festland gerichtet, ist auch Dublin ein Ereignis. Nicht das Dublin der Banken und großstädtischen Säulenpaläste, sondern das der kleinen Leute, die in endlosen Reihen zweistöckiger Häuschen wohnen. Hinter bunten Türen – Dubliner Türen sind Sehenswürdigkeiten ersten Ranges – leben hier Handwerker und Dichter, Arbeiter und Sänger, und meistens ist dies ein und dasselbe.

An diesem Tag hatte Dublin den irischen Sommer eröffnet. Während Mitteleuropäer in der kalten Sonne fröhstelnd den Mantelkragen hochschlugen, trugen irische Mädchen leichte Blusen, und im St. Stephan's Green lagen Punker und Penner auf den Wiesen, blinzelten alte Frauen auf den Bänken in das helle Licht, das Blumenhütchen keck in den Nacken geschoben. In dieser Nacht, so schien es, sang in einem der Pubs ganz Irland mit der zärtlichen Stimme einer jungen Frau, die eine traurige Ballade erzählte, und mit den Stimmen der Männer, die von der Unabhängigkeit sprachen. Selbst der Mond war voll in dieser fröhlichen irischen Nacht.

Theodor Geus

Alle Sünden der Zufriedenheit

Connemara und Donegal

Manchmal ist dies ein wunderliches Land. Es geschah in Sligo: Mitten auf der Hauptstraße stand ein Mann und sang eine whiskeygetränkte Melodie. Lastwagen und Autos fuhren sanft um ihn herum, bis ein Polizist kam und ihn an der Hand faßte, wie man einen Freund anfaßt, ihn auf den Gehsteig führte und ihn, der ein wenig schwankte, an eine Hauswand lehnte. Dort sang der Mann weiter, und sein Blick ging durch alle Mauern hindurch in eine unbekannte Ferne. Es geschah auf dem Postamt in Oughterard: Bevor die Frau den Brief über den Schaltertisch schob, kritzelte sie schnell die geheimnisvollen Zeichen S. A. G. auf den Umschlag. Sie wurde ein wenig verlegen unter dem fragenden Blick, »Saint Anthony Guide«, sagte sie, »das hilft.« Später habe ich es ihr nachgemacht und auf jede Postkarte diese Buchstaben geschrieben. Sankt Antonius, führe sie richtig – man kann nie wissen, wofür es gut ist, wenn Nachrichten über das Meer fahren müssen. Es geschah irgendwo zwischen Maan Cross und Clifden: In alle vier Himmelsrichtungen zweigten die Straßen ab, aber auf dem Wegweiser standen seltsame Namen, die auf keiner Karte zu finden waren. Da sind wir einfach irgendwohin gefahren, verwirrt durch diese gälischen Zauberformeln, und es schien, als lache uns Dullahan, der winzige Kutscher ohne Kopf, der hier sein Unwesen treibt, hinterher. Das also ist Sean bhocht, die arme alte Frau, wie die irischen Barden die Insel nannten, als es die Engländer verboten hatten, dieses Land zu besingen. Das also sind Connemara und Donegal, die Regionen des wilden Westens, die das Meer zerklüftet hat und über denen keltisches Zwielicht liegt. Hier muß man sich darauf gefaßt machen, Feen zu begegnen.

Wäre Mara O'Malley nicht gewesen, hätten wir uns nicht verspätet. Die dicke Mara war die erste, die uns zur ersten Sünde der Zufriedenheit verführte, als sie in ihrem Wohnzimmer zwischen Nippes und Heiligenbildern aus Lourdes Tee servierte, Kuchen und drei Marmeladen und einen Berg Butter, währenddessen sie über das Wetter plapperte. Die Sünde der Zufriedenheit, diese milde irische Faulheit: Von nun an schien das ganze Land darauf aus, dazu zu verführen.

Es war gemütlich bei Mara, und so verging die Zeit. Zum Abschied sagte sie: »Hüte dich vor den Witwen, ihre Flüche haben eine besondere Kraft«, und sie blickte verstohlen zu einer der rosigen Heiligen an der Wand, als habe sie ein Geheimnis verraten, das Fremde nichts angeht. Dann winkte sie uns lange nach dem Weg nach Norden, wo die Straßen immer buckliger und enger werden.

Es war also spät und düster geworden, als sich unendlich der Lough Corrib schimmernd ausbreitete, an dessen Ufer für diese Nacht in einem schönen Herrenhaus ein viktorianisches Bett mit einer tiefen viktorianischen Kuhle wartete. Vor dem Haus standen ein alter Mann mit Gummistiefeln, einer zerschlissenen Hose und einem zerdrückten Hut und eine alte Frau mit Gummistiefeln, einer zerschlissenen Hose und einem zerdrückten Hut. Aber das waren nicht die Hausmeister. Eine Stunde später – zum Dinner mit schwerem Silber und kostbarem Kristall – hatte er sich in einen Sir und sie sich in eine Lady verwandelt, die Konversation der feinen Art machten: »You are fisherman too? Nein? Wie schade!« Ein kleines Mißtrauen blitzte in ihren Augen, denn wer fremd ist in Irland und nicht angelt, muß ein komischer Vogel sein. Am anderen Morgen hatten sie wieder ihre schäbigen Kleider an und fuhren hinaus auf den See – Philemon und Baucis im Kahn, die nie einen Fisch fingen.

Dieser andere Morgen »zwischen Hortensien und fallenden Ohrringen von Fuchsien, rot wie Blut«. Da leuchtete dieses einsame Irland im Sonnenlicht, und über den Lough Corrib war eine mit Perlmutt bestickte Decke gelegt. Es schien, als ob man jenem Garten Eden, von dem der zornige irische Dichter Sean O'Casey sagt, daß er immer so weit weg sei, wie man gerade gehen könne, einen Schritt näher gekommen sei. Es war die zweite Sünde der Zufriedenheit, am Ufer zu sitzen, Kieselsteine zu zählen und aus dem Wind Geschichten zu hören, die Geschichte vom geizigen O'Flaherty zum Beispiel, der das letzte Lamm einer Leibeigenen scheren ließ und nun als Verfluchter um den See geht – zur Strafe auf so dünnen Beinen wie ein Schaf. Und die dritte Sünde war, sich von einem sanften Wind nach Inchagoill treiben zu lassen, auf die »Insel des frommen Fremdlings«, diesen Klingsor-Garten mit kniehohen Farnen, Efeuvorhängen und Modergeruch, in dem eine geborstene Kirche aus dem 9. Jahrhundert, ein Bischofsgrab, in dem ein Schatz versteckt ist, und ein Friedhof verborgen sind. Dort steht ein kleiner Obelisk, der an Lunga, den Steuermann des heiligen Patrick, erinnert. Man sagt, dies sei die älteste christliche Inschrift außerhalb Roms. Auf dieser Insel wird wahr, was der Arzt und Schriftsteller Oliver St. John Gogarty geschrieben hat: »Es ist so, als ob im Märchenland von Connemara am äußersten Ende Europas das Unvereinbare zuletzt zusammenströmte und Süße und Bitterkeit sich mischten.«

Alle Wege durch dieses Land enden am Meer, alle Wege in diesem Land führen durch eine große Stille und durch Sturm, Regen und Sonne. Manchmal erlischt das verführerische Blau der Hortensien und der sich über die Steinwälle ausbreitende rote Flaum der Fuchsien jäh unter den fliegenden Wolken, manchmal regnet es sanfte Schleier, manchmal stürzt Wasser wie aus Kübeln vom Himmel. Wenn dir das Wetter nicht gefällt, sagen die Menschen hier, warte eine halbe Stunde. So ist es immer wieder gewesen. Kaum, daß sich die Welt verdunkelt hatte, fielen

Regenbogen herab. Dann lüfteten die Berge ihre Nebelhüte, Esel hoben ihre gesenkten Köpfe, Kühe standen auf, und der einsame Radler schwang sich in den Sattel. Sogar die Schattenfarben des Moores, ein fahles Braun, ein verblichenes Gelb und das tiefe Violett der blühenden Heide beginnen zu glänzen. Es ist ein seltsames Spiel, das sich die Natur hier erlaubt – ein irritierendes, verlockendes, gefährliches Spiel. Zum Beispiel hinauf zu den Klippen von Cashleen war es warm gewesen, und der Himmel war blau, doch dort oben, wo das Land steil in den Atlantik stürzt, trommelte ein eisiger Wind an die Brust, und über der Insel Inisbroon wurde es schwarz. Der Regen kam plötzlich mit verheerender Wucht und verwandelte den weglosen Berghang in einen Sumpf mit gurgelnden Bächen, die kühl glucksend in die Schuhe liefen. Zum Beispiel: Es war ein traurig-grauer Vormittag an der Dog's Bay, bis aus einem Loch im Himmel die Sonne fiel und der Strand zu einer goldenen Sichel wurde. Niemand sonst war hierher gekommen. Nur ein paar Schafe trotteten herbei, hörten mit schiefgelegtem Kopf dem Gespräch zu, und manchmal nickten sie verständig. Hier habe ich mich ins Gras gelegt – noch eine Sünde der Zufriedenheit – und Wolken gezählt, tausend verschiedene Wolken.

Von Galway nach Donegal und bis hin zu dem schönen Stück irischer Erde, auf dem sich Eire und das britische Ulster berühren. Diese tiefgrünen Hügel, über die tagsüber Schmetterlinge tanzen, nennt man das mörderische Dreieck. Nachts gehört es der Irisch Republikanischen Armee und ihren Sympathisanten. Auf dem Weg dorthin liegen viele Burgen und Klöster, die in der Erinnerung keinen Namen mehr haben. Ich erinnere mich nur, daß sie alle zerstört waren – dunkle Mauern mit leeren Fensterhöhlen, gestürzte Kapitelle, kunstvolle mittelalterliche Steinmetzarbeit, die das Gras überwuchert, jede Ruine ein Mahnmal an die große, dramatische Zeit Irlands, eine Erinnerung an das starke, fromme, düstere Irland. Keine Namen haben auch die Menhire, um die herum Kühe bis zum Bauch in den Wiesen waten, und die Friedhöfe mit schiefen Kreuzen in einer Blumenwildnis, auf denen manchmal wie eine klaffende Wunde frische Erde aufgehäuft und mit Kränzen aus Plastik geschmückt ist. Namen haben nicht einmal mehr die Berge, diese mächtigen, glatten Riesenleiber mit einem dicken, grünen Pelz – bis auf einen, den Croagh Patrick, auf dem der irische Heilige der Versuchung schrill schreiender schwarzer Vögel widerstand und hartnäckig mit einem Engel um irische Seelen stritt. Am letzten Sonntag im Juli erklimmen Tausende Pilger den steilen Kegel, und manche tun es barfuß, damit die Buße schmerzt.

Andere Namen haben sich ins Gedächtnis eingegraben: Cliffony, weil hier Männer mit rauhen Gesichtern um Wagenladungen von Schafen feilschten und nach alter Art in die Hände spuckten, wenn der Handel beschlossen war, Westport, weil diese Stadt so unirisch elegant aussieht mit weiten Plätzen und Lindenalleen, Roundstone, weil hier bunte Schiffe wie flügellahme Vögel im Schlick standen, Dromahair, weil am Ende eines endlosen Parks in einem georgianischen Haus voller kostbarer Gemälde ein erlesenes Mahl bei Kerzenschein serviert wurde, und Lisadell House kurz hinter Sligo, weil dieses finstere Schloß wie eine Rumpelkammer mit verblichenem Glanz vollgestellt ist, durch die die schrullige Herrin des Hauses schlurft und alte Geschichten erzählt.

Manchmal vergehen die Tage langsam in diesem wilden Westen Irlands, denn weder das aus Wällen von Feldstein eingesäumte Donegal noch Connemara, was auf gälisch Hund des Meeres heißt, haben den schönen Reiz des Südens mit seinem Hauch von Palmen. Hier ist verlassenes Land, in dem man einsam und melancholisch werden kann – nicht nur dort, wo sich das Moor und die struppige Heide gegen den Menschen wehren. Die Großväter und Großmütter wissen noch, wie es hier war, als jene Läden die besten Geschäfte machten, in denen Pappkoffer verkauft und in Galway Schiffe mit Auswanderern vollgestopft wurden. Die leeren Gehöfte mit eingeschlagenen bemoosten Dächern, neben denen hier und dort wie ein Funken Hoffnung weniger schöne, aber bequemere Häuser entstehen, sind die einzigen Zeugen für die vielen Tränen Irlands, von denen nicht eine einzige vergessen worden ist. Einer der Torfstecher, der gleich neben seiner Hütte, aus deren Schornstein ein würziger Duft quoll, mit seinem langschäftigen Spaten eine tiefe Furche in den schwarzen Morast gezogen hatte, erzählte davon. Es war ein langes Gespräch mit viel Pausen, und die Worte kamen ihm schwer von den Lippen, als sei er an Sprechen nicht gewohnt. Auch der Fischer redete von der Vergangenheit und daß er bald Abschied nehmen müsse vom Meer, weil sich das harte Geschäft, Segel zu setzen und sich vom Sturm schütteln zu lassen, nicht mehr lohne.

Dennoch – traurig ist dieses Land nicht, denn wem der Wind zu kalt und der Regen zu naß ist, kann jederzeit eintreten in die Kapellen der Behaglichkeit, wie ausgerechnet ein englischer Schriftsteller die irischen Pubs genannt hat. An diese Namen erinnere ich mich genau: Yellow Rose, Angler's Return und O'Donaghue's. Jeder von ihnen steht für eine neue Sünde der Zufriedenheit: an Nachmittage, die bis in die Nacht dauerten mit großen Stücken fangfrischem Lachs auf dem Teller, einem dampfenden Stew und vielen Gläsern voll schwärzlichem, säuerlich schmeckendem Bier. Hier geschah es, daß sich eine schäbige Kneipe, in der auf dem Bord Roßtinktur und Whiskey nebeneinanderstanden, in einen Festsaal verwandelte, als die Männer zu singen begannen.

Kreuz und quer in diesem Land: Überall sind die Spuren der Geschichte zu sehen, überall ist ein mythisches Raunen zu hören. Hier fallen helle Bäche von den Bergen herab, das Wasser schlägt wild an die Felsen, und in den ruhigen blauen Seeaugen spiegelt sich der Himmel. Es ist ein Land, in dem man ohne Zuneigung nichts von seinen Wundern merkt. Manchmal legt es sich schwer auf die Seele, aber es lockt auch mit vielen Stimmen, die Zeit zu vergessen. Auf einem Stein am Meer saß eine irische Loreley mit feuerroten Haaren, und sie summte eine magische Formel. Vielleicht hieß sie »Geh nicht so schnell fort von diesem Land der Gespenster und Heiligen, der Bauern, Kesselflicker und Schafhirten«. Sie muß einen mächtigen

Zauber gesponnen haben, denn sie hat eine Sehnsucht nach dem schönen Connemara ins Herz gepflanzt, die bis heute nicht vergangen ist.

Merete Hall

Zwei Türen zur Bierseligkeit

Über Pubs

»Nichts hat der Mensch bisher erfunden, was so viel Glückseligkeit beschert wie eine gute Taverne oder ein Inn«, so meinte im 18. Jahrhundert der berühmte Doktor Johnson. Er mußte es wissen. Der scharfzüngige Kritiker und Verfasser des ersten bedeutenden englischen Lexikons war ein leidenschaftlicher Fußgänger, der seine Tage mit Vorliebe schreibend oder geistreich plaudernd in Londons Ale-Häusern verbrachte. In seiner Stammkneipe »Ye Olde Cheshire Cheese« an der Fleet Street in London ist noch heute in der dunklen, holzgetäfelten Schankstube mit Sägespänen auf dem Boden alles beim alten – sieht man einmal von den seit damals stark beschnittenen Trinkzeiten ab. Selbst der von Doktor Johnson so viel gepriesene Steak-und-Kidney-Pudding wird noch immer auf drei Stockwerken in den verwinkelten Eßstuben serviert.

Man kann das Pub nicht einfach als englische Kneipe abtun, denn das hieße seine Seele ahnungslos im Bierfaß ertränken. Es verkörpert viel mehr, nämlich englisches Leben in seinen freundlichsten und vertraulichsten Momenten, Launen und Gewohnheiten einer traditions- und klassenbewußten Gesellschaft, kurzum die soziale und geschichtliche Entwicklung eines ganzen Volkes. Und die Engländer behaupten, daß das Pub eine rein englische Erfindung sei, die sich dann auch in Wales ganz gut entfaltete, aber in Schottland immer nur eine armselige Nachahmung blieb.

Der erste Schankraum jedenfalls war die Küche des Ale-Weibes, wo sie schon vor mehr als tausend Jahren ihr selbstgebrautes Bier verkaufte. Allmählich bot sie den besseren Kunden dann die gute Stube als »Parlour« an, und noch später wurde die Küche zum Schankraum mit Theke verwandelt und gleichzeitig der Parlour zum Company Parlour für die gemeinen Leute und die Schlafstube zum Private Parlour für auserlesene Besucher erhoben. So bekam das Pub seine zwei Eingänge – in die Public Bar und in die Salon Bar oder Lounge Bar. Damit entwickelte sich ein faszinierendes System der Selbstklassifizierung, bei dem jeder genau weiß, welchen Türknopf er in die Hand nehmen muß, um auf der anderen Seite seinesgleichen zu finden. Hat sich so der Engländer nach eigenem Gutdünken säuberlich eingeteilt, fühlt er sich im Pub wie zu Hause. Wenn er mit dem ersten Glas Bier dann noch seine angeborene Zurückhaltung hinuntergespült hat, nimmt er es leutselig mit jedem Fremden auf – auch wenn er vorher nicht vorgestellt wurde.

Leider muß man etwas wehmütig eingestehen, daß in den letzten Jahren in der Hauptstadt wie in der Provinz das klassenlose Pub deutlich im Vormarsch ist. Viel buntes Glas und reich geschnitzte Holzverkleidungen, die einst legere Hemdsärmeligkeit von gediegener Bürgerlichkeit trennten, sind der Gier nach Raum – und Geld – zum Opfer gefallen.

Auf dem Lande gibt es jedoch noch genügend Anhänger der alten Ordnung, und oft wird sie mit den merkwürdigsten Argumenten verteidigt. So meinte ein junger Mann in Arbeitskleidung, man müsse doch irgendwo sein Bier am Mittag in dreckigen Stiefeln trinken können und das ginge doch nur in der Public Bar. Mit einem schiefen Blick fügte er noch hinzu, daß man um diese Zeit außerdem lieber unter sich sei – das heißt ohne Frauen. Die haben nämlich in der Public Bar nichts verloren, vor allem nicht im Norden Englands. Die Public Bar ist Männersache. Hier wird gespielt: Darts, Domino, Billard, Backgammon, Karten. Außerdem ist das Bier meist um ein paar Pfennige billiger. In die Salon Bar, die sich in Bequemlichkeit und Ausstattung von der Public Bar in etwa unterscheidet wie die Polsterklasse von der Holzklasse im Transsibirienexpress, geht man mit der Ehefrau oder Freundin. Die Salon Bar ist Zapfstelle für den Mittelstand und aufwärts.

Im 19. Jahrhundert verwandelten sich viele Pubs in ein Labyrinth von Nebenräumen und Alkoven. Zum guten Ton gehörten Rauch- und Spielzimmer, diskrete private Salons und natürlich – unter Königin Victorias strengem Szepter – Ladies' Parlours. Im »Argyll« hinter dem Oxford Circus haben einige dieser lauschigen Nischen überlebt. Als es dann gegen Ende des Jahrhunderts um den Ruf des Pubs nicht gerade zum besten stand, kamen noch die sogenannten »Snob Screens« in Mode, die den Gentleman vor den zudringlichen Blicken des Schankwirts und dessen weniger erlauchter Kundschaft abschirmen sollten. Die kleinen, zierlich geschliffenen Milchglasfenster, die übrigens nur noch in ganz wenigen Pubs zu finden sind, waren reihenweise in Kopfhöhe über der Theke angebracht und wurden nur für die Bestellung geöffnet. Das Bier bekam der Kunde dann unter dem geschlossenen Fenster diskret vor den Bauch geschoben.

Derzeit gibt es in Großbritannien etwa 75 000 Pubs. Knapp zwei Drittel gehören den Brauereien, die anderen sind unabhängig und bieten als »Free House« zwar kein Freibier an, dafür aber eine stattliche Auswahl von Biersorten verschiedener Brauereien. Kein Pub gleicht dem anderen, weder in Atmosphäre noch in Einrichtung oder Kundschaft. Neben den Dorf- und Stadtpubs gibt es die verträumten Pubs entlang der alten Kanäle und ehemaligen Wasserstraßen. Eine Zeitlang, als keine Schleppkäne mehr anlegten, gerieten sie in Vergessenheit, bis der Tourismus sie dann in ihrer verschlammten Stille wiederentdeckte.

Und dann die Landpubs: mitten im Grünen – oder wo es einmal grün war –, oft eine Raststätte für Pilger und manchmal, auf halbem Weg zwischen London und der Küste, ein Treffpunkt für Schmuggler. Das »Bat and Ball«

zum Beispiel im südenglischen Städtchen Farnham stand früher mitten in den Hopfenfeldern und war einfach das Haus des Hopfenmeisters. Hier entlohnte er seine Pflükker mit harter Münze – und Ale. Heute sitzen statt der Pflücker die Ale-Fanatiker auf den dunklen Holzbänken und kosten die neun verschiedenen Sorten des traditionellen Gebräus. Viele der ortsansässigen Genießer trinken es aus dem ureigenen Zinngefäß, das stets griffbereit über der Theke hängt.

Überhaupt das Ale. Lange Zeit wurde es nur aus Malz, Hefe und Wasser gebraut und durfte erst verkauft werden, wenn es der Ale-Prüfer, dessen Amt im 14. Jahrhundert zum Staatsposten erhoben wurde, für gut befunden hatte. Das ließ sich angeblich mit dem Lederhosentest feststellen: der staatliche Probierer goß einen Krug Ale auf eine Holzbank und setzte sich dann mit einem vollen Krug für den Eigenverbrauch für eine halbe Stunde in die Pfütze, ohne sich zu bewegen. Wenn beim Aufsteigen seine Lederhosen nicht anklebten, wurde das Ale für verkaufsfähig erklärt.

Dann kam der Hopfen. Mit größtem Mißtrauen wurde diesem »verruchten und bösartigen Unkraut« zunächst begegnet, als es um 1400 erstmals von den Niederländern in flüssigem Zustand als »Dutch Beer« über den Kanal gebracht wurde. Das Volk fand jedoch schnell Geschmack daran, und die Brauer erkannten die Vorteile des Hopfens, der das Ale, das schnell sauer wurde, wenn das Faß erst einmal angestochen war, haltbarer machte. Schon damals gab es wortgewaltige Gesundheitsapostel wie jenen Andrew Boorde, der vor dem gefährlichen Hopfengebräu warnte, das zwar ein natürliches Getränk für die Niederländischen sei, aber den Englischen zum Verderben gereiche, vor allem, wenn sie von den Steinen oder der Kolik geplagt seien. »Es ist ein kaltes Getränk«, so wetterte er, »das fett macht und den Bauch aufbläht, wie man es an den Gesichtern und Bäuchen der Niederländischen sehen kann.«

Ähnliches behaupten heute die Trinker des »Real Ale« – des traditionellen Ale – vom kontinentalen Bier oder englischen Lagerbier, das in den sechziger Jahren die britische Insel zu überschwemmen begann.

»Eurofizz« – Europabrause nennen sie das Bier verächtlich, dessen Fermentierungsprozeß in der Brauerei abgeschlossen wurde und das unter »abscheulichem« künstlichem Kohlesäuredruck mittels eines Hahnes ins Glas gesprüht wird. CAMRA (Campaign for Real Ale), der bisher erfolgreichste Verbraucherfeldzug, hat jedoch dem Real Ale seit 1971 zu einem steten Wiederanstieg verholfen. Außerdem überwacht er mit scharfem Auge die Erhaltung alter Pubs. Real Ale also lebt! Es fermentiert im Pubkeller weiter und wird von dort mit der Handpumpe ins Glas geholt.

Die Ale-Stange, die das Ale-Weib, wenn frisch gebraut wurde, vor dem Haus aufsteckte, um den Prüfer herbeizurufen, war das erste Pubschild. Tavernen, die auch Wein verkauften, banden daran noch einen grünen Busch, wie sie es den Römern abgeschaut hatten. Aus dem Busch wurde ein Bild, und heute lassen sich die bunten Pubschilder lesen wie ein kurzweiliger historischer Roman. »The Green Man« gehört in die heidnische Zeit. Der grüne Mann trieb sich als Räuber in den dichten Wäldern herum und spielte auch eine wichtige Rolle beim Maitanz. »The Mitre«, die Bischofsmütze, oder »Cross Keys«, die Schlüssel des heiligen Petrus, erinnern daran, daß für lange Zeit Klöster und Hospize den Reisenden Unterschlupf und Kost boten. Das »Horse and Coach« gehört ins 16. Jahrhundert, als nach der Auflösung der Klöster das klassische Inn mit seinen schmucken Holzgalerien rund um den Innenhof entstand. Wo Platz für Pferd und Kutsche war, spielten auch Wandertruppen vor den Zuschauern in den Galerien. Shakespeare nahm angeblich den Hof des Inns zum Vorbild für sein berühmtes Globe Theatre, das allerdings nur ein kurzes Dasein hatte: Indirekt soll das »Anchor« in Southwark an der Themse – unbedingt zu empfehlen – gleich um die Ecke vom Theater daran schuld gewesen sein. Ein unseliger Theatergehilfe hatte dort zu tief ins Glas geschaut, bevor er während einer Aufführung, anstatt die Krieger zu schrecken, mit seinem Kanonenschuß das ganze Theater in Brand steckte.

Amüsant sind Pubnamen, die durch eine Tonverwirrung zustande kamen wie das tanzende Schwein mit der Blechpfeife, »The Pig and Whistle«, das angeblich vom »The Peg and Wassail« abstammt. Wassail ist altsächsisch und bedeutet gute Gesundheit, und Pegs sind kleine Zapfen, die als Maß im Gemeinschaftstrinkgefäß angebracht waren, damit keiner zu kurz kam oder zu lange trank. Sie wurden bereits im 10. Jahrhundert königlich verordnet.

Daß heute keiner zu lange trinkt, dafür sorgte der Erste Weltkrieg. Damals hieß es, der hohe Alkoholkonsum wirke sich nachteilig auf die nationalen Kriegsanstrengungen aus. Außerdem sollte das Getreide vorwiegend für feste Nahrung verwandt werden. Ganze neueinhalb Stunden blieben von den vordem großzügigen neunzehn Trinkstunden übrig. Daran konnte auch ein Gesetzantrag vor vier Jahren nicht rütteln, der für flexiblere und längere Trinkzeiten plädierte. In erster Linie fiel er jedoch durch, weil er vorsah, Kinder schon vor dem 14. Lebensjahr in Begleitung von Erwachsenen den Zutritt zum Pub zu erlauben. Eine »Charta für die Zulassung von Babies«, entsetzte sich ein konservativer Abgeordneter. Kinder im Pub – das würde das gesamte englische Leben aus den Angeln heben! Wenn das Wetter mitmacht, dürfen sie sich allerdings im Garten unter die Trinker mischen oder vor dem Haus auf der Bank ihre Limonade schlürfen. Besonders kinderfreundliche Pubs bieten sogar gelegentlich einen eigenen Raum im Haus an.

Vier Stunden über Mittag und fünfeinhalb Stunden am Abend darf man trinken. Da kann man nur von Glück sagen, wenn man nicht in gewissen Gegenden von Wales wohnt, wo aus einem puritanischen Gefühl heraus der Sonntag alkoholfrei bleibt. Und dann gibt es sogar ein Pub, das genau auf der Grenze von zwei Grafschaften steht und wo man sonntags nur im Salon sein Bier bekommt, da die Public Bar auf der »trockenen« Seite liegt.

Wie fortschrittlich war man hingegen schon vor dreihundert Jahren im »Scole Inn« in Norfolk, das nicht nur Ale ausschenkte, sondern auch über das berühmte runde Bett verfügte, in dem angeblich zwanzig Paare Platz hatten. Kein Wunder, daß es in einer königlichen Verordnung für Ale-Häuser, Tavernen und Inns hieß, sie dürfen nicht als Unterschlupf für »liederliche und müßige Personen dienen, die in unzüchtiger und betrunkener Weise ihr Geld ausgeben«.

Die Trunkenheit erreichte im 18. Jahrhundert epidemische Ausmaße, als sich die Bevölkerung vom hochbesteuerten Bier abwandte und sich am unbesteuerten billigen Gin – schon wieder von den Niederländern herübergebracht – fast zu Tode trank. Aus dem Jahr 1742 wird in England und Wales ein Konsum von 20 Millionen Gallonen Gin und ähnlichen Destillaten vermeldet. Der Maler und Graveur William Hogarth, der gelegentlich auch Pubschilder malte, um seine Trinkschulden abzuzahlen, hielt diese soziale Misere in seinen beiden Bildern »Gin Lane« und »Beer Lane« eindrucksvoll fest: hier erbärmliche Degradierung, dort robuste Fröhlichkeit.

Mit der Aufhebung der Biersteuer ein Jahrhundert später schossen dann in einem Jahr 30000 neue »Beershops« aus dem Boden, gegen die sich die etablieten Ale-Häuser mit einem prunkvollen Aufputz ihrer Räumlichkeiten zu wehren suchten. Elegant geschliffenes Glas, dunkel poliertes Mahagoniholz und prächtige Spiegel bis zur Decke schmückten fortan das Innere vieler Pubs, die den Beinamen Ginpalast erhielten. Ein wundervolles Kleinod aus dieser Zeit liegt in der Duke of York Street unweit vom Piccadilly – »The Red Lion«; ein idyllisches Pub für stille Genießer. Etwas robuster in seiner viktorianischen Üppigkeit ist das »Salisbury« in St. Martin's Lane – Treffpunkt der schönsten Männer!

London bietet Pubs für jede Neigung und Laune. »The Black Cap« in Camden High Street hat sich als Drag Pub einen Namen gemacht, wo allabendlich Männer in Frauenkleidern auftreten. Historiker sehen darin einen Rest feiner Burleske, wie sie im 18. Jahrhundert üblich war. Jedenfalls gibt es dort kaum Platz zum Stehen, und möchte man sich weiterbewegen, so kann es einem wie dem Ale-Prüfer gehen, der mit seinen Lederhosen in schlechtem Bier saß – man klebt am Boden fest. Die Teppiche der Pubs müssen schon einiges schlucken, aber was läßt sich machen, wenn das Biermaß der Glasrand ist und Schaumkronen verpönt sind? Als Theater-Pub, wo man während der Vorstellung an seinem Tisch bleibt, empfiehlt sich das »King's Head« in Upper Street.

Wer jedoch lieber gemächlich in einer ruhigen Ecke vor sich hin trinkt, der sollte es mal in einem der versteckten kleinen Mews Pubs versuchen, wo einst herrschaftliche Kutscher ihr Ale zu sich nahmen – winziger als im »Nag's Head« in Kinnerton Street hinter der Knightsbridge geht es dabei fast nicht.

Der gute Doktor Johnson hatte schon irgendwie recht mit seiner Taverne und der Glückseligkeit. Ganz bestimmt hat der Mensch in England seitdem nichts Gemütlicheres erfunden. Wo gibt es so viele malerische Cottages und windschiefe Fachwerkhäuschen mit dicken Strohdächern am Weg, wo man im sommerlichen Garten zwischen Rosen sein kühles Bier trinkt oder im Winter unter der verrauchten Balkendecke wohlig seine Hände am Kaminfeuer wärmt, während sich ringsum das Licht in den kupfernen Bettpfannen und Messingbeschlägen der alten Pferdegeschirre widerspiegelt? Aber immer, wenn es am schönsten ist, platzt der Wirt mit seinem »Time please!« dazwischen. Zehn Minuten hat man jetzt noch Zeit zum Austrinken – dies wurde in einem Gesetz von 1961 großzügig zugebilligt. »Your glasses, please.« Das Gesetz läßt nicht locker. Aber morgen ist ja auch noch ein Tag.

Hans Scherer

Jeden Tag ein Schloß

Zu Gast in England

In Hargham Hall hatte niemand damit gerechnet, daß wir am Lieferanteneingang vorfahren würden. Denn George hatte sich einfach verfahren. Und Julia, die gute Julia, die unsere Reise durch englische Schlösser umsichtig geplant hatte, Höhepunkte und Leerläufe im voraus berechnet und bedacht, die gute Julia war nun verzweifelt. Vorne brannten zu unserem Empfang die Lichter. Wir aber standen ratlos im dunklen Hinterhof. Bis Julia kommandierte: Einsteigen, wir versuchen die Vorfahrt noch einmal.

George fluchte leise; das war nicht bös' gemeint, vielmehr entsprach es seiner brummigen Natur. Das Grüppchen von sechs unverzagten Schloßbesichtigern blieb ihm sowieso ein Rätsel. In acht Tagen fuhr er uns kreuz und quer über die englische Insel, hoch bis an die Grenze von Schottland und wieder herunter bis Salisbury, von Schloß zu Schloß, ein Schloß am Morgen, ein Schloß am Nachmittag. Um acht Uhr Wecken, acht Uhr dreißig Frühstück, neun Uhr Abfahrt, verbrachten wir viel Zeit in unserer Limousine, hochherrschaftlich zwar, für insgesamt acht Personen jedoch plebejisch eng. Wir gewöhnten uns an das Gefährt und haben es schließlich liebgewonnen: denn alles in allem kam es uns ungemein britisch vor, daß wir für einen Spleen zu Opfern bereit waren.

In der angeratenen Mischung aus ernstem Engagement und amüsiert-distanziertem Obendrüber erlebten wir

England als zivilisiertes Abenteuer. Oder die Abenteuer der Zivilisation? Das Thema haben wir jedenfalls nicht aus den Augen verloren. In Hargham Hall hatten uns Sir Thomas und Lady Beevor zum Abendessen und Übernachten eingeladen. Die Wagenräder knirschten im Kies vor dem erleuchteten Portal des alten Herrenhauses. Sir Thomas stand zur Begrüßung auf der Schwelle. George lud die Koffer aus. Julia besorgte die Vorstellung. Im Kamin knisterte das Feuer. Ein Duft von Gastlichkeit durchzog das Haus und verbot uns jede Frage danach, auf welche Weise wir eigentlich zur Ehre dieser »Einladung« gekommen waren. Im Vertrauen auf Julias geheimnisvolle Beziehungen ließen wir solch niedere Fragen in diskretem Dunkel.

Sir Thomas selbst dagegen hatte keine Scheu, über Geld und den Kummer damit zu sprechen. Erst vor vier Jahren waren in dem Haus elektrische Leitungen verlegt worden. Das Haus und seine Pflege, die Verwaltung des Gutes, zu dem ein Wald und fünf Farmen gehören, hatte Sir Thomas als Lebensaufgabe geerbt. Er ertrug sie mit Gelassenheit.

Der Major und seine Frau, Nachbarn und Freunde der Familie, erkundigten sich derweil beim Sherry nach dem Wetter in Deutschland. Was wir über das englische Wetter sagen würden? Wie unsere Fahrt gewesen sei? Und wohin wir noch fahren wollten? Lady Beevor hatte sich in die Küche zurückgezogen. Wir besichtigten das Haus, die Halle, den Salon, die Bilder, die Schallplattensammlung des Hausherrn – und dem einen oder anderen von uns kam es dennoch in den Sinn, daß eine gediegene Hotelunterkunft, die keinerlei Verpflichtung zum small-talk enthält, ihre unbestreitbaren Vorzüge hat. Das ausgezeichnete Abendessen allerdings, das Lady Beevor, assistiert von Sir Thomas, persönlich servierte, ließ solch kleinliche Überlegungen vergessen.

Wie dann beim Mokka das Gespräch auf die patzigen Äußerungen John Osbornes über ausländische Touristen in England gekommen ist, wußte nachher niemand mehr. Osborne, der Autor von »Blick zurück im Zorn«, hatte den ausländischen Touristen gezürnt und seinen Landsleuten empfohlen, als Gegenmittel sozusagen, die Touristen »zu beleidigen«, wo immer man sie anträfe. Das hatte in englischen Zeitungen eine breite Diskussion ausgelöst, Entrüstung, Spott, auch Zustimmung natürlich, am meisten aber Gelächter. Unsere Gastgeber in Hargham Hall fanden es fast erheiternd, daß diese Art von englischem Humor uns offensichtlich Schwierigkeiten bereitete. Die Frau des Majors erfand die patente Lösung: Was immer auch über Touristen zu sagen sei, so oder so, für Gäste habe das selbstverständlich keine Bedeutung. Uns hat es die Sprache verschlagen.

Denn damals rätselten wir noch über unseren eigenen Status. Erst diese Schlösserreise hat uns überzeugt, daß die Engländer, zumindest auf dem Lande, also außerhalb Londons, das unerhörte Kunststück fertigbringen, Touristen in Gäste zu verwandeln: diese Selbstverständlichkeit, mit der man dazugehört, so daß linguistische Spitzfindigkeiten, ob Touristen oder Gäste, am Ende lächerlich und überflüssig werden. Den herablassenden Artikel »Why we must try to love tourists« (Warum wir versuchen müssen, Touristen zu lieben? Wohl oder übel, weil sie so viel Geld in England lassen), den die »Daily Mail« gerade während unserer Reise veröffentlichte, haben wir mit Interesse gelesen, doch fühlten wir uns nicht betroffen.

Schließlich hatten wir genug damit zu tun, »unsere« Schlösser, ihre Bewohner und ihr Inventar, im Geiste zu ordnen und nicht durcheinanderzubringen. War es in Chatsworth, dem prachtvollen Landsitz der Herzöge von Devonshire, wo Rembrandts »Bildnis eines Orientalen« neben hundert anderen Bildern in einer Galerie hängt, als wäre es weiter keiner Rede wert? Die »anderen« Bilder stammten immerhin von Van Dyck, Murillo, Veronese, Reynolds. Der Skulpturensaal, die Bibliothek, das Porzellankabinett, die Deckengemälde, die Teppiche und Brokattapeten, den Anfänger im Schloßbesichtigen verwirrt die Überfülle, die bei allem Reichtum nur flüchtige Erinnerung bleibt. Vielleicht sollte man sich bei einer solchen Reise von Anfang an auf bestimmte Gebiete beschränken, vielleicht auf die Architektur, vielleicht auf die Geschichte der Häuser, vielleicht auf Gläser, Möbel, Betten oder Ahnenbilder; denn alles zusammen wird leicht zum Überdruß.

Nach den ersten zwei, drei Schlössern stellte sich denn auch heraus, daß unser Grüppchen zum Beispiel aus heimlichen Spezialisten bestand, die erst nach und nach ihre Vorlieben offenbarten. Keiner hätte es der gebildeten Dame aus Wuppertal auf den ersten Blick angesehen, daß sie in Wahrheit wild auf alte Orden und Ordensbänder war und »unsere« Schlösser für sich, im stillen, nach dem Glanz ihrer Ordensvitrinen bewertete. Ein Herr aus Frankfurt gestand dagegen seine Leidenschaft für alte Flaschen. Die Mitreisenden waren darauf vom Flaschengeist beseelt: keine Flasche bleib fortan unbemerkt. Als sie damit begannen, nach unserem täglichen Pub-Lunch in Trödelläden alte Tintenfässer und Pillengläser als Souvenirs einzukaufen, schüttelte George nur noch den Kopf. George wunderte sich nicht mehr über uns.

Die meisten Schlösser, auch die bewohnten, sind wie ein Museum gegen eine Entrittsgebühr von zwei bis drei Mark für jedermann zugänglich. Die großen Häuser wie Belvoir Castle in Leicestershire zum Beispiel, sieben Meilen westlich von Grantham, wo unter tausend Schätzen Holbeins großartiges Porträt von Heinrich VIII. aufbewahrt wird, bringen es im Sommer auf weit über hunderttausend Besucher. Aber es ist ein Unterschied zwischen einem Museum und einem privaten Schloß: der finanzielle Wert oder gar der kunstgeschichtliche Rang eines Kunstwerks, der in Museen entscheidend ist, in den Schlössern erscheint das weniger wichtig. Die Kunst wird hier nicht nach ihrem Wert, sondern nach ihrer Funktion präsentiert. Eine aristokratische Brüskierung der Kunst, bewußt und betont, die auf den museumsgewohnten Besucher zuweilen wie ein Ärgernis wirkt.

Im Wilton House bei Salisbury, dem Sitz der Grafen von Pembroke, hängen die kostbarsten Gemälde draußen, fast lieblos im Flur, während weniger kostbare die gewaltigen Säle schmücken. Als Eigenwert findet man große Kunstwerke in den Schlössern seltener, fast immer jedoch als repräsentative Dekoration. Wie unbefangen und naiv die

Schloßherren das Interesse an ihren Häusern verstehen und auf sich selbst beziehen, erkennt man daran, daß fast in keinem Schloß die Ausstellungsecke mit den privaten Fotografien und Erinnerungsstücken fehlt. Die Eiersammlung des neunten Duke of Rutland (im Belvoir Castle) – ausgeblasene Vogeleier von Fingernagel- bis Straußeneiergröße – ordneten wir unter die Kuriositäten ein. Daran herrscht in den Schlössern kein Mangel.

Wir konnten uns nicht darüber einigen, welches Erlebnis den stärksten Eindruck auf uns gemacht hatte, der herzliche Empfang von Lord Armstrong hoch oben in Bamburgh Castle, dem einstigen Sitz der Könige von Northumbria, oder unser Besuch im Chastleton House, unweit von Worcester? Lord Armstrong zeigte uns den atemberaubenden Blick aus dem Fenster seines Arbeitszimmers auf die offene See hinaus und plauderte beim Sherry unbekümmert über Zwistigkeiten in seiner Familie, als wären wir seit Jahren vertraute Freunde und über den letzten Stand der komplizierten Familiengeschichte informiert. Im Chastleton House führte uns die Besitzerin, eine würdige alte Dame, die das große, ernste Haus allein bewohnt und bewirtschaftet. In der Halle zeigte sie uns die Ahnengalerie, darunter das Bild einer Dame, Lady Lone, von 1603, die Frau des Erbauers von Chastleton. »Sehen Sie, und das ist der Ring, den Lady Lone am Finger trägt,« sagte die alte Dame und streifte ihren eigenen Ring vom Finger.

In der Reitschule des Hatfield Houses, nicht weit von London, ist eine Kostümausstellung zu sehen, »England's Kings and Queens« von Alfred dem Großen bis George V. Dabei handelt es sich nicht etwa um Originalkostüme, sondern um Roben, die in den letzten Jahren für Film- und Fernsehproduktionen nachgeschneidert wurden. Auf uns, verwöhnt von den vielen Originalwerken, die wir in den Schlössern gesehen hatten, wirkten die Imitationen zuerst plump und gewöhnlich; der guten Julia nahmen wir es fast übel, daß sie uns hierher geführt hatte. Doch bei näherem Hinsehen erkannten wir, daß diese theatralischen Nachbildungen aus Flitter und Kunststoff, dieses naive absichtsvolle Schaugepränge, wahrscheinlich einen treffenderen Eindruck von den Originalkostümen vermittelte als verschlissene Seide und verblichener Samt. So näherten wir uns wieder der Gegenwart.

Erst am Ende unserer Reise fiel auf, daß Geister und Schloßgespenster uns vor direkten Kontakten verschont hatten. Wohl hörten wir im Kaminschacht von Lord Armstrong ein Klagen und Stöhnen, als bebe das Haus – die Wellen schlagen seit Jahrhunderten die Mauer; es tönt, als atmeten die Steine im Rhythmus des Meeres. Wohl versicherte uns die Verwalterin von Raby-Castle auf die Frage nach allfälligen Geistern mit ernstem Gesicht: »O yes, we have a lot of them!« Wohl weigerte sich Julia standhaft, im Castle Hotel von Taunton in Somerset das Zimmer 11 zu beziehen, weil dort des Nachts ein vergeistigter Musiker sein Unwesen zu treiben pflegt. Doch sonst, bis auf die täglichen Irrfahrten von George natürlich, haben uns die Geister keine Beachtung geschenkt.

Uwe Schmitt

Das Maß aller Dinge

Canterbury und seine Kathedrale

»England stops in London«; das Bild, das sich viele Engländer von ihrem Land machen, hat mit der Landkarte wenig zu tun. Das »Heart of England« schlägt in der Gegend zwischen Oxford und Coventry, oberhalb von Birmingham. Manchester ist in dieser süd-nord-gefälligen Ansicht nur wesentlich näher als Nowosibirsk. Die riesige »Grenzstadt«, London, wird traditionsgemäß vom »Garden of England«, den Farmen der Grafschaft Kent, ernährt. Auch die »Soul of England«, die Seele des Landes, findet sich in Kent, achtzig Kilometer östlich von der Metropole in Richtung Kontinent. Canterbury mit seiner Kathedrale, oder besser: die Kathedrale mit ein wenig Canterbury. Seit 450 Jahren spirituelles Zentrum der anglikanischen Kirche, seit über 800 Jahren Ziel eines nicht endenden Pilgerstromes auf den Spuren des im Jahre 1170 ermordeten Thomas Becket, des streitbaren Erzbischofs unter Heinrich II. Schließlich – und spätestens bei dieser ehrwürdigen Jahreszahl kommt bei Führungen bewunderndes Raunen von den Touristen – gilt Canterbury seit fast 1400 Jahren als »Mutterstadt des englischen Christentums«.

Ohne die Kathedrale wäre Canterbury allenfalls ein regional bedeutsamer Marktflecken wie das nahegelegene Ashford; mit ihr steht und fällt alles. Sie dominiert Geschichte und Geschichten, Wohl und Weh der Einheimischen, die sie ebenso lieben wie hassen. Ihrer Anziehungskraft verdanken sie Prosperität, Ruhm und Ehre. Allerdings auch Neid und Vandalismus, sei es durch die Zerstörungswut und den Cromwellschen Puritanismus oder durch den modernen Tourismus. Gut anderthalb Millionen Besucher – mit ständig steigender Tendenz – fallen jedes Jahr über die kaum 39000 Einwohner zählende Stadt her. Pilgergruppen, Bildungsbeflissene aller Nationalitäten, lärmende Schulklassen, nicht wenige Uninteressierte, die einen Regentag zu überbrücken suchen, ergießen sich zwischen März und September (der Juli ist der unerträgliche Höhepunkt) in die schmalen Straßen Canterburys. Gut fünfundsiebzig Prozent der von den Einheimischen noch heute, meist stöhnend, als »pilgrims« bezeichneten Besucher sind Tagesausflügler. An Sommerabenden wirkt die Stadt erschöpft, still, ein von Abfällen übersätes Watt; und dann hört man in den mittelalterlichen Gäßchen, in Pubs und »Fish and Chips«-Buden gotteslästernde Flüche auf die »verdammte Kirche«.

Dann empören sich die Jungen über ihrem »Lager« oder »Bitter«, daß in der Kathedralenstadt Nachtklubs oder Diskotheken verboten sind, daß in den zwei Kinos nur lächerliche »Familien-Filme« laufen, daß eben absolut nichts los sei. Nicht zuletzt unter den etwa 4000 Studenten der 1965 gegründeten »University of Kent at Canterbury« – vier Colleges, idyllisch abgelegen auf einem Hügel nordwestlich der Stadt – kursiert in solchen Situationen das böse Wort von der »toy-town« oder einem »doll's house«: eine Spielzeugstadt, ein Puppenhaus, in dem tagsüber das Leben für den Touristen gemimt wird. Zumal vielen Studenten aus dem unterprivilegierten, hochindustriellen Norden Englands erscheint das Städtchen mit den wohlrenovierten Fassaden und exklusiven Geschäften allzu adrett – eine niedliche Enklave in der Wirklichkeit. Nach ein paar Bieren schwören sie frustriert, dieses Kunstgebilde so bald wie möglich wieder zu verlassen. Nur die Nähe Londons habe sie seinerzeit hergelockt. Canterbury – und darauf bestehen sie alle, alkoholisiert oder nicht – ist nicht englische Realität, nicht repräsentativ oder auch nur typisch. Zu schön, um wahr zu sein? Zu nett und gemütlich, um ernst genommen zu werden?

Richtig ist: Gleich, ob man mit dem Auto einen Abstecher von dem »Motorway A2« (Dover-London) macht, nach einer Fahrt mit der sündhaft teuren »British Rail« in der zugigen, zweigleisigen »East Station« ankommt oder aus einem »National Express«-Bus steigt, sieht sich nach wenigen Schritten in einem äußerst gepflegten, aus wunderschönen Fachwerkhäusern bestehenden Altstadt-Zentrum um die Kathedrale drapiert, das wohl kaum seinesgleichen in England hat. Sämtliche Kaufhäuser und Ladenketten mit Rang und Namen, aber auch teure Modegeschäfte und auffallend viele Restaurants drängen sich zwischen der Busstation und der »Old High Street«. Es riecht förmlich nach Geld, genauer: nach den Kreditkarten und Reiseschecks der spendablen Touristen. Ihnen vor allem soll es hier an die Kaufkraft gehen. Diesen kontinentalen Flair findet man in Maidstone, der gut doppelt so großen Landeshauptstadt Kents, nicht. Dort wird auch nicht so viel Geld und Mühe darauf verwandt, Umgehungsstraßen zu bauen und alte Bausubstanz zu erhalten. Warum auch? Etwas polemisch gesagt: in Maidstone wird gearbeitet, in Canterbury gibt es die Kathedrale.

Sie ist wahrhaftig allgegenwärtig, jeder Weg scheint zu ihr zu führen. Der knapp achtzig Meter hohe, im Jahre 1500 fertiggestellte Glockenturm »Bell Harry Tower« – kein Gebäude der Stadt darf je höher gebaut werden –, ist an keinem Punkt der Stadt zu übersehen. Witzbolde meinen, daß man nur im Dunkeln und im Pub vor dem gotisch-bedrohlichen Anblick sicher sei.

Wenn man also nicht um sie herumkommt, dann gehe man eben hinein. Von der High Street in die schmale Mercery Lane, direkt auf das »Christchurch Gateway«, den Haupttorbogen, zu und in den geheiligten Bereich, »precinct« genannt. Mehrere Andenkenläden mahnen, daß umsonst nur der Tod ist, nicht aber die Instandhaltung, Restaurierung des Gebäudes und die Arbeitskraft der 180 Angestellten. Im Mittelalter gab es auf dem Höhepunkt des Pilger-Booms in diesem Innenhof einen quicklebendigen Markt mit Buden und Gauklern. Heute konnten sich die Kirchenoberen erst nach langem Hin und Her zum Bau eines Informationszentrums auf dem Gelände durchringen.

Die Anfänge der Kathedrale, der erste Spatenstich gewissermaßen, reichen zurück in das Jahr 597, als der heilige Augustinus, von Papst Gregor entsandt, hier das erste Gotteshaus errichten ließ. Damit war Canterbury, im Jahre 300 vor Christus von den Römern als Zentrum für die Kentischen Stämme als »Durovernum Cantiacorum« gegründet, von den Angeln und Sachsen um 450 »Cantwarabyrig« genannt, »Mutterstadt der Christianisierung« geworden. Der normannische Erzbischof Lanfranc ließ nach einem verheerenden Brand im Jahre 1067 die Kathedrale neu errichten. Doch erst mit der Ermordung Beckets, ein Jahrhundert später, beginnt die blutige und triumphale Geschichte der Kathedrale und Canterburys. Becket, ehemaliger Kanzler und Intimus Heinrich II., hatte sich über Fragen der Machtaufteilung zwischen weltlicher und kirchlicher Gewalt mit seinem einstigen Gönner überworfen, mußte nach Frankreich fliehen und war nach einer Art Waffenstillstand zurückgekehrt. Vier vom König gedungene Ritter ermordeten Becket am Abend des neunundzwanzigsten Dezember 1170. Das Zeugnis von anwesenden Mönchen läßt keinen Zweifel daran, daß der Bischof seine Mörder mit Verbalinjurien belegte und sogar einen von ihnen zu Boden schlug, bevor er überwältigt wurde. Damit hat die Karriere der Stadt Canterbury begonnen. Nach der Heiligsprechung des Märtyrers Becket – Heinrich II. mußte vier Jahre später barfuß, von Mönchen kasteit, vor dem Schrein Bußgebete sprechen – stieg die Stadt zum reichen Wallfahrtsort auf. Im Kirchenarchiv findet sich in jenem Jahr eine Eintragung über schlagartige Verdoppelung der Steuereinnahmen.

»Besonders aus allen Grafschaften Englands ziehen sie nach Canterbury, um den heiligen, segenspendenden Märtyrer zu besuchen, der ihnen half, als sie krank waren.« Diese berühmten Zeilen aus dem Prolog der »Canterbury Tales« von Geoffrey Chaucer (1340 bis 1400) sind die einzigen des Buch-Fragmentes, die sich auf Canterbury selbst beziehen. Die Geschichte bedient sich nur der populären »pilgrimages« jener Zeit, um insgesamt neunundzwanzig Pilger, die von einem Londoner Wirtshaus nach Canterbury reiten wollen, mit ihren zum Teil sehr deftigen Erzählungen zu Wort kommen zu lassen. Nicht daß Canterbury nicht auch »echt« Literarisches zu bieten hätte: es ist der Geburtsort des Dramatikers Christopher Marlowe.

Marlowe und der bei der »Normannischen Treppe« der Kathedrale beigesetzte Somerset Maugham verbindet – wenn auch mit 350 Jahren Zeitunterschied – die Erziehung in der von Heinrich VIII. gegründeten »Kings School«. Sie ist eine exklusive Privatschule, die zwar autonom ist, aber bis heute unter der einflußreichen Schirmherrschaft des »Dean and Chapter«, des Superintendenten und seines vierköpfigen Domkapitels, steht. Das Schulgeld für die streng gekleideten Zöglinge zwischen sieben und achtzehn Jahren beträgt heute weit über 10000 Mark im Jahr. Eine höhere, wenn auch teuer erkaufte Laufbahn via Oxford oder Cambridge ist damit sichergestellt.

Zurück zur Kathedrale: Heinrich VIII., der sich mit der römisch-katholischen Kirche überwarf und sich als Oberhaupt (»Defender Of The Faith«) der neuen anglikanischen Staatskirche ausrief, sorgte auch in Canterbury für Aufregung. Zwar nahm die Stadt damals noch nicht – wie heute – acht Millionen Pfund jährlich durch Touristen ein, geschweige denn, daß über sechzig Prozent der Jobs im Zentrum von den Besuchern abhingen. Aber es steht fest, daß die Geschichte der »Grey Friars« (Franziskaner) und »Black Friars« (Dominikaner) sehr gut gingen. Heinrich VIII. fühlte sich von dem selbstbewußten, reichen Klerus provoziert und machte der lukrativen Wallfahrerei im Jahre 1538 gewaltsam ein Ende. In einem Schein-Gerichtsverfahren verurteilte er Thomas Becket post mortem wegen Verrats und ließ daraufhin dessen Schrein und sämtliche Abbildungen des Märtyrers auf Gemälden und Kirchenfenstern vernichten. Bis zur Rehabilitierung Bekkets 1831 gingen die Geschäfte in Canterbury schlecht.

Gleichwohl war der Mythos um den gewaltsamen Tod Beckets nicht totzukriegen. Angestellte der Kathedrale berichten, daß besonders wohlinformierte amerikanische Touristen noch heute sofort den Tatort zu sehen wünschen. Schon weniger interessant ist dann wohl die Tafel mit den Namen der bislang achtundneunzig Erzbischöfe (von St. Augustine bis Runcie), oder gar die seit 1320 etwas lückenhaft aufgelisteten einunddreißig Organisten und Chorleiter der Kathedrale. In der »Chapel Of Saints And Martyrs« sind Martin Luther King und Oscar Romero, der im März 1980 erschossene Erzbischof von San Salvador, die letzten Namen in der traurigen Aufzählung.

Man kann viele Stunden in der zwischen 1100 und 1840 erbauten Kathedrale verbringen, die so bewußt furchteinflößend dasteht, »für die Größe Gottes und die Unzulänglichkeit des Menschen«, wie es Canon Peter Brett ausdrückt. Im Gespräch mit dem aufgeschlossenen hochgebildeten Canon (einer der fünf von »Dean and Chapter«), der erst vor kurzem aus dem rauhen Norden des Landes nach Canterbury kam, findet man Verständnis für die Abneigung gegen die »Spielzeugstadt«. Er erläutert die Politik des verantwortlichen Klerus gegenüber dem immer mehr anschwellenden Touristenstrom: »Wir wollen eines sicher nicht, nämlich den Menschen, die hierher kommen, unsere Idee von Christentum aufzwingen. Andererseits darf bei aller touristischen Attraktivität nie vergessen werden, daß dies ein Haus Gottes ist.« Die anglikanische Kirche zeigt sich in der Kathedrale von Canterbury aufgeschlossen: Konzerte, Chorauführungen, Festakte von den Schulen und der Universität sind gerne gesehen. In ihren Mauern wurde eine japanische Tee-Zeremonie zelebriert; im Jahre 1982 besuchte Papst Johannes Paul II. die Stadt. Canterbury ist Gastgeber der »Lambeth Conference«, die unter der Leitung des Erzbischofs eine Art pananglikanisches Gegenstück zu einer Bischofskonferenz darstellt. Von einem Kollegen Canon Bretts erfährt man schließlich, daß die seit 1908 systematisch restaurierte Kathedrale noch heute alle Steinmetzarbeiten in Caën an der normannischen Küste (mit dem dort abgebauten

Naturstein) ausführen läßt. Jeder Quader der Mauern muß etwa alle 400 Jahre ersetzt werden. Seit der rapiden Zunahme der Luftverschmutzung leidet das Gemäuer sehr; die unersetzlichen Kirchenfenster sind inzwischen durch Doppelverglasung vor saurem Regen geschützt.

Die Stadtväter der Gemeinde Canterbury dagegen – seit 1974 schließt sie die Küstenorte Herne Bay, Whitstable und etwa fünfundzwanzig Kleinstdörfer ein – haben andere Sorgen. Sie müssen die infrastrukturellen Probleme der Touristenstürme lösen. Ein Bauboom in den letzten Jahren – Hotels, Supermärkte, Einkaufszentrum und ein Kino, das den Namen Marlowes trägt – mag helfen, die Arbeitslosenzahl zu senken, dennoch wird er von den Einheimischen nicht ohne Mißtrauen betrachtet.

Im übrigen hat die konservative Mehrheit im Rathaus in der Military Road nicht allzu große Probleme: gelegentlich protestieren die »Grünen« gegen die ehrgeizigen Fremdenverkehrspläne – sie warnen vor immer stärker zunehmendem Autoverkehr. Vor einiger Zeit hatte die Labour-Fraktion die Ernennung Canterburys zur atomwaffenfreie Zone vorgeschlagen. Die »Kentish Gazette«, Zeitung mit mehr als 200 Jahren Tradition, berichtet über gelegentliche Raubüberfälle oder Festakte, einmal auch über den Bleigehalt in den Sandkästen von Canterburys Volksschulen; und sie kündigt früh und ausführlich an, wenn die Stadt königlichen Besuch zu erwarten hat.

Gabrielle Wittkop-Ménardeau

Wo die Zeit herkommt

Greenwich

Die steingesichtigen, regenverwitterten Seraphim von St. Alphege beweinen die Polly Peachum der Beggars Opera, jene Lavinia Fenton mit eigentlichem Namen, die nach einem Leben in Sünde einen Herzog heiratete; in Greenwich lebte und starb sie und wurde 1760 auch hier bestattet. Doch die Seraphim brauchen sie eigentlich nicht zu beweinen; sie war geschickt genug, eine lustige Zeit und dennoch – was selten geschieht – ein ehrenüberhäuftes Ende zu haben. St. Alphege war übrigens wegen der schönen Kirchgängerinnen und der erbaulichen Predigten bekannt, und sofern sie nicht zu arge Freidenker waren, versäumten die Schöngeister, die an den Tischen des »Rainbow« Politik diskutierten, es nicht, sich dann und wann unter der Kanzel einzufinden. St. Alphege, erster der 1712 beschlossenen Kirchenneubauten, blieb bis zu Beginn des 19. Jahrhunderts in Greenwich das einzige Gotteshaus. Das Viertel hatte sich damals verändert; wenn man dort auch keine Herzoginnen mehr begrub, so wimmelte es doch noch von Pollies und Lavinias. Hinter der Kirche liegen die alten, braunen Backsteingassen der industriellen Epoche, Schlupfwinkel einstmals für Kohlendiebe, Schiffer von Schmugglerbarken und Lumpensammler wie Old Hack, der sein Leben lang im Müll gewühlt hate, bevor er 1818 ermordet wurde und ein riesiges Vermögen, tief in der Matratze versteckt, zurückließ. An

Mayhew denkt man, natürlich auch an Dickens vor den mürrischen, proletarischen Fassaden hinter den Puppengärtchen.

Greenwich hat nicht nur stets die Schriftsteller angezogen, sondern vor allem Seeleute, eine ihrer ureigensten Städte, Lieblingsorte für die *goodies* wie die *badies*, für königliche Admirale ebenso wie für Piraten. Die Porträts der einen sieht man im National Maritime Museum, und der Ort, wo der Galgen für die anderen stand, Execution Dock, auf dem heutigen Ballast Quai, liegt dem Blackwall genau gegenüber.

Es ist mildes Wetter. Schäfchen ziehen sehr hoch über den blaßgrauen Himmel, der Jodgeruch des lauen Windes verkündet die Meeresnähe. Alle Bänke beim Landeplatz sind besetzt, was den Reisenden in den Stand setzt, die Saga von Sir Francis Chichester in allen Einzelheiten zu hören; zwar kennt alle Welt sie, doch die Leute von Greenwich werden nicht müde, sie zu erzählen.

»Und Ihre Majestät die Königin hat ihn mit dem Schwert zum Ritter geschlagen, mit dem Elizabeth I. Francis Drake den Ritterschlag gab.« – »Zweimal Sir Francis«, sagt die alte, wie für die Bühne geschminkte Dame mit dem braven, weißen Schopf. »Dort drüben (graziöse Geste zum Royal Naval College hinüber) bei einer öffentlichen Zeremonie.« »Haben Sie die Gipsy Moth schon besichtigt?« – »Nein, dann gehen Sie schnell, bis sechs Uhr haben Sie noch Zeit.«

Mit ihren fünfzehn Fuß Länge und ihren zwölf Tonnen Wasserverdrängung kann man die Gipsy Moth IV leicht übersehen, da sie sich so vollkommen in die gegebene Perspektive der Umgebung einfügt. Die kleine Ketch verschwindet beinahe in der Nachbarschaft der Cutty Sark, deren Masten den Landungsplatz überragen.

Der alte Jock Willis, »White Hat« Willis genannt, der das Tee-Rennen im Handel mit China gewinnen wollte, ließ die Cutty Sark 1869 bauen, kam aber damit zu spät: die Zeit der Clipper ging mit der Eröffnung des Suez-Kanals zu Ende, da er den Dampfern ihr junges Monopol zu festigen erlaubte. So mußte die Cutty Sark auch australische Wolle verfrachten. 1895 an portugiesische Reeder verkauft, hatte das schmucke Schiff seine letzte Teeladung bereits 1877 nach Europa gebracht. Noch oft sollte die Cutty Sark den Besitzer wechseln, bis sie schließlich restauriert und, auf dem Trockendock aufgebockt, zur Besichtigung freigegeben wurde, exemplarische Illustration der Eleganz jener Clipper, die meist so romantische Namen trugen, Namen aus den Feenmärchen, der phantastischen Dichtung oder zum mindesten der legendären Seite der Geschichte, funkelnde Namen, die an die Komödien Shakespeares oder an die neugotischen Romane erinnern. Auch Cutty Sark entging dieser Mode nicht: weißlackiert und halb nackt schwingt die Hexe Nannie am Bug das Flachsbüschel, das den Pferdeschwanz darstellt, den sie der flinken Stute Maggie entriß. Robert Burns hat in einer Ballade die haarsträubende Geschichte von Nannie, Maggie und Tam O'Shanter in Verse gebracht. Tam, mit unheilbarem Durst von halluzinatorischem Charakter geschlagen, kehrte eines Nachts bei einem Sturm, wie man sie heute nicht mehr erlebt, nach Hause zurück. Da sah er den Teufel, der auf einem Friedhof zum Klang des Dudelsacks eine Schar Hexen tanzen ließ. Nur eine davon war schön, eben jene Nannie, die, bekleidet mit einem verkürzten Hemd, einem cutty sark, einen ekstatischen Rock 'n' Roll vorwegnahm. Tam konnte nicht umhin, laut Applaus zu spenden, was ihm übel bekam. Von der wütenden Horde verfolgt, konnte Tam O'Shanter gerade noch die Brücke erreichen, die jeder Hexe zu überschreiten verwehrt ist, doch die arme Maggie ließ einen Teil ihres Schwanzhaars in der teuflischen Hand Nannies, die nur für den Gottseibeiuns tanzen wollte. Trotz Seemannsaberglauben und trotz einem nicht leicht zu tragenden Namen war das Schicksal der Cutty Sark weder brillant noch tragisch, nur bizarr.

Unbeschadet der Supermärkte, der Fahrradhandlungen und des Verkehrs, der über die Kreuzungen flutet, haben viele Straßen ihren ursprünglichen Charakter bewahrt: einstöckige Häuser, breite Seilerhöfe, Matrosengassen, Fischbratküchen. Am Ende des Nachmittags ist der Pub noch fast leer. Ein echter Pub mit geblümter Tapete, dem Bildnis der Queen im Goldrahmen und einem alten Klavier, auf dem ein Strauß roter Plastikrosen verstaubt. Der Wirt in Begleitung eines riesigen Köters hat eine Nase, die sichtlich von einem Faustschlag zertrümmert ist, während seine mit Herzen, Sirenen, Schmetterlingen und schönen Damen tätowierten Hände eine elegische Seele verraten.

»Aber gewiß, man kann eine schöne Scheibe pie bekommen, with pleasure, wait a moment!« Der Sherry, in einem großen Glas kredenzt, ist erstklassig, während dagegen das Hammelfett hartnäckig am Gaumen kleben bleibt. Töricht war es, Essen zu bestellen an einem Ort, wohin man nur zum Trinken, der Klänge des Klaviers wegen kommt und um dem Wirt die Nase einzuschlagen. Obgleich der Boß kaum mittleren Alters ist, beklagt er, daß Greenwich nicht mehr das ist, was es einmal war, wobei es der Interpretation überlassen bleibt, wann diese nostalgische Vergangenheit gewesen ist, Projektion einer unbestimmten Epoche in einen ebenso vagen Raum, etwas wie ein ungeheueres Dorado. Beim Gläser-Abtrocknen seufzt der Wirt, spricht mit Respekt von der Admiralität, drückt seinen Abscheu vor den Frauenorganisationen aus, die ihm das Geschäft verderben wollen. Dann gibt er aus freiem Stück das Rezept zu einer Austernsuppe, dessen Esoterik ihm jede Glaubwürdigkeit raubt.

Es gibt auch noch das andere Greenwich, Georgian Greenwich, mit dem rosa und grauen Gloucester Circus, den Säulengängen, den aristokratischen Wohnsitzen, den efeu-überwucherten Balustraden, auf die niemand die Ellbogen stützt, den Villen, deren Stil man längst vor der georgianischen Epoche pflegte, einen Stil, den Inigo Jones bei Palladio gelernt hatte. Greenwich war immer eine Adelsresidenz, schon seit im 15. Jahrhundert Heinrich VI. seinem Onkel Erlaubnis erteilte, ein beträchtliches Stück königlichen Bodens einzuzäunen, um daraus einen Park zu machen. Heinrich VIII. kam, um in den Wäldern rund um das Tudor-Schloß von Greenwich den Hirsch zu jagen. Er war in dem trutzigen Bau geboren, ebenso seine Tochter Elizabeth. Heute steht an derselben Stelle, von Sir Christopher Wren errichtet, das Royal Naval College, dessen Fassade, vom Fluß aus gesehen, sich direkt aus dem Wasser zu erheben scheint wie die Paläste Venedigs.

Entmachtet und seines Empires beraubt, verarmt und von Zwistigkeiten zerrissen, bewahrt England noch die Integrität des historischen Bewußtseins. Wenn der Engländer die Säle des National Maritime Museum besucht, gibt er Parteizugehörigkeit und Herkommen an der Garderobe ab. Vor den Reliquien Nelsons empfinden der roast-beef-farbene alte Gentleman und der junge Herr mit Universitätsgrad, der sein Kind wie ein Kängeruh in einem Sack vor dem Bauch trägt, zwar verschiedene, jedoch gleichzeitige Emotionen, die einer gemeinsamen Quelle entspringen. Dabei enthüllt sich hier die Zweideutigkeit des historischen Gegenstandes, der doppelte Sinn jeden Bildnisses und sogar der heimliche Antagonismus der Materie und der Darstellung. – Abgesehen davon, daß man manchmal nicht mehr weiß, wo die Phantasie beginnt und wo die bloße Einfühlung aufhört. In den Cook's Reisen reservierten Sälen wird die Atmosphäre klarer und einfacher. Eine höchst erregte Schulklasse folgt dem Kapitän in seine Abenteuer bei den Klängen polynesischer Rhythmen, die mit einer Stimme abwechseln, wie man sie wohl dem Kapitän Cook zutrauen könnte, »... on 1st April wie left Cape Farewell and sailed westwards for Van Diemen's Land but a southerly gale forced us on the southeastern tip of Australia.« Schweigend und verwirrt betrachtet ein kleines, farbiges Mädchen die Ermordung des Kapitän Cook, wie Zoffany sie gemalt hat, eine Szene der Gewalt in einer Felsenlandschaft.

Nach zahllosen Porträts von Admirälen, Erdgloben, Schiffsmodellen, Seeschlachten, historischen Treffen hat die Neptunshalle den Charme eines volkstümlichen Farbdrucks: Die grellen, unproportionierten Galionsfiguren lassen die kleine Dampfjacht mit Perkalgardinen, Kupferbeschlägen, Palisandertäfelung und mit dem Teeservice auf dem Kajüttisch zu Spielzeuggröße schrumpfen. Die alten königlichen Barken mit ihren Delphinskulpturen und

Najaden dagegen, die Parade-Schaluppen, zu denen der Bucintoro Pate gestanden hat, stehen in einer langen, halbdunklen Galerie, in der ihre Vergoldungen leuchten.

Nichts ist englischer als der englische Park auf den Hügeln, wo das alte königliche Observatorium steht. Karl II. hat es gegründet, »um die (geographische) Länge der Orte zu bestimmen und Navigation und Astronomie zu vervollkommnen«. An das National Maritime Museum angeschlossen, ist es die älteste wissenschaftliche Institution Großbritanniens. Der von kindlichem Ehrgeiz gepackte Tourist mag sich, je einen Fuß auf jeder Hemisphäre, fotografieren lassen, während der erste Meridian zwischen seinen Beinen verläuft wie der Hafenkanal von Rhodos zwischen denen des Kolosses. Danach steht es ihm ebenso frei, die Armbanduhr nach der galvanomagnetischen Uhr zu stellen, deren Bewegung zur exakten Stunde den Fall des roten Balls auslöst, mit dem der Beginn eines neuen Tages gekennzeichnet wird. Das Museum ist eine Augenweide und ein Ohrenschmaus mit seinen Regulatoren, Astrolaben, dem Ticken, Wispern, Klingeln, Schnurren der Apparate und den Wohnräumen des ersten königlichen Astronomen, jenes Rev. John Flamsteed, der aus seinen Fenstern einen so prächtigen Ausblick hatte.

An schönen Aussichten mangelt es nicht in Greenwich, an sorgfältig berechneten Perspektiven, einem Triumph der ästhetischen Spekulation. Es genügt, nach der Isle of Dogs hinüberzugehen, um eines der schönsten Architektur-Panoramen in England zu genießen. Der Weg führt durch einen Tunnel unter der Themse hindurch, vor hundert Jahren angelegt, um den Arbeitern Zugang zum West India Dock zu verschaffen. Durch eine Art riesiger Käseglocke geschützt, öffnet sich die Treppe just bei Cutty Sark, und in knapp fünf Minuten gelangt man direkt in den Garten der Insel, einen kleinen Park, der weiter nichts bietet als den Blick auf die Architekturlandschaft, auf das Queen's House in der zentralen Achse von Wrens beiden Kolonaden und zur Rechten auf das Takelwerk der Cutty Sark, die, von hier aus gesehen, zwischen den kleinen

Küstenfahrzeugen mit braunen Segeln zu schwimmen scheint. Und darüber ein perlfarbenes Licht, ein ionisierender Dunst, wie ihn William Turner auf seinen Bildern festzuhalten verstanden hat. Es ist Magie, das heißt ein Bild im Spiegel, eine andere Welt, ein schillerndes Fragment, das einem anderen Bild und einer anderen Realität entspricht. Denn die Isle of Dogs existiert ebenfalls, sie ist nicht weniger real als die Perspektive, die sie bietet. Im Park, wo das Gras gilbendem Plüsch ähnelt, trägt ein bemützter Mann einen Hund in den Armen, den er in einen Lappen gewickelt hat, »damit er nicht friert«. Wegen der Zahnlücken ist seine Aussprache schwer zu verstehen, und seine alterslose Frau in einem verblichenen Kleid ist auch zahnlos.

»Ja, es stimmt, man sieht weniger Tiere als vor fünf Jahren, weil Fleisch teuer geworden ist. Und außerdem sind in den neuen billigen Wohnblocks Hunde nicht geduldet.« »So billig nun auch wieder nicht, für uns jedenfalls sind sie zu teuer«, ergänzt die Frau, ehe sie in Nachdenken verfällt, aus dem sie strahlend, mit dem ganzen schwarzen Mund lächelnd, zurückkommt: »Eigentlich ganz gut so, denn so können wir Spot behalten!« Der Mann sagt lächelnd: »Er frißt ja auch nicht viel.«

Die schwerfälligen, trüben, faßt erdigen Wellen spiegeln nichts wider. Mit den alten Werftanlagen, verlassenen Docks – rostigen Eisengerüsten, Mauern von der Farbe angetrockneten Blutes, insektenhaft sperrigen Treppen, zerbrochenen Fensterscheiben – scheint die Isle of Dogs aus der eigenen Vergangenheit nichts bewahrt zu haben als die alten Namen in den ornamentalen Buchstaben des 19. Jahrhunderts auf den Schuppenwänden: Metropolitan Wharf, St. Andrew Wharf, Spuren des goldenen Zeitalters, während dem ein Stück flußaufwärts die Great Eastern entstand, »deren Rumpf so lang war, daß man sie beim Stapellauf breitseits in die Temse gleiten lassen mußte«. So nah und so fern ist die Zeit. Auf einer blinden Wand steht in Industrieblau: Take Courage. Doch woher nehmen, wo nur die West India Docks der Krise widerstehen, ohne ihr entgehen zu können? Auf dem Schiff, das den

Reisenden nach Charring Cross zurückbringt, während er zwischen dem Londoner Eastend auf den Zinnen des Tower, zwischen dem Gedanken an Jack the Ripper und der larmoyanten Erinnerung an »die Kinder Eduards« geteilt ist, wird ihm die Antwort mangelhaft, unvollständig, subjektiv, doch vernünftig zuteil: »Das Rad läßt sich natürlich nicht zurückdrehen; aber man kann neu beginnen, nicht wahr? Völlig neu beginnen, wie die große Uhr in Greenwich täglich den Zeiger seinen Lauf neu beginnen läßt.«

Merete Hall

Im Blumenkohlland

Die Grafschaft Lincolnshire

Wer denkt bei Windmühlen, Tulpenfeldern und Deichen schon an England. Oder bei den Wollkirchen, den würdigen Zeugen einer wohlhabenden Vergangenheit, die überall aus der Weite der Landschaft herauswachsen und in ihrer schiefen Einsamkeit dem Turm von Pisa schweigend den Rang abneigen. Aber das ist Lincolnshire im Südosten der britischen Insel. Die Engländer selbst kennen vielleicht die alten Römerstädte Stamford und Lincoln, oder sie mieten sich im Sommer in einem der Caravanparks an der Küste zwischen Skegness und Cleethorpe ein, während Touristen aus Amerika besonders gerne eine Wallfahrt nach Boston, in die Stadt ihrer Vorväter, machen. Aber in den abgelegenen Kirchen, um die nur der Wind pfeift und die Möwen kreischen, trifft man keinen Menschen, und in der Marsch sind Schnepfen, Rotschenkel, Rohrsänger und Pfeifenten die einzigen Weggenossen.

Fast ein wenig unheimlich und so fremdartig still kann eine Wanderung entlang der Deiche sein. Auf der einen Seite meilenweit fruchtbarer Ackerboden, der einst dem Meer gehörte, auf der anderen die seichte Wash-Bucht, in die sich die uralten Wasserwege Nene, Welland und Witham träge entleeren. Die Fahrt bis zum Deich wird zu einem aufregenden Katz-und-Maus-Spiel mit dem Meer. Gedney Dyke, wo noch Überreste von Salinen aus dem 14. Jahrhundert zu sehen sind, liegt doch sicher am Deich

– aber nur umrißlose Weite breitet sich vor uns aus. Dann eben bis Gedney Drove End: aber noch immer gibt das Fenn den Blick aufs Meer nicht frei. Erst von der Deichkrone aus ist es zu sehen – ein dunkler Streifen, schmollend und abwartend zwischen Schlick und Sand mit in der Sonne gleißenden Pfützen.

Lincolnshire ist für Kenner, und deshalb waren auch die Römer da. Sie erkannten die Fruchtbarkeit der Fenns und legten Kanäle zur Entwässerung der Torfmoore an. Diese Wasseradern dienten gleichzeitig als wichtige Transportwege für die Versorgung ihrer Legionen im Norden. Der Carr Dyke führte von Cambridge bis zu ihrer »Colonia Lindum«, wohin sich ausgediente Legionäre zurückzuziehen pflegten. Noch heute holpert der Verkehr in Lincoln durch das alte römische Stadttor, den Newport Arch, gleich hinter der Kathedrale. Auch die ersten Deiche, die »Roman Banks«, um die Wash-Bucht und landeinwärts haben die Fennbauern den unermüdlichen Baumeistern aus dem Süden zu verdanken. Angeblich wurden dabei elf Millionen Tonnen Material bewegt, und man kann es den alten Briten nicht verübeln, daß sie sich laut Tacitus »bitter über die Römer beklagten, weil ihre Körper und Hände beim Eindämmen der Fenns so geschunden wurden«.

Später stritten sich dann Angeln, Sachsen und Dänen um das gute Weide- und Ackerland, und die Ortsnamen dieser Gegend lesen sich heute wie eine Chronik der Stämme. Solche mit der Endung »by« (Weiler), »thorpe« (Dorf) oder »beck« (Bach) waren dänische Siedlungen. Orte mit »ey« oder »ea« – eine Ableitung von »ig« (Insel) –, wie Manea oder Thorney, oder Namen mit »ing« (die Leute von ...), wie Spalding, verraten angelsächsische Herkunft.

Spalding, die Blumenstadt im South Holland District von Lincolnshire, liegt mitten im englischen Großgemüsegarten, in dessen Torf- und Schlickboden vor allem Kohl, Rüben, Bohnen, Kartoffeln und Zwiebeln vorzüglich gedeihen. Die Hälfte des britischen Blumenkohlbedarfs wird hier geerntet, und im Herbst läßt einen der unverkennbare Geruch dies keine Sekunde vergessen. Es sind jedoch nicht der unfeine Kohl oder die bleiche englische Eßzwiebel, die Spalding und »Klein-Holland« auf die Weltkarte setzten und zur großen Touristenattraktion machten, sondern die lieblicheren Blumenzwiebeln, die übrigens besonders häufig – wie Eulen nach Athen – nach Holland geschickt werden.

Großbritannien ist eine Weltmacht in der Narzissenzucht und verfrachtet jährlich um die Weihnachtszeit aus der Umgebung von Spalding Tausende von Kartons mit der gelben Pracht auf den Kontinent. Jedes Jahr im Mai, am ersten oder zweiten Wochenende, besuchen Tausende die Blumenparade der Stadt, um die mit Millionen von Tulpenköpfen großartig geschmückten Festwagen zu bestaunen – zwölf Millionen, so heißt es, aber wer weiß das schon so genau? Was wie Verschwendung aussieht, ist nur ein anmutiges Abfallprodukt, denn die Tulpenzwiebel wird – so behaupten die Forscher – kräftiger, wenn man ihr vor dem vollen Aufblühen den Kopf abknickt.

In den Großgartenanlagen von Springfields vor der Stadt ist das ganze Jahr über Blumenfest. Osterglocken, Narzissen und Tulpen werden im Juni von Rosenstöcken abgelöst, die zusammen mit Gladiolen und Dahlien in den Herbst hinein blühen. Das gemächliche Städtchen am Welland hat jedoch nicht nur Blumen anzubieten, sondern auch eine ungewöhnliche Kirche aus dem 13. Jahrhundert, doppelschiffig und mit einer schönen Stichbalkendecke. Dazu das »White Hart«, ein Inn aus dem 14. Jahrhundert, das sich als ideales Absteigequartier eignet.

Ich schwöre – und beim letzten Besuch habe ich mich wieder davon überzeugt –, im heckenarmen und fast baumlosen Südlincolnshire, bis hinüber nach Boston und hinauf nach Lincoln, ist der Horizont irgendwie abhanden gekommen: die leuchtenden Blumenteppiche, gelb-rot-weiß gestreift, die Meere hellgrüner Saatpflanzen, das grenzenlose Braun der umgepflügten Äcker, sie alle gleiten irgendwo ganz in der Ferne nahtlos in die blaugraue Endlosigkeit des Himmels. Überhaupt die Weite des Himmels, die dramatischen Wolkenspiele und die ungeheure Unmittelbarkeit des Sonnenuntergangs – zum Greifen nah, ein leuchtendes Riesenrad, das immer tiefer in die Ackerfurchen einsinkt und dunkles Orangerot über das ganze Land verströmt.

Südlincolnshire hat keinen Horizont, dafür aber feine Kirchtürme, deren versteinerte Spitzen sich wie Bleistifte scharf in den Himmel bohren. Vor Jahrhunderten, als die Torfmoore und flachen Marschseen noch viele Gefahren in sich bargen, mögen sie dem einsamen Wanderer willkommene Wegweiser gewesen sein. Es war der mittelalterliche Wollhandel, zuerst in Lincoln und Stamford und dann in Boston, der diese steinerne Opulenz erlaubte. Sicher gibt es hier mehr Kirchen als Pubs – und das will in England etwas heißen. Auf der Straße von Spalding nach Boston könnte man alle drei bis vier Meilen für eine Besichtigung anhalten. Sie stehen überall, diese großen, heiteren Kirchen aus dem 13. und 14. Jahrhundert, die »Kathedralen der Fenns«, wie sie manchmal genannt werden, oft breithüftig mit Seitenschiffen wie Flügel. Im kleinsten Dorf sind sie zu finden, im Schatten uralter Baumgruppen mitten in einem Feld oder ganz abgelegen und von der Welt vergessen.

Alle anzuschauen ist nicht möglich, aber einige sollte man gesehen haben. All Saints in Moulton zum Beispiel mit ihrem wohlproportionierten Turm samt Zinnen und kunstvoll mit Steinschnörkeln besetzter Spitze. Dann St. Mary Magdalen in Gedney, etwas windzerzaust und schief ins Moor gedrückt, ruht sie auf einem tief im Torf verankerten Riesenfloß und vereint gleich mehrere Stile der englischen Gotik in ihren Mauern. Am schönsten sind ihre Lichtgaden im Perpendicular-Muster, die so viel vom Lincolnshire-Himmel hereinlassen. St. Mary in Long Sutton hat ihr normannisches Mittelschiff durch Überschwemmungen und Jahrhunderte herübergerettet, und sie ist berühmt für ihre hölzerne Turmspitze aus dem 13. Jahrhundert, die im Fischgrätmuster mit Blei überzogen ist. St. Peter, einst auf der Walpole-Insel mitten in der Marsch erbaut, ist heute auf festem Boden zu erreichen und gilt als die »Königin der Marschen«. Und dann noch die Benediktinerabtei Crowland Abbey, auch einst von Sumpf umgeben, halb Kirche, halb Ruine, mit zwei prächtigen Steinbögen, die sich klar gegen den Himmel abzeichnen – normannisch im Osten und frühenglisch im Westen. Sie haben Erdbeben und Feuer überstanden, während alles andere um sie zerfiel. Nur wenige Schritte von der Abtei entfernt steht an der Kreuzung mitten im Dorf eine Brücke, unter der kein Wasser mehr fließt. Im 14. Jahrhundert, als die Straßen noch Wasserwege waren, half sie den Fußgängern über den Welland, der sich an dieser Stelle teilte. Heute trifft sich unter ihren Bögen, die in drei Himmelsrichtungen schauen, die Jugend mit ihren Motorrädern.

Als Cromwell im 17. Jahrhundert die Königlichen bekämpfte, zeigte er wenig Ehrfurcht vor den Fennkirchen und benutzte sie häufig als Lager und Stallungen, und manche der mächtigen Eichentüren sind übersät mit Schrotkörnern. Ob seine Soldaten gewaltsam Einlaß suchten oder sich im Zielschießen übten, darüber konnten sich die Geschichtsdeuter allerdings noch nicht einigen. Das Kirchenportal in Swineshead scheint nur noch durch Schrot zusammengehalten, und auch das Seitenportal der für die Gegend ungewöhnlich kleinen St.-Laurence-Kirche in Surfleet mußte einiges aushalten. Ihr Turm ist übrigens schiefer als der von Pisa, nur kann er dies aus Mangel an Höhe nicht augenscheinlich beweisen. Aber zwei seiner zwölf Glocken, die angeblich den weichsten Klang der Welt haben, hängen laut Gemeindepfarrer »technisch« außerhalb des Turms.

Lincoln allein hatte vierzig Kirchen, alle überschattet von der majestätischen, nun bald neunhundert Jahre alten Kathedrale, die dreitürmig und honigfarben auf dem Hügel über der Stadt thront. Die großartige Westfassade, auf der sich reich verzierte normannische Rundportale mit dem Filigran gotischer Steinmetze harmonisch verbinden, blickt hinüber zur Festung, die sich William der Eroberer erbaute. Um den Kathedralenplatz und den steilen Gäßchen zur Stadt hinunter drängen sich Häuschen aus dem Mittelalter. Besondere Ehre muß man dem anmutigen »Jews House« erweisen, das seit dem Jahr 1170 ununterbrochen bewohnt ist. Damals war Lincoln die Hochburg des Wollhandels, und jüdische Geldverleiher hatten hier viel zu tun. Die Stadt hatte das königliche Kauf- und Verkaufsrecht für Wolle, Leder und Häute. Das rote Tuch von Lincoln war weithin berühmt. Die Wolle, die als die beste und teuerste galt, wurde den Withum hinunter nach Boston gebracht und ging von dort aus nach Flandern, Italien und Frankreich.

Als auch Boston 1369 das königliche Recht erhielt, Wolle zu kaufen, zu wiegen, zu versiegeln und zu besteuern und die Verschlammung des Withum die Schiffahrt zusehends beeinträchtigte, verlor Lincoln an Bedeutung. Boston, dessen Hafen sich mit dem Londons mühelos messen konnte, wurde zum neuen Mittelpunkt, und der zehn Tage dauernde Markt einmal im Jahr war weit über die Grenzen hinaus nicht nur für seine Wolle, sondern auch für den Wein aus der Gascogne bekannt, der damals »zum hohen Preis von acht Pennies die Gallone verkauft wurde«. Noch heute ist zweimal in der Woche auf dem großen Platz gleich neben der St.-Botolph-Kirche Markt – allerdings ohne die strenge Verordnung aus dem Jahr 1634, die forderte, daß der Friedhof anständig eingefriedet werden soll, um »Schweine und andere widerliche Kreaturen vom Graben in demselben abzuhalten«.

St. Botolph, die Pfarrkirche von Boston, im Jahr 1309 begonnen, hat die Ausmaße und die Würde einer Kathedrale. Ihr hoher schlanker Turm mit dem achteckigen laternenförmigen Aufsatz ist weithin sichtbar und diente einst den Schiffen in der Wash und den Withum hinauf, als wichtiger Wegweiser. Im Seitenschiff von St. Botolph erinnert die kunstvoll gravierte Platte über dem Grab des Wassilus Smalenberg aus Münster daran, daß um die Zeit seines Todes im Jahr 1340 die Hansekaufleute zu den führenden und privilegierten Bürgern von Boston zählten. Die »Steelyard«-Kaufleute, wie sie genannt wurden, weil sie ihre Waren mit einem »merkwürdigen Stahlmaß« – der Balkenwaage – wogen, waren ob ihres ehrlichen Geldes hochgeachtet.

Von Boston aus machten einige der späteren Pilgerväter

bereits 1607 den ersten mißglückten Auswanderungsversuch. Sie landeten in den Gefängniszellen, die man noch heute in St. Mary's Guildhall besichtigen kann. Später folgten dann viele angesehene Puritaner der Stadt den Pilgervätern nach Neuengland, wo sie zusammen eine neue Siedlung aufbauten, die sie Boston nannten. Die amerikanischen Nachfahren haben seitdem mehrmals ihre Dankbarkeit in harter Münze gezeigt und die englische Namensschwester bei der Restaurierung von St. Botolph kräftig unterstützt.

Natürlich kann Boston auch eine Windmühle vorzeigen, die allerdings kein Wasser geschöpft, sondern Korn gemahlen hat. Die erste Windmühle in den Marschen stammt aus dem Jahr 1604. Bald danach begann dann der Holländer Vermuyden unter der Schirmherrschaft des Earl von Bedford ernsthaft mit der Entwässerung der Fenns mit Hilfe von Windmühlen. Niemand hat daran gedacht, daß Torfmoore, die oft bis zu fünfundneunzig Prozent aus Wasser und nur zu fünf Prozent aus Torf bestehen, so schrumpfen können, daß man heute zum Fluß die Böschung nicht hinunter-, sondern hinaufklettert. Fast geisterhaft wirkt es, wenn man vom Auto aus oben am Damm einen schifflosen Mast lautlos vorbeigleiten sieht.

Ein berühmter Beweis dieser Torfmoorschrumpfung ist der Holmepfahl, der vor 130 Jahren durch die Torfschicht in den Lehmboden von Whittlesey Mere getrieben wurde und heute viereinhalb Meter hoch völlig frei in der Landschaft steht. Die tüchtigen Windmühlen, die an dieser Entwässerung eifrig beteiligt waren, soweit es die Winde erlaubten, wurden überflüssig, als die Dampfmaschinen die Schöpfarbeit übernahmen. Heute sind die malerischen Wasserpumpen von einst meist nur noch flügellose Ruinen.

Was den Fennbauern als Ackerland zugute kam, verloren die Wasservögel an Lebensraum, und Wilderer haben längst ihr einst einträgliches Treiben eingestellt. Dennoch ist die Küste von Lincolnshire immer noch ein guter Platz für Vogelbeobachter und Zugvögel, vor allem Wattvögel wie Austernfischer und Knutts. Dazu gibt es sechzig Naturschutzgebiete, und in Gibraltar Point, mit Sanddünen, Salzmooren und Robbenbänken, werden in der Vogelwarte Kurse angeboten, die besonders auf die Charakteristik der Lincolnshire-Landschaft eingehen, und für Angler halten die zahllosen Wasserläufe, Kanäle und Flüsse ein verschwenderisches Angebot bereit.

Vielleicht sollte man – zum Abschied – noch Stamford an den grünen Ufern des Welland, im südlichsten Zipfel von Lincolnshire, besuchen. Römer, Dänen, Normannen, Tudors und viele gottesfürchtige Baumeister haben hier alle etwas zurückgelassen. Aus hellem warmem Stein gebaut, ist sie eine der schönsten Städte Englands – so einmalig, daß sie unter Denkmalschutz steht.

Gabrielle Wittkop-Ménardeau

Ein Rausch und seine Folgen

In Tunbridge Wells

Zum vierten oder fünften Mal seit der Charing Cross Station liest das junge Mädchen den Brief, den es ganz dicht an das Gesicht hält. Soweit man sehen kann, ist die Schrift bürokratisch. Der Zug rattert nicht im Dreivierteltakt wie auf dem Kontinent, er sagt nur immerfort one-two-three, one-two-three. Dieses Zweite-Klasse-Abteil riecht nach Staub, seine blaugemusterten Polster sind abgenutzt, aber die schäbige Eleganz seiner Tulpenlampen läßt an die Salonwagen der Belle Epoque denken. Das Mädchen scheint den Brief auswendig zu lernen, denn ab und zu schließt es die Augen. Wer schreibt heute noch Liebesbriefe? Das Mädchen beißt krachend in einen Apfel, kaut und liest, kaut auch bei geschlossenen Augen. Der Apfel ist ein Cox Orange, ein Cox Orange aus Kent sicherlich, doch das Gebiet der Obstplantagen haben wir noch nicht erreicht, und London erstreckt sich bis Hither Green, Backstein und Rost, traurige Cottages, neogotische Kirchen zwischen Fabriken und dunklen Halden, Ginster und Kamille an rußigen Lagermauern entlang, Gaswerke, Backstein, Backstein und Rost.

Wer nicht Auto fährt, muß seine Reiseroute enger wählen und vor allem wissen, was er nicht sehen will. Wer nach Kent fährt, ist nicht gezwungen, sich Canterbury anzuschauen, es sei denn, er fühlt sich von mittelalterlicher Architektur besonders angezogen, von der Geschichte der anglikanischen Kirche besonders angesprochen, vom sensationellen Mord an Thomas Becket besonders angeregt. Wen die Küste nicht lockt, wird sich also auf die Schlösser und Städtchen des nördlichen Kent beschränken. Es sind deren viele, so daß man am besten mit einer Nadel seine Wahl trifft. Man riskiert kaum eine Enttäuschung.

Royal Tunbridge Wells hat die Nadel gesagt, und so kommt es – one-two-three, one-two-three –, daß man zwischen grünen Hügeln und flachwelligen Wiesen, wo Schafe weiden, gen Süden rollt. Petts Wood und dann Orpington: hier wird ein berühmtes Geflügel gezüchtet, und in Gedanken daran nannte man in Paris des Fin de siècle die in ihren Federboas gackernden Luxus-Kurtisanen die »Orpington«. Sevenoaks, die nächste Station. Ganz nahe, in Knole, muß ein sehr schönes Herrenhaus aus dem 15. Jahrhundert zu besichtigen sein. Der Zug fährt durch The Weald of Kent, eine liebliche, eine sehr alte Kulturlandschaft. Seit zweitausend Jahren baut man Gemüse, Blumen und vor allem Obst in diesem »Garden of England«, denn schon die Römer haben hier die fruchtbare Erde zu nützen gewußt. Zwischen Viehweiden und von hohen Hecken umschlossenen Gärten ragen auch die spitzen Türme einiger Hopfenhäuser, denen womöglich noch spitzere Blechhüte das Aussehen von Löschhörnern geben. Manche von ihnen sind als Wohnhäuser ausgebaut worden. Es muß sehr bizarr, sehr unbequem, sehr schön darin zu leben sein.

Der Bahnhof von Tunbridge Wells – seit 1909 durch Gnade Edwards VII. Royal Tunbridge Wells – mündet direkt auf die Hauptstraße, Mount Pleasant Road. Aber Mount Pleasant ist so angenehm nicht, denn seine harten Steilhänge werden von allen Seiten von einem hartnäckigen Wind ständig gefegt, ein unangenehmes Phänomen, an das man wohl nicht gedacht hat, als man die Brunnen entdeckte, denen Tunbridge seine Existenz verdankt.

Als anno 1606 James I. den Besuch des Königs von Dänemark empfing, dauerte das Gelage über vierzig Tage. Ein verheerender Kater muß einige der Höflinge derart gequält haben, daß eine Erholung auf dem Land angebracht schien. Bevor Dudley, dritter Baron North, nach einem geruhsamen Aufenthalt nach London zurückfahren wollte, entdeckte er zufällig eine Pfütze rötlichen Wassers, dessen Geschmack ihn sofort an die therapeutischen Quellen von Spa erinnerte. Er nahm davon nach London mit, und die Analyse erwies einen beträchtlichen Gehalt an Eisen, Sodium und Calcium. Diese Region von Kent war übrigens schon immer für ihre Mineralreichtümer bekannt, und zur Zeit der Queen Elizabeth I. waren die Öfen von Lamberhurst, Tudeley, Hawkhurst und vor allem von Brenchley und Horsmonden die Hauptlieferanten von Eisenwaren. So gab man auch den Quellen von Tunbridge den Namen »Chalybeate«, abgeleitet von den Chalyben, einem in der Antike für seine Eisenarbeiten berühmten Volk Kleinasiens.

Lord North und seine Freunde fanden das Tunbridge-Wasser hervorragend gegen die Folgen alkoholischer Exzesse, und bald wurde es Mode, zu den Chalybeates zu fahren. Nur mit der Unterkunft haperte es, und als Queen Henrietta-Maria 1630 sich von ihrem Kindbett in Tunbridge Wells erholte, kampierte sie samt ihrem Gefolge in einem Zeltlager. Mit märtyrerhaftem Mut hielt man hof im Freien, und die hohen Absätze blieben im Morast stekken, während auf einer Holzestrade die Musiker Werke von Hilton oder von Holborne zum besten gaben. Wurde London von Katastrophen heimgesucht – wie der großen Pest von 1665 oder dem großen Brand von 1666 –, suchten Privilegierte jedesmal Zuflucht in Tunbridge Wells, dem Beispiel der königlichen Familie folgend und einem weisen Selbsterhaltungstrieb gehorchend.

Da der Duke of Gloucester auf dem schlammigen Boden ausgerutscht und gestürzt war, gab Queen Ann hundert Pfund für die Pflasterung des Brunnengebietes aus; doch das Geld verschwand, die Arbeit wurde nicht verrichtet, und die verärgerte Monarchin zog es vor, das Wasser in Bath zu trinken. Die Bewohner ließen schließlich um 1700 die Allee bei den Brunnen pflastern, und zwar mit quadratischen Backsteinen, sogenannten Pantiles. Sie gaben der Straße den Namen, der ihr auch blieb, als die

Pflasterung durch große Steinfliesen aus Purbeck ersetzt worden war. Schon im 18. Jahrhundert waren The Pantiles ein Viertel mit eleganten Häusern und schönen Bäumen, erfüllt von mondänem Treiben. Es steigerte sich zum wahren Taumel bei der Ankunft des Beau Nash, des strengen Zeremonienmeisters und Arbiter elegantiarum, der die ganze Schickeria in Reifrock und in Spitzenjabot nach seiner Pfeife tanzen ließ, wie er es schon in Bath vorexerziert hatte. Wer auf sein soziales Prestige hielt, war gezwungen, Tunbridge Wells aufzusuchen, und mehr noch als schon hundert Jahre vorher wurde die Trinkkur zu einem rein gesellschaftlichen Anlaß. Beau Nash selbst – ein dankbares biographisches Objekt – hielt konsequent an seinen Prinzipien fest, wurde, um seinen aufwendigen Lebensstil durchzuhalten, zum Spieler und starb in Armut.

Obwohl längst nicht mehr fashionable, lebt Tunbridge Wells noch von seinem Namen. Die Konfektionsgeschäfte, Konditoreien und Restaurants unter der Kolonnade des Upper Walk werden hauptsächlich von Fremden aufgesucht. Unter den Linden des Lower Walk und des sogenannten Fishmarket sind Souvenirbilder ausgestellt, nach bewährtem Muster der Pariser Place du Tertre und genauso schrecklich. Die Brunnen selbst, zwei kleine, orangerote Löcher, sprudeln leise in einer doppelten Steinnische. Alle Leute, die von dem Wasser trinken, lachen dabei, als ob sie es als einen harmlosen Witz betrachteten. Es sind fast nur Briten, Besucher aus London, die sich mit Kindern und Hund einen freien Tag gemacht haben. Beau Nash würde der Schlag treffen.

Gegenüber der Nordseite des Pantiles gibt es einige schöne, alte Häuser und andere, weniger schön und weniger alt, die auf antik frisiert sind. Es gibt auch eine sehr kuriose Kirche, die Church of King Charles the Martyr. Sie entstand auf eine Subskription der eleganten Kurgäste hin in den achtziger Jahren des 17. Jahrhunderts. Das Gotteshaus war nur im Sommer geöffnet, und man kam, um Prediger à la mode zu hören. Es ist der Erinnerung an den Gatten Henrietta-Marias gewidmet, Charles I., der nach einem Parlamentsurteil der Cromwell-Partei seinen Kopf auf den Richtblock legen mußte. Eine Messingplatte an der ziemlich dicht unter der schönen Deckenstukkatur verlaufenden Galerie gibt den Platz an, an dem die Duchess of Kent und ihre Tochter Victoria zu sitzen pflegten. Eine heute abgetragene dreistöckige Kanzel stand damals in ihrer Nähe, doch sonst soll die Kirche sich kaum verändert haben.

Zwischen 1825 und 1835 verbrachten die junge Victoria und ihre Mutter oft den Sommer in Calverley House, und für die Bürger von Tunbridge Wells war es keine Seltenheit, das kleine Mädchen auf seine Eselin Flower reiten zu sehen. Calverley House, ein großer, gelber Bau mit Säulenpontikus und abgerundeten Fenstern, ist heute ein Hotel. Um 1830 wurde es nach Plänen von Decimus Burton vergrößert, zu einer Zeit, in der, trotz herzoglicher Besuche, Tunbridge Wells schon als vollkommen passé galt. Es war, als ob die Stadt sich selbst bis zum Tod verausgabt habe wie seinerzeit Beau Nash. Zwar wurde nach Burtons Arbeiten ein Wiederbelebungsversuch unternommen, eine Art »neue Stadt« wurde erbaut, als Rivalin oder Ergänzung der Pantiles, der Calverley Park Crescent, ein halbrunder Baukomplex mit Kaffeehäusern und exklusiven Läden, doch der Erfolg blieb aus, und bald wurde der Crescent als Wohngebiet benutzt. Seine graziöse, aber allzu magere Kolonnade kann dem Vergleich mit der Architektur des Upper Walk nicht standhalten. Mit seinen Eisenpfosten, den zurückweichenden Stockwerken und den unzähligen Röhren, die seine Fassaden verschandeln, mangelt es Calverley Park Crescent arg an baulicher Majestät. Schlimmer ist, daß Langweile von ihm auszugehen scheint, obwohl man ahnen kann, daß hinter seinen verschlossenen, viktorianischen Fassaden sich mancherlei ereignet haben mag.

Frog Lane heißt die enge, steile Straße, die den Hang zum Mount Sion erklimmt; sie scheint ganz und gar nicht zu Tunbridge Wells zu gehören, sondern vielmehr zu irgendeinem Dorf in Cornwall oder Wales. Mount Sion bildet den ursprünglichen Kern der Agglomeration, und hier waren auch die ersten Quartiermöglichkeiten für fremde

Besucher. Hier hat man Ochsen gebraten und Bären tanzen lassen. Die Ecke ist ganz verwinkelt; winzige Passagen, hier als Twittens bezeichnet, schlängeln zwischen hohen und niedrigen, schrägen, stets in frischen Farben gestrichenen Häusern hindurch. Von dem massiven Hochmut der butterfarbigen georgianischen Stadt ist hier nichts zu spüren. Die Gärten sind handgroß, von Blumen überquellend und vollkommen chaotisch; Steinbrech, Hauswurz, Moos, Phlox und Levkojen wachsen durcheinander. Manche Fenster, ganz willkürlich angebracht, sind gerade für die Hauskatze groß genug. Die runden Pflastersteine sind glasglatt. Eine plötzliche Windbö treibt Schwaden von Holzrauch vor sich her. Ein Kind wird gerufen. Eine Frau, fünfzigjährig vielleicht, das Haar blauschwarz gefärbt, kommt die Straße herauf. Sie trägt eine große Einkaufstasche und lächelt. »Heute habe ich ganz schön beim Bingo gewonnen«, sagt sie. »Es ist doch eine tolle Einrichtung!« Sie hält vor einem rosaroten, ganz in die Höhe gebauten Häuschen an. Es trägt seinen Namen neben der Tür: The Toad in Frog Lane, die Kröte in der Frosch-Gasse. Eine sehr hohe Kröte, eine Kröte auf Stelzen, sage ich, und die Frau hört nicht auf zu lachen. Graham Greene habe über ihr Haus geschrieben, sagt sie, es stünde in einem Kinderbuch, aber sie weiß nicht, in welchem.

Die Stadtbibliothek von Tunbridge Wells verwahrt vielleicht sogar die gesammelten Werke von Graham Greene, aber sie gibt an, keine Toiletten zu besitzen, was an Grausamkeit grenzt. Das Stadtmuseum aber liegt im ersten Stock desselben Gebäudes, und wenn es zwar sanitäre Bequemlichkeiten nicht zu ersetzen vermag, ist es doch auf seine Weise äußerst anziehend. Von geologischen, zoologischen und archäologischen Sammlungen abgesehen, stellt das Museum allerlei Gegenstände des täglichen Lebens aus: Puzzles, gestickte Landschaften mit Geburtstagswünschen, Perlenarbeiten, Döschen, Fläschchen, ein herrliches Puppenhaus in georgian style und eine Reihe von Hutnadeln, Libellen aus Horn, Gagatkugeln, Schleifen aus Straß, Perlmuttschmetterlinge, reinen Schnickschnack. Es gibt da auch Brillen mit kleinlichen, geizigen Gläsern und daneben eine formidable Ohrenposaune, gedacht für einen schwerhörigen Herkules. Hat man alle diese in ein fahl vom Glasdach herabfallendes Aquariumslicht getauchten Artefakte betrachtet, kann man sich der sogenannten Tunbridgeware widmen, einem typischen Erzeugnis des Ortes: es handelt sich um eine einzigartige Intarsienform, die von Anfang des 17. Jahrhunderts bis etwa 1920 hier produziert wurde, unter Verwendung von lokalen Holzarten wie etwa Kirschbaum, Pflaumenbaum, Stechpalme, Geißblatt, Buchsbaum und Lorbeer. Die Stücke reichen vom Spieltisch bis zum Schreibnecessaire, vom Spiegelrahmen bis zur Briefschatulle wie zum Beispiel dem Kästchen, dessen Verzierung, ein Schmetterling, aus 13 000 Holzstücken bestehen soll.

Briefschatullen lassen an Geheimnis denken, an Briefgeheimnisse, vielleicht an Geheimsprachen. Hier in der Stadt entstand der mysteriöse Tunbridge Wells Love Letter, auch eine Spezialität. Er wurde um 1700 von unbekannter Hand nicht etwa geschrieben, sondern gezeichnet, und die Museumsbesucher können noch heute seine vertrackte Botschaft enträtseln. Von Liebe ist in diesem Rebus kaum die Rede. Die Antwort darauf, The Lady's Answer, ist von derselben Art, sogar sichtlich vom selben Zeichner mit genüßlicher Akribie ausgeführt. Der Text ist klar, meint der Wärter, nur der Sinn bleibt geheim. Wahrscheinlich gibt es keinen anderen Sinn als den Spieltrieb, das Spiel um des Spieles willen. Denn der doppelte Brief wurde nicht von einem maskierten Kavalier und einer bestochenen Kammerfrau befördert, sondern er wurde gedruckt – farbig sogar – und an die Besucher von Tunbridge Wells verkauft: Entmythisierung eines Liebesbriefes, Frühkitsch für Reiselustige. Man kann vermuten, daß nach diesem berühmten Modell eine Menge Rätselliebesbriefe zwischen Damen und Höflingen ausgetauscht wurden, daß sie plötzlich Mode wurden in der galanten Gesellschaft, die nach Tunbridge Wells kam, um die strapazierte Leber zu kurieren. Der Brief, den das Mädchen im

Zug zwischen Charing Cross Station und Sevenoaks immer wieder las, sah nicht so hübsch aus wie der Tunbridge Love Letter, und wahrscheinlich war er nicht einmal rätselhaft.

Merete Hall

Bucklig und löchrig

In den Yorkshire Dales

Sie schmiegen sich in die östlichen Falten der »Pennines« im Norden Englands und verbergen unter ihrem grünen Mantel eine geheimnisvolle, feucht-dunkle Welt von Grotten, bizarren Gewölben, sprühenden Wasserfällen und verschwiegenen Seen. Ihre Namen klingen wie Musik, pläschern wie kleine Bergbäche, raunen wie der Wind über dem Moor: Ribblesdale, Airedale, Wharfedale, Wensleydale, Swaledale.

Man muß sie erleben, diese breiten, von gewaltigen Gletschern unerbittlich ausgeschliffenen Täler der Yorkshire Dales; im zarten Frühlingsgrün, frisch und blank gefegt, die Luft erfüllt vom fröhlichen Trällern der Lerche, vom zaghaften Blöken der neugeborenen Lämmer; oder im Herbst, wenn sich Heidekraut und Farn verfärben und Täler, Hügel und Himmel am Horizont zu einem gedämpften violettbraunoliven Regenbogen verschwimmen. Dazu das gigantische Netz von Mauern, steinerne Maschen, tausendfach über das Weideland geworfen, hier und dort mit Farmhäusern oder Steinhütten verknotet – eine menschliche Ordnung im unbändigen Wirken der letzten Eiszeit. Und wie natürlich sich dieses geometrische Geflecht, diese Schattierungen von grauem und manchmal bräunlichem Stein in das endlose Grün der Täler einfügen.

Eintausendsiebenhundert Quadratkilometer der Yorkshire Dales wurden 1954 zum Yorkshire Dales National Park bestimmt und etwa sechzehnhundert gerade Kilometer bieten sich innerhalb seiner Grenzen als Wanderwege zur Auswahl an. Die Briten spielen eben nicht nur Golf und Cricket, sondern sind auch leidenschaftliche Wanderer, Höhlenforscher und Bergsteiger, und sie versäumen dabei keine Gelegenheit, sich für ihre Hobbys Wettveranstaltungen auszudenken. So eilen sie im Dales-Drei-Gipfel-Rennen vom Pen-y-Ghent über den Whernside zum Ingleborough, auf und ab, fünfunddreißig Kilometer in durchschnittlich acht Stunden, und wer es innerhalb von zwölf Stunden schafft, der wird – wie könnte es anders sein – Mitglied des Three Peaks of Yorkshire Club. Der Rekord liegt bei unter drei Stunden – auch mit dem Geländefahrrad, das von den begeisterten Wetteilnehmern an schwierigen Stellen acht Kilometer getragen oder geschoben werden muß.

Wir wollen keine Rekorde aufstellen, sondern dem Wesen der Yorkshire Dales nahekommen und durch heitere Wiesen den malerischen Wasserläufen folgen oder hügelaufwärts klettern und durch ausgetrocknete Hochtäler und einsames Moorland streifen; wir wollten im frischen Wind über schwingenden Torfboden gehen, uns in Tropfsteinhöhlen an Stalagmiten vorbeitasten oder von oben in die triefenden Erdspalten dieser merkwürdigen Karstlandschaft hinunterlauschen und schließlich am Abend in einem alten Inn am behaglichen Kaminfeuer die Beine ausstrecken.

Für diesen kreatürlichen Genuß und auch als günstiges Standquartier wählten wir Grassington, dem der kopfsteingepflasterte, vielhundertjährige Marktplatz die Würde eines Kleinstädtchens verleiht. Es hätte jedoch auch Clapham oder Malham, Arncliffe in Littondale oder Grinton in Nidderdale sein können, denn die meisten Orte der Dales mit ihren anmutigen Häuschen aus Naturstein verführen zum Dableiben. In Grassington lebt es sich fast noch wie vorgestern, als die Postkutsche am »Black Horse« Station machte und die Farmer der Umgebung ihre schwarzköpfigen, kurzbeinigen Schafe mit dem afrozopfigen Fell zum

Wochenmarkt brachten. Oben am Berg, am Ende der holprigen, schmucken Gäßchen, beginnt dann das Moor, wo die häßlichen Wunden des einstigen Bleibergbaus mit der Natur zu groben Narben verheilten und nun zum industriellen Erbgut der Nation zählen. Schon die Römer holten in den Dales das Blei aus der Erde, und es war bis Ende des 19. Jahrhunderts neben der Schafzucht der wichtigste Erwerbszweig der Täler.

Geschichte und Vorgeschichte verlocken überall am Weg zum Anhalten. Aus der Bronzezeit stammen die Steinzirkel bei Appletreewick, Carperby oder Yockenthwaite, verwitterte, im Rund angeordnete Felsbrocken, die wie ungleich abgenutzte Backenzähne aus dem Feld wachsen. Auf dem windverblasenen, flachgewetzten Ingleborough, wo sich die Menschen der Eisenzeit im größten Fort der Pennines verschanzten, lassen sich noch Überreste des Schutzwalls und Grabens ausmachen. Von hier aus sieht man nach Ingleton ins Tal und über weite, stille Hochflächen, urzeitlich wild und schön, dann wieder fast öde wie eine Mondlandschaft, dazwischen, wie zufällig, die großartigen Kalksteinpflaster der Dales, von Gletschern einst glatt gescheuert und dann vom Regen langsam in Quader zerfressen – ein riesiges Himmel-und-Hölle-Spiel für Überriesen. Kaum kann man es sich verkneifen, von einem Quader zum anderen zu springen und dabei in die schmalen und breiten Spalten hinabzuschauen, in deren dunkler Feuchtigkeit seltene Pflanzen gedeihen.

Es war ein seichtes, tropisches Meer, mit Abermillionen von Krustentieren, das vor Urzeiten diese seltsam faszinierende Landschaft samt ihrem wundersamen unterirdischen Labyrinth zu formen begann. Oft ist die klamme Finsternis nur von oben zugänglich, wie am Gaping Gill, der berühmtesten Erdspalte, auf dem Weg zum Ingleborough. Mutig wirft sich hier der kleine Fell Beck hundert Meter tief in ein Gewölbe, das die Kathedrale von York in sich aufnehmen könnte, und fällt dann tiefer und tiefer, entlang verborgener Ritzen, bis er sich im Ingleborough-Höhlenkomplex, schon fast im Tal, wieder einfängt.

Manchmal kommt er erst gar nicht dazu, weil er von Menschenhand umgeleitet wird, vor allem in der letzten Mai- und Augustwoche, wenn Mitglieder der Craven und Bradford Pothole Clubs beherzte Touristen auf einem stahlartigen Gebilde in die lichtlose Phantasiewelt des Karsts abseilen, kostenlos, wie es heißt – allerdings nur für den Hinweg. Ernsthafteren Höhlenforschern bietet da Whernside National Caving Training Centre ein- und mehrtägige Kurse an. Wer nichts Unterirdisches im Sinn hat, kann sich dort auch der Vogelkunde und Kletter- und Kanutechnik widmen oder aber im Malham Tarn Field Centre sich mit Naturstudien und Geografie beschäftigen.

Die Römer wollten auch in den Dales nicht auf ihre Straßen verzichten und legten sie schnurgerade durchs Hochmoor. Manche wurden zu Wanderpfaden, wobei der Weg zwischen den ehemaligen Kastellen in Bainbridge und Lancaster noch fast vollständig, wenn auch gelegentlich ein wenig abwechslungslos zu begehen ist.

Die Angeln brachten Landwirtschaft in die Täler und pflügten achtspannig mit Ochsen parallel zu den Hügeln. Ihre »lynchets« zeichnen sich noch deutlich als terrassenförmige Felder oberhalb von Grassington oder Malham ab. Sie siedelten sich in gerodeten Waldlichtungen, den »leys«, an und nannten ihre kreisförmig angelegten Dörfer Ilkley, Otley und Wensley, während die nachfolgenden dänischen Wikinger ihre Siedlungen langgestreckt am Weg bevorzugten wie in Aysgarth oder Castle Bolton. Die dann später über Irland eingedrungenen norwegischen Wikinger waren weniger seßhaft und zogen mit ihren Schafherden von Sommer- zu Winterweiden. Dafür ließen sie viel von ihrer Sprache im heutigen Yorkshire-Dialekt zurück, und aus dem geografischen Wortschatz sind ihre Bezeichnungen für Berg (fell), Bach (beck), Fels (crag) oder Spalte (gill) nicht mehr wegzudenken.

Unter normannischer Herrschaft erhielt bald jedes Tal eine wuchtige Festung und möglichst noch ein Kloster dazu. Unter größten Entbehrungen schafften Augustiner, Benediktiner und Zisterzienser, diese zähen und ergebenen Gottesdiener, Ordnung in der Unwirtlichkeit und kreierten Meisterwerke wie Fountains, Bolton Abbey, Jervaulx oder Rievaulx. Schlau und geschickt verwalteten sie ihre riesigen Besitztümer, die sich über viele Täler erstreckten. Sie lebten gut vom Blei und vom Wollhandel, bis Heinrich VIII. mit Rom brach und ihren Klöstern den Garaus machte. Nur die Ruinen überdauerten die Zeit, würdevoll und majestätisch als Motive im Landschaftsgemälde der Dales.

Wharfedale hatte man uns ganz besonders ans Herz gelegt und dazu die Ruine von Bolton Abbey, das ehemalige Augustiner-Priorat am Unterlauf der Wharfe, von Wordsworth besungen und durch Landseers Bild berühmt gemacht. Verträumt lag sie am Wasser, in grüne Wiesen gebettet – sie waren Künstler, diese Mönche, wie sie ihre Klosteranlagen vollendet in die Natur einfügten.

Wharfeaufwärts in Burnsall begann sich die Landschaft zu ändern. Wald schob sich zwischen die Wiesen, immer häufiger entblößten Hügel und Talwände ihr rauhes Kalksteingerippe, und die Ränder des Hochmoors stachen zunehmend dunkler vom Horizont ab.

Unweit von Grassington drückte sich die schmale Autostraße am wuchtigen Kilnsey Crag vorbei, einst von den hier zusammenstoßenden Wharfedale- und Littondalegletschern kräftig zurechtgemeißelt und nun mit seinem eindrucksvollen Überhang eine Herausforderung an jeden ehrgeizigen Kletterer. Ein Stück weiter in Kettewell waren nachmittags schon alle Zimmer besetzt. Von diesem hübsch gelegenen und beliebten kleinen Ferienort führen Wanderwege in alle Richtungen, entlang der Wharfe und über die Hügel, manche davon uralte Verkehrspfade oder ausgediente Schlittenschneisen, auf denen der Torf für Brennmaterial ins Tal gebracht wurde.

Wir wollten noch bis zum alten »George Inn« nach Hubberholme, am Ende von Wharfedale und fast am Ende der Welt, da, wo auch der Dales-Langstreckenweg von Ilkley durch die Pennines in den Lake District vorbeigeht. Eine bucklige Steinbrücke über die Wharfe, zur einen Seite das »George«, zu anderen die gedrungene und etwas zerzauste St.-Michael-and-All-Angels-Kirche und, etwas abseits, ein Farmhaus – das ist das idyllische Ausmaß von Hubberholme.

Das »George« mit seinen dunkelgetäfelten, gemütlichen kleinen Räumen – der eine fast ganz Kamin – war einst das Pfarrhaus, und noch immer werden hier nach bald tausendjährigem Brauch an jedem Silvestertag zum Wohl der Armen die Weiderechte für das große Feld hinter dem Inn versteigert. St. Michael gegenüber begann ihr Leben vor siebenhundert Jahren als Waldkapelle. Die Überlieferung will es, daß bei einer Überschwemmung einst Fische im Kirchenschiff herumflitzten. Heute kriechen nur kleine Mäuse hier und dort das Kirchengestühl empor – das anmutige Signum eines modernen Meisterschnitzers. Im Innern verströmt das unverputzte dicke Gemäuer aus grob behauenem Stein kraftvolle Dauerhaftigkeit, die sich verspielt und graziös im reich geschnitzten Lettner fortsetzt, einer der wenigen, der die Reformation und die puritanischen Verordnungen der Elizabeth I. gegen Kirchenornamente überlebte.

Sie nahmen es ernst mit der Religion, die Menschen der Dales, und sie zeigten darin Eigenwilligkeit, denn auf ihrem Boden stand die Wiege der Quäker. Am Pendle Hill in Ribblesdale hatte George Fox seine Vision »von einem großen Volk am Fluß, das gläubig wurde«, und er sah dabei Wensleydale und Sedbergh vor sich. Auf dem Kirchhof dieses uralten Städtchens mit dem winzigen Marktplatz hielt der leidenschaftliche Redner, der sehr mit der etablierten Kirche haderte, seine erste Predigt und trug von dort die Botschaft in alle Täler. Mehrere Wanderwege führen an alten Quakerhäusern vorbei. Das älteste im Norden Englands, teilweise noch mit originaler Einrichtung, steht in Brigflatts bei Sedbergh.

Zum Frühstück in den Dales gibt es nicht selten Röstkartoffeln und Pilze zu Speck und Wurst – das reicht für zwei Tage oder zwei Gipfel an einem Tag. Überhaupt muß man das kulinarische Angebot als schmackhaft und unerwartet preiswert loben – da kommt das übrige England kaum mit. Wildtopf, Rind im Rotwein oder Lamm im

Brotteig und nicht etwa britische Einheitserbsen in Giftgrün mit Chips.

Die Frage nach Yorkshire-Gerichten veranlaßte die dralle, gesprächige Bedienung in Burnsall, uns bei jedem Handgriff am Tisch und mit jedem neuen Gang ein Rezept vorzutragen – bald hätte es zu einem Kochbuch gereicht. Und versuchen durften wir auch, kleine Happen, die sie in Abständen beim Koch in der Küche holte. Dabei erzählte sie uns über den luftigen Yorkshire-Pudding, eine Art Weckpudding zum traditionellen Rostbeef am Sonntag, der ja ursprünglich ein Magenfüller vor dem Fleisch war. Das klang schon fast schwäbisch, wie überhaupt so manches im Yorkshire-Charakter an die Schwaben erinnert.

So viel Aufgeschlossenheit überall in den Dales hatten wir nicht erwartet. Uns, den Wildfremden von irgendwoher, überließ ein junger Wirt sein zauberhaft eingerichtetes Privathaus, da die dazugehörige Pension bereits besetzt war, und er fragte weder nach Namen noch Autonummer. Vielleicht gelten Wanderer als verläßliche Leute.

Weniger verläßlich ist gelegentlich die gute Sicht, im Nu kann der Nebel im Moor den Weg verschlucken. Da hilft nur noch der Kompaß und ein kühler Kopf. Wir hatten Glück und konnten auf beides verzichten. Auch der Anblick von Gordale Scar berührte uns nicht so entsetzlich wie den Gelehrten Thomas Grey im letzten Jahrhundert, der vom »Horror dieses Ortes« sprach und »eine volle Viertelstunde (nicht ohne Schaudern)« vor der furchterregenden Felsenschlucht stand und sich köstliche Angst einjagen ließ. Damals stürzte noch mehr Wasser durch den zerklüfteten Steinbogen über das vor langem in sich zusammengebrochene Höhlensystem hinab. Heute kann man neben dem dünn rieselnden Wasserfall über die Felsen hinaufklettern und ist bald am Malham Tarn, ein merkwürdig brütender Gletschersee, aber ein Paradies für Wasservögel, wo Charles Kingsley die Inspiration zu seinem Roman »The Water Babies« fand.

Die Schmelzwasser des Malham-Tarn-Plateaus bildeten vor Zeiten zwei Ströme, die sich in südlicher Richtung einen Weg suchten. Der eine formte Gordale Scar, der andere brachte, mit Hilfe von Eismassen, so glauben die Geologen, Malham Cove hervor, eine herrliche Naturarena aus hellem Kalkstein, die schon vor zweihundert Jahren Schaulustige anzog. Sie konnten noch den mächtigen Wasserfall bestaunen, der sich so groß wie der Niagara über die breite Bucht hinabwarf. Irgendwann aber entschloß sich der Strom, unter Tage zu gehen und erst südlich von Malham als Aire wieder aufzutauchen. Das kommt nun den Kletterern zugute, die am Wochenende schon fast Schlange stehen, um an der steilen weißen Wand ihr Können zu erproben.

Semer Water, der größte Gletschersee der Dales, liegt in reizvoller Umgebung in Wensleydale, und man erzählt sich, daß in stillen Nächten dort schreckliche Schreie und der dumpfe Ton einer Glocke zu hören seien. Vor bald zweitausend Jahren, so geht die Legende, habe dort ein armer Wanderer den wohlhabenden Menschen eine Flut auf den Leib geflucht, bei der die Erde sich öffnete und alles verschlang. Wer weiß? Während eines ungewöhnlich trokkenen Sommers konnte man dem See bis auf den Grund schauen und entdeckte im Schlamm die Fundamente eines Dorfes aus der späten Bronzezeit. Geschichten und Geschichte, enge, urwüchsige Täler und großzügige grüne Weite – irgendwie machen sie süchtig, die Dales.

Rüdiger Görner

Nischen der Zeit

In Cornwall

»Welches Land? / Kornwalls grünen Strand.« Aber anders als Isolde, die in Wagners Oper nichts wissen will von diesem »grünen Strand«, auf dem sie von ihrem zukünftigen Gebieter, dem »müden« König Marke, empfangen werden soll, besteigen wir ohne Widerwillen um 13.50 Uhr den Intercity in London Paddington, nicht ohne zuvor noch einen dankbaren Blick auf das Denkmal des Sir Isambard Kingdom Brunel (1806–1856) zu werfen, des ersten Chefingenieurs und Leiters der Great Western Railway, der die westlichen Landesteile des United Kingdom unter der Patronage des Prinzen Albert erschlossen und damit auch Cornwall den reisebesessenen Viktorianern nähergebracht hatte.

Gute fünf Stunden soll die Fahrt dauern. Die Zugabteile sind überfüllt. Man vernimmt ein ärgerliches Murmeln einiger Fahrgäste, deren Plätze offensichtlich einer Doppelreservierung zum Opfer gefallen sind. Aber nie droht dieses Murmeln in ein regelrechtes Fluchen umzuschlagen; schließlich befinden wir uns in einem englischen Zug. Die noch staatliche britische Eisenbahngesellschaft, bekannt für ihren eher zweifelhaften Kundenservice, versucht sich übrigens auch dadurch ein neues Image zu geben, daß sie seit kurzem nicht mehr von passengers spricht, sondern von guests. Der Schaffner in unserem Zug hat diese Umstellung aber noch nicht mitvollzogen;

statt dessen muß er die Mitteilung machen, daß man nicht mit so vielen passengers gerechnet habe und deswegen sei nun das Zugrestaurant völlig überfordert. Ja, er warnt geradezu davor, es zum Lunch aufzusuchen. Das gäbe nur noch mehr unerträgliches Gedränge.

Bleibt neben den zwei mitgebrachten Sandwiches und dem Aufatmen über einen schließlich doch noch ergatterten Sitzplatz allenthalben etwas geistige Nahrung zur Einstimmung in die cornische Aura. Am besten greift man zu den zahlreichen Legendenbüchern, den Geschichten (und Ammenmärchen) der cornischen Fischer und Zinnförderer, der Seeräuber und Schmuggler von einst. Zudem will es der Zufall, daß in der Zeitung ein Artikel über ein kleines cornisches Fischerdorf steht, das von einem Magnaten aus der Londoner City samt Hafen nahezu ganz aufgekauft worden ist; er möchte noch in diesem Jahr damit beginnen, den Ort in ein »Freizeitparadies für Gestreßte« zu verwandeln. Und um die einheimischen querulanten Fischer loszuwerden, beabsichtigt er, die Hafengebühren von jährlich zweiundfünfzig Pfund Sterling auf zweitausendfünfhundert zu erhöhen. Cornwall, eine Nische der Zeit? Könnte Virginia Woolf dieses Urteil über ihre einstige Lieblingslandschaft heute noch aufrechterhalten? Als Kind gehörten die Wochen in Cornwall, zumeist in St. Ives, zu ihren größten Vergnügen. Cornwall, das bedeutete für sie und ihre Schwester Luft und Licht, also den »reinen Gegensatz« zu der düsteren, erstickenden Atmosphäre, die zu Hause in London, in der »Stadteremitage« des Vaters, des großen Gelehrten Leslie Stephen, herrschte.

Oder müssen wir dem Urteil der besten Kennerin des alten und neuen Cornwall, der vor wenigen Tagen verstorbenen Schriftstellerin Daphne du Maurier, folgen, die wehmütig vom »verschwinden Cornwall« spricht?

Inzwischen sind wir längst dem Themse-Polypen entkommen; draußen nichts als satte grüne Wiesen, von niederen Hecken eingefaßt, kleine Seen, weiß gestrichene Bauernhäuser, deren Fassaden, je weiter man nach Westen, nach Somerset und Devon, vordringt, fast ausnahmslos aus Granit sind.

Es dämmert schon, als der Zug in den Bahnhof von Plymouth einfährt und wenig später langsam über die Brücke bei Saltash rollt, dem Tor zum Herzogtum Cornwall, Brunels Meisterwerk, das Prinz Albert persönlich der Öffentlichkeit übergeben hatte. Dann die von Lichtern umspielte Silhouette der Priorei von St. Germans, einer der frühesten Bastionen des Christentums in Cornwall.

In Liskeard steigt ein Mann zu, der wortlos, aber demonstrativ die Titelseite der Abendzeitung hochhält, deren Schlagzeile lautet: »Neuer Lebensmittelskandal: Ungenießbare Sandwiches in den Zügen verkauft.« Ach ja, und die schlechten Eier und letzte Woche noch der Aufruf, keine Butter aus Cornwall zu essen, der dann tags darauf wieder dementiert wurde, und die Hühnerpest und die Warnungen vor dem Genuß von Rindfleisch. Die Landpartie ins kulinarische Risiko.

Schließlich der Bahnhof von Penzance. Es nieselt. Zwei Taxen stehen am Ausgang. Der Fahrer des ersten Wagens ist auf seinem Sitz eingenickt. Der zweite verzieht sein Gesicht, weil der gewünschte Bestimmungsort, das Queens Hotel, so nahe am Bahnhof liegt.

Man hört die Brandung. Der Hafen ist nur schwach beleuchtet. Schon in der Eingangshalle des Hotels riecht es nach gebratenem Fisch und Bohnerwachs. Von dem uns angewiesenen Eckzimmer aus übersieht man die dunkle See und die in schummriges Licht getauchte Promenade, die längste Cornwalls.

Hier also, in Penzance, begann vor über hundert Jahren die touristische Erschließung des uralten Herzogtums. Was hat man nicht alles überlebt: die Normannen, die christlichen Missionare, die Spanier, die hier jedes Küstennest ausräucherten, aber die Touristen ... Anfangs sah man ihnen ja durchaus mit großen Hoffnungen entgegen. Die Viktorianer brachten Geld und Cornwall ins Gespräch. Im Jahre 1855 erschien ein vielbeachteter Reiseführer »A Londoner's Walk to the Land's End«, dem äußersten Zipfel des Herzogtums, das auf der Landkarte wie eine Art Kurzstiefel aussieht. Folglich wagten es mutige Werbeleute im London des Jahres 1892, Cornwall als das Italien

Großbritanniens anzupreisen. Aber dann geschah das Unvermeidliche: Cornwall sah sich alsbald überflutet von Besuchern, und hitzige cornische Patrioten haben vor dem Ersten Weltkrieg mehrmals versucht, auf Brunels große Brücke bei Saltash einen Anschlag zu verüben, weil über sie allzu viele »Ruhestörer« aus dem fernen London herüberströmten.

Am nächsten Morgen dann verhüllen Dunstschleier das Panorama. Aber mit der einsetzenden Ebbe lichten sie sich langsam. Zum Frühstück gibt es geräucherte Makrelen oder gebratene Würstchen mit Rühreiern; für Unentwegte grauen Haferschleim, Toast und Orangenmarmelade und Earl-Grey-Tee. Die Bedienung redet nur das Notwendigste, damit das Vorurteil der Engländer bestätigend, daß die *Cornish people* die Stockfische der Nation seien.

Ein erster Rundgang durch Penzance. Vom Hafen aus gesehen beherrschen drei Gebäude das Stadtbild: die massige Kirche St. Marys, die einer Festungsanlage gleicht, ein neoklassizistischer Kuppelbau, der, wie sich herausstellt zur Lloyds Bank gehört, und ein klotziger zur Seeseite hin fensterloser Betonbau, eine Art Hochbunker, der den größten Supermarkt der Stadt beherbergt. Aber dieser auf den ersten Blick abstoßende Schein trügt. Der alte Stadtkern ist sehenswert, vor allem Chapel Street mit seinen Antiquitätengeschäften und den Kapitäns-Häusern.

Neben reizvollen Pubs steht in Chapel Street auch das berühmteste Gebäude von Penzance: das Ägypten-Haus, Edelkitsch aus dem 19. Jahrhundert. Die Fassade soll den Eingang zu einem Pharaonenpalast mit buntscheckigen Ornamenten und eher griechischen Säulen darstellen. Nun ja. Eine Mischung aus Regency-Bauweise und Tudor-Resten bestimmt das Straßenbild nördlich und südlich der Chapel Street; das Ganze krönt der Stadtpark mit seinem blau gestrichenen Pavillon und seiner üppigen subtropischen Vegetation, ein Vorgeschmack auf die drei sehenswertesten Parkanlagen Cornwalls, Glendurgan, Trelissick und Trengwainton.

Zurück auf die Promenade und dann in Richtung Newlyn, einst ein wichtiger Hafen, in dem bereits in vorchristlicher Zeit Handelsschiffe aus dem Mittelmeer und der Ägäis anlegten. Mit Hilfe des Europäischen Regionalfonds sollen demnächst die Hafenanlagen wieder instand gesetzt und ausgebaut werden. In einem improvisierten Trockendock lag ein alter Fischkutter, dessen besonderes Kennzeichen allein sein Name war: Tristan und Isolde. Das niedrige, langgestreckte Hafenrestaurant aus dem 16. Jahrhundert diente einst dem radikalsten Politiker Cornwalls, dem Sozialreformer William Lovett (1800–1877), als Versteck, als dieser steckbrieflich wegen »wüster Agitation und Aufhetzung der Landstreicher, Tagediebe und Dirnen gegen die Regierung Ihrer Majestät« gesucht wurde. Heute begrüßt den Gast ein uralter Papagei, der beständig »Cru-soe« krächzt.

Wir wandern weiter an der Küstenstraße entlang, vorbei an verfallenen Zinnbergwerken, begleitet von Möwenschreien und Amselgesang in den Gärten, die, mehr oder weniger verwildert, in die Brandung zu hängen scheinen, die sechzig, siebzig Meter unter uns tost. Wir sind auf dem Weg zum westlichsten Hafen und verträumtesten Fleckchen der St.-Michels-Bucht, Mousehole.

Nahezu jedes Haus heizt hier noch mit Kohle; entsprechend rauchig riecht es in den verwinkelten Gassen. Aber die rauchgeschwängerte Luft ist auch von starkem Hyazinthenduft erfüllt und von Tang- und Fischgerüchen.

Wenige Tage später unternehmen wir dann von hier aus eine mehrstündige Felsenküstenwanderung, die stellenweise schierem Gratwandeln auf teils verschlammten, teils notdürftig mit Kies aufgeschütteten Pfaden gleichen sollte. (Sofern einem in freier Natur an etwas Orientierung liegt, ist gerade hier eine gute Wanderkarte unerläßlich; denn die Ausschilderung der Wege und Straßen in diesem Teil Cornwalls steckt noch in ihrem Anfangsstadium. Es hilft auch nichts, wenn man auf diesen einsamen Wegen einmal auf einen Einheimischen stößt. Über die Richtung nach Treen oder St. Buryan befragt, meinte er unwirsch: »Dort drüben, nach der fünften Kiefer am Hochmoor entlang.«) Beschaulich die kleinen Seitentäler, in denen die Magnolien blühen und Agaven an den Ufern der Bäche wachsen.

»An gover a-rés yn-nans bys y'n mór«, so heißt auf Cornish, daß der Bach ins Meer fließt. Das Cornische ist eine Sprache, die Fachleute für einen der wortreichsten und ausdrucksgenauesten Dialekte halten, der je auf den Britischen Inseln gesprochen wurde. In Mousehole lebte übrigens die letzte des Cornischen mächtige »Legendenerzählerin«, Dolly Pentreath, die im Jahre 1777 starb. Cornische Wörterbücher und Grammatiken werden inzwischen jedoch allenthalben wieder angeboten; Sonnwendfeiern finden sich seit einiger Zeit, von auf Cornisch gesungenen Liedern begleitet.

Die Legenden leben. Hoch aufragende Opfersteine aus keltischer Zeit bestücken wie einst die Weiden, die im Vergleich zu den hoffnungslos überdüngten Wiesen etwa im Osten Englands angeblich die „natürlichsten" des Vereinigten Königreichs sind. Aber ein Blick in so manche Stallungen im cornischen Hinterland lehrt einen das Grausen. In manchen dürfte das Ausmisten seit Tagen überfällig sein; frische Streu wird dem Zufall überlassen, halb verfallene Scheunen, die aber durchaus noch benutzt werden, und Kälber, die im verschlammten Innenhof der Farm liegen.

Über keine andere Landschaft der Britischen Inseln ist mehr geschrieben worden; und obgleich es so viele Worte hervorgebracht hat, mythische Worte, kommt ihm doch keines zu nahe. Zwar ist diese Landschaft so überwältigend gegenwärtig, aber jeder Hügel, jedes Riff, so will man meinen, kann sich mühelos und jederzeit in seine noch mächtigere Vergangenheit zurückziehen. Hier, in den Bartinney Downs soll König Arthur gejagt haben; und dort, auf diesem von abgestorbenen Pinien und Kiefern umsäumten Feld, stand das Castle Dor, wo König Marke bescheiden Hof hielt. Der Mythos bleibt, was er immer gewesen ist: die Plazenta, der Mutterkuchen des Geistes.

Da wartet sie ja schon: die schillernde Zivilisation und ihr Bunt, das sich grell vom fahlen Dunst über der Mounts Bay absetzt, die Windsurfer. Was ist gegen sie ein erträumter König Arthur zu Pferde. Läuft man für zwei Stunden von Penzance in östlicher Richtung über feste Sandbänke, dann weiß man sich ganz in ihrer Nähe. Sofern man in der Lage ist, seine Augen von den knallgelben oder roten, oder grünen Segeln und den schnittigen schwarzen und himmelblauen Surfbrettern und himbeerroten Fußlaschen zu lösen, von den entsprechend bunten hautnahen Surfanzügen zu schweigen, dann sieht man das auf hohen Felsen im elften Jahrhundert errichtete Kloster St. Michael's Mount.

Vor uns keuchen Windsurfer, die sich am Strand mit Liegestützen fit machen; andere tragen, leicht irritiert, ihre imposanten Gerätschaften von einem Strandende zum anderen, um einen Priel auszumachen, der ihnen den besseren »Anfangsdrift« gibt. Genau hier erschien um das Jahr 1000 den Fischern der vielleicht ältesten Gemarkung Cornwalls, Marazion, der Erzengel Michael, der eine Nacht lang auf diesen Felsen gethront haben soll. Die Kunde drang schließlich auch zu den Benediktinern von Mont St. Michel, die einen ihrer Äbte, Bernard le Bec, nach Cornwall entsandten, um an diesem »heiligen Ort« eine Klostergründung vorzubereiten.

Bis zum Hundertjährigen Krieg zwischen England und Frankreich blieb St. Michael's Mount in den Händen der französischen Benediktiner, die beide Felsenklöster als geistliche Trutzburgen gegen die »feindlichen Geister der offenen See« ansahen und als einen »Damm des Glaubens« gegen die »ozeanische Uferlosigkeit«.

Vor der Klostergründung der Benediktiner, so will es die Legende, wurde auf dem Michael's Mount kostbares Linnen aufbewahrt, auch jenes, das Isolde bei ihrer Vermählung mit König Marke tragen sollte. Gewisser ist, daß sich unsere Windsurfer über die Fallwinde vom Michael's Mount freuen und die Bucht für ein Paradies, der Windwirbel und Strömungen wegen, halten. Die einzige Windsurferin des Tages geht an Land mit Brett und Anzug in Lila, Segel und Haltebügel in Orange. Sie legt sich ein großes weißes Handtuch um die Schultern.

Wir hatten vor, bis zum Prussian Cove zu gehen; dort

strandete nämlich um 1860 ein preußisches Handelsschiff, eines der letzten Opfer der berüchtigten cornischen »wreckers«, der Wrackplünderer. Es gab in Cornwall Zeiten, in denen sich ganze Dörfer in Bewegung setzten, wenn die Kunde sich verbreitete, daß ein Schiff gestrandet sei, um die Wracks zu plündern. Dabei kümmerte man sich natürlich nicht um etwaige Verletzte an Bord; im Gegenteil. Man überließ sie ihrem Schicksal und schlug mit vereinten Kräften und Beilen auf jene mutigen Seeleute ein, die sich gegen die Plünderer zur Wehr setzen wollten. Es fanden regelrechte Wettbewerbe zwischen cornischen Familien und Gemeinden um den Titel des besten Plündererclans statt. Sogar das Londoner Parlament mußte sich in der Mitte des 18. Jahrhunderts mit den »Cornish Wrekkers« befassen. Doch inzwischen haben sich in dieser Hinsicht die Zeiten geändert; der Seenotrettungsdienst in Cornwall genießt längst höchstes Ansehen.

Auf einem Nebengleis zwischen Penzance und Marazion stehen übrigens einige jener Eisenbahnwaggons, die um die Jahrhundertwende die Reisenden aus London hierherbrachten. Diese Stücke ausrangierter Geschichte mit ihren gelbstichigen, dick verstaubten Tüllvorhängen und den geschnitzten Trittbrettern dienen jetzt den Möwenpärchen als Treffpunkt und vereinzelten Seeschwalben als Nistplatz. In Marazion selbst, das davon lebt, Anlaufstelle für jene zu sein, die St. Michael's Mount besichtigen wollen, stoßen wir, etwas abseits der gewundenen Hauptstraße, auf eine Töpferei, die sich auf Kleinstkeramik spezialisiert hat und die Puppenhäuser der Kinder reicher Eltern seit einigen Generationen beliefert. An der Tür zu einem kleinen an die Werkstatt angrenzenden Verkaufs- und Ausstellungsraum hängt ein Schild mit der einladenden Aufschrift: „Nur eintreten, wenn es sein muß.«

Da ist man drüben in St. Ives geschäftstüchtiger. St. Ives hat Legenden nicht nötig. Dort vermarktet man die Namen seiner berühmten Besucher, allen voran jenen der größten Bildhauerin Großbritanniens in diesem Jahrhundert, Barbara Hepworth, die hier ein Haus und Studio besaß. Auch nahezu alle namhaften Schriftsteller Großbritanniens mußten wenigstens einmal in ihrem Leben in St. Ives gewesen sein und über diesen »Goldfischort« (Evelyn Waugh) geschrieben haben. Bleiben wir also auf der ruhigeren Pence-Seite Cornwalls, die ihr eigenständiges literarisches Leben hat, vor allem den Künstlerkreis um die »Peterloo Poets«, der etwas an das Ethos der »Gruppe 47« erinnert.

Begeben wir uns nun in den Trengwainton Garden, eine halbe Meile nördlich von Penzance, den Daphne du Maurier einen Garten nennt, in dem »die Stille wächst und blüht«, während ihre Schwester, Angela, diese Gartenlandschaft mit Aussicht aufs Hochmoor und Meer mit der musikalischen Landschaft des Oktetts von Schubert vergleicht.

Ob hier nun die Stille blüht oder im geistigen Ohr Musik erklingt, wenn man diese üppige Vegetation vor Augen hat, sicher ist, daß die Pracht der Kamelien, Azaleen und Rhododendren verzaubert. Die riesigen Farnstauden, deren noch nicht entfaltete Wedel wie große grüne Seepferdchen aussehen, brechen den Meereswind; und in ihrem Windschatten gedeihen die Azaleen mit ihren handbreiten Blüten am besten. Der Sohn eines reichen Zuckerrohrplantagenbesitzers aus Westindien begann um 1814 hier einen subtropischen Garten anzulegen und ließ zu diesem Zweck Pflanzen aus aller Welt herbeischaffen, so aus West-China, Kenia und Japan, was ihn finanziell beinahe ruinierte. Dieser Captain Rawes, der Pflanzenlord, wie ihn die Penzancer scherzhaft nannten, führte Tagebuch, und zwar, so drückte er sich aus, im Namen der Pflanzen. So gab es ein »Tagebuch einer westchinesischen Kamelie« und »Aufzeichnungen einer Camellia Jaoponica, Lady Vansittart«; und diese Edelpflanzen hielten sich sozusagen ihren Captain Rawes als ihren »Ghostwriter«. Zur Veröffentlichung dieser Pflanzenmemoiren kam es jedoch nicht, weil Captain Rawes in einer besonders kalten Januarnacht glaubte, seine geliebten Pflanzen würden dieses »barbarisch-keltische Klima« nicht überstehen. In dieser Annahme verbrannte er die Tagebücher, verfiel aber im darauffolgenden Frühjahr, als er feststellte, daß die Pflanzen tatsächlich diesen »absurden Winter« überstanden hatten und er sie widerrechtlich um ihre Tagebücher gebracht hatte, in eine monatelange Melancholie, die vor allem dazu führte, daß der Garten hoffnungslos von Unkraut überwuchert wurde, da er auch seinem Gärtner verboten hatte, in seine Melancholie, die er über seinen subtropischen Garten verbreitet glaubte, einzudringen. Wie man sieht, machten auch die Exzentriker vor Cornwall nicht halt.

Wer sieht sich dem Mysterium dieser Landschaft gewachsen? Wer begreift, was er hier sieht? Tröstlich, daß ähnlich verwirrt auch die ersten Cornwall-Reisenden fragten, die Penzance und sein Umland für Häfen hielten, in denen die Zeit vor Anker gehe.

Wir finden uns wieder auf der Promenade ein, die das Elementarische der See von der Welt der *Bingo Halls* und *Amusement Centres*, den unerläßlichen Requisiten britischer Hafenstädte und Seebäder, trennt. Eine Stunde vor Sonnenuntergang bildet sich über der Bucht eine Schlechtwetterfront. Wind kommt auf. Aufgeregtes Kreischen der Möwen. Am Himmel über Penzance spannen sich zwei Regenbogen, nach cornischer Weisheit ein Zeichen besonderen Glücks. Bald jedoch dreht sich der Wind. Die gelblichgrauen Wolkenmassen ziehen nach Osten ab. St. Michael's Mount glüht im letzten Licht dieses Tages. Die Fluten schimmern wie nie, wie ein Meeresspiegel für das Antlitz der Welt.

»Öd und leer das Meer?« Nicht in Cornwall. Dort, das besagt eine Inschrift in Mousehole, füllt sich das Meer beim *howlsedhas,* dem Sonnenuntergang, mit Licht. Und bis heute hält sich ein Fischer in Cornwall für verflucht, wenn er in diesem Augenblick des Sonnenuntergangs und der »Meereshelle« sein Netz auswirft.

Merete Hall

Pustend von Loch zu Loch

Schottland per Bahn

Flimmernde ländliche Stille hing über dem verschlafenen kleinen Bahnhof. Nur zwei rotbraune Hühner standen mitten auf dem verlassenen Bahnsteig und schauten der Ankunft des Mittagszuges aus Leeds zu, ehe sie sich wieder, hoffnungsvoll scharrend, über das Erdreich hermachten. Niemand stieg aus, und keiner wollte offenbar heute noch bis Carlisle oder wenigstens bis Appleby. Nach einer kurzen Atempause machte sich der Dieseltriebwagen wieder knatternd auf seinen diagonalen Weg durch die grünen Hügel der Pennines.

Königin Victorias Untertanen verstanden zu bauen, nicht nur gewaltige Säulenhallen und solide Museen, sondern imposante Eisenbahnlinien wie die durch die unwegsamen schottischen Highlands oder dieses Stück hier, zwischen Leeds und Carlisle, dramatisch in der Anlage und landschafltich eine der schönsten Strecken Großbritanniens. Sie bohrten Tunnels durch den feuchten Kalkstein, schichteten Erddämme auf und verwoben mächtige Viadukte aus grauem Stein mit den breit ausgeschabten Gletschertälern und winddurchfegten Hochmooren von Yorkshire – am eindrucksvollsten das Ribblehead-Viadukt, das sich in vierundzwanzig Bogen elegant über das Batty-Moss-Moor schwingt.

Fünf Jahre bauten sie um 1870 an den einhundertachtzig Kilometern nach Norden, die letzte große Eisenbahnlinie, die in herkömmlicher Weise mit primitiven Hilfsmitteln und einer Armee von irischen Arbeitern gelegt wurde. Viele verloren dabei ihr Leben – mindestens ein Mann in der Woche, so heißt es –, und allein Hundert liegen auf dem Friedhof von Chapel-le-Dale zu Füßen des Ingleborough begraben. Und nun soll die Strecke stillgelegt und das viktorianische Vermächtnis wegen Unwirtschaftlichkeit dem Verfall preisgegeben werden – es sei denn, es finden sich private Abnehmer, die vor allem die hohen Kosten für die Instandsetzung der über zwanzig Viadukte nicht scheuen.

Draußen waren inzwischen die üppigen Wiesen und gelbleuchtenden Flachsfelder des Airedale-Tales in kurzgeschorene Schafsweiden übergegangen. Die Landschaft begann weiche, grüne Blasen aufzuwerfen, die wie Dome in den weitwelligen Tälern saßen oder sich zu Hügelketten aneinanderreihten und mit zunehmender Höhe ihr braunbeiges Felsgerippe entblößten. Überall kletterten Steinmauern kilometerweit bergauf und bergab und überzogen das Weideland mit einem Netz von helldunklen Adern, in dem gelegentlich eine Handvoll Bäume hängengeblieben war.

Wanderer stiegen ein und aus, denn unweit von hier verläuft der Pennine Way, Englands schwierigster Langstreckenpfad, über einsame Hochmoore und kahle Hügel, deren einst dichter Baumbestand in den Schmelzöfen der Römer verfeuert wurde. Wir folgten dem Ribble flußaufwärts, am Horizont die flachgewetzten Kuppen des Pen-y-Ghent und Ingleborough. Plötzlich rief jemand ganz entzückt: »Der Mallard«, und schon schnaufte eine schmucke, blankpolierte Dampflock mit altmodischen Wagen und fröhlich winkenden Ausflüglern vorbei – Nostalgie auf Schienen, wie sie im ganzen Land mit Hingabe gepflegt wird. So restauriert der Verein der örtlichen Bahnbenutzer derzeit an dieser Strecke acht der kleinen viktorianischen Bahnhöfe in den Farben der alten Midland-Railway-Eisenbahngesellschaft und bepflanzt liebevoll die winzigen Gärten. Aber auch in den schottischen Highlands besinnt man sich wieder auf den Charme dieser

Bahnhöfchen, die in ihrer Abgeschiedenheit oft keinem als sich selbst zu dienen scheinen.

Wir klebten am Fenster wie einst auf dem Weg in die Sommerferien zu den Großeltern. Hinter Ais Gill, dem mit vierhundert Metern höchsten Punkt an der Strecke, ging es ins Eden-Tal hinunter, vor uns gegen Westen der Lake District. Überall an der Strecke lauerten Fotografen, um unser Vorbeikommen für die Nachwelt festzuhalten – es war grad, als ob die Königin erwartet würde. Noch ein letzter atemberaubender Blick in die Eden-Schlucht, dann ging es durch Butterblumenwiesen bis Carlisle, wo wir eine ganze Viertelstunde früher ankamen.

Bis Glasgow fuhr es sich dann etwas prosaischer – nach Art eines Intercity. Dort würden wir jedoch den Anschluß an die landschaftlich schönsten schottischen Eisenbahnstrecken finden, nach Stranraer, Oban oder Mallaig, samt einiger Abstecher zu den Hebriden und dann wieder auf den Schienen von Kyle of Lochalsh im Westen bis in den nördlichsten Zipfel der schottischen Ostküste oder über Inverness gleich hinunter nach Edinburgh.

Ungern verzichteten wir auf die Fahrt nach Stranraer im Süden. Statt dessen nahmen wir die West-Highland-Bahn Richtung Fort William und Mallaig. Häufig krochen wir hoch über der Straße an den Seen entlang und erlebten die mysteriösen dunklen Lochs aus einer fantastischen Vogelperspektive, sahen mühelos ins nächste Tal hinein oder durchquerten Hochmoore wie das beklemmend schöne Rannoch-Moor, wo sich keine Straße hindurchwagt und die Schienen auf einer Matratze aus Reißig, Wurzeln und Erde ruhen.

Man reist klassenlos auf den Nebenlinien durch die Highlands, wie sich dies wohl für das sparsame Wesen der Schotten gehört. Tief unter uns glitzerte Loch Long in der Sonne und hatte sich mit weißen Segeln geschmückt. Bis hierher waren die Wikinger vor langer Zeit über das Glyde-Fjord eingedrungen. Stets findig und listig, trugen sie dann ihre Langschiffe zwei Meilen über Land zum Loch Lomond, wo sie erbarmungslos über die Siedlungen entlang der sandigen Ufer und auf den Inseln herfielen.

Die Landschaft der Lochs ist bezwingend. Mächtige Gletscher schabten und meißelten einst die zahllosen Felsbecken und Steinmulden zurecht und gaben ihnen Hunderte von Formen und Fassungen, hier zerfressen und scharfkantig, dort weich gerundet, einmal langgezogen zwischen hohen Bergen eingezwängt, dann wieder gelassen in ein weites Tal gebettet. Manche der Seen sind tief und unergründlich und dicht von dunklem Wald umstanden, andere leuchten wie blaue Saphire, streng von kahlem hellem Stein umrahmt. »Ihr Land besteht nur aus Stein und Wasser«, so soll der berühmte Dr. Johnson zu einem Schotten gesagt haben. Aber welch dramatische Schauspiele diese beiden rohen Elemente kreierten.

In Bridge of Orchy – mehr Name als Ort – ging die Bahnhofsuhr drei Stunden nach. In dieser Weltabgeschiedenheit spielt Zeit keine Rolle mehr. Lautlos glitt Loch Tulla vorüber und spiegelte in seinem kühlen Blau die Schneegipfel des Stob Ghabhar und Clath Leathad wider. Vor uns lag das weite, unwirtliche Rannoch-Moor, irgendwie unheimlich und doch ungeheuer anziehend. Aus Torfmooren, Steinfeldern und Grasnarben war es braun-lila, beige und grün gefärbt und mit Seenkleckschen und Wasserläufen durchsetzt. So etwa könnte es auf dem Mond nach einem Platzregen aussehen – nur würden vielleicht die schneebedeckten Bergketten nach Osten und Westen hin fehlen.

In Rannoch Station stiegen zwei bärtige Männer im Kilt zu. So richtig echt, dachten wir – bis sie zu sprechen begannen, der eine Amerikanisch, der andere Aristokraten-Englisch. Wir wandten uns lieber wieder der Natur zu, vorbei an Loch Treig, hinunter zum Spaen-Fluß und dann ein scharfer Haken nach Westen. Vor uns schob sich der verschneite Gipfel von Ben Nevis breit und massig in den wolkenlosen Himmel – Großbritanniens höchster Berg, in dessen Schatten Fort Williams liegt.

Das Städtchen reizt nicht sonderlich zum Bleiben. Also umsteigen und weiter, über den Caledonischen Kanal hinweg nach Mallaig – wer Glück hat, kann im Sommer sogar hinter einer Dampflock herträumen. Auf dem gigantischen Glenfinnan-Viadukt fuhren wir um die Spitze des Loch Sheil und blickten auf die einsame Figur des Highländers hinunter, der auf seiner steinernen Säule an ein schmerzliches Stück schottischer Geschichte erinnert.

Nur zwei Stunden ging die Bahnhofsuhr von Glenfinnan nach. Weiter gegen Westen: entlang Loch Eil, dem letzten See vor dem Atlantik. Er war übersät mit malerischen kleinen Sandinseln, mit breiten schottischen Pinien bewachsen. Er scheint aus der Urzeit übriggeblieben, als Dinosaurier ihre massigen Körper durch die Landschaft schleppten. Jeder der Seen verzaubert auf eine andere Art, und wir begannen sie mit den feinen Malt-Whiskys zu vergleichen, die ihre Aromen und Farben so delikat der Landschaft entnehmen und die wir abends in den kleinen Kneipen der Highlands und Inseln kosteten – dunkel und torfig die einen, heiter und klar oder rauchig und rauh die anderen.

Stets ahnt man das Meer, ehe es sich offenbart, und glaubt es zu hören, ohne daß sein Rauschen bis ans Ohr dringt. Bei Morar, wo eidottergelber Stechginster über die Hügel quoll, schaute es für Augenblicke in die mittelmeerische Bucht herein, und in Mallaig lag es dann aufgepeitscht zwischen uns und der Südspitze von Skye. Das Bahnhofsschild begrüßte uns auf gälisch: Mallaig ist zum Ankommen, aber nicht zum längeren Verweilen, wie überhaupt so mancher Ort, durch den wir kamen, das Malerische neidlos der Landschaft überläßt und selbst nur nüchtern und zweckmäßig ist.

Wie spät die Nacht hier oben begann. Erst gegen zehn Uhr versank die Sonne glutrot hinter Skye, diese wildromantische und oft nebelverhangene Insel. Wir wollten mit dem Bus über die Insel nach Kyleakin fahren, mit der Fähre nach Kyle of Lochalsh übersetzen und dort wieder den Zug besteigen. Natürlich mußten wir auf Skye den moorigen Talisker Malt probieren. Die fast medizinische Würze soll er von seinem besonderen Wasser haben, das durch Torf gefiltert wird, in dem sich schon vor langem jodhaltiger Seetang ablagerte.

In Kyle hingen die Wolken zerrissen an den Bergen. Zum

ersten Mal erlebten wir graue Farblosigkeit, die sich leblos in den Regenpfützen widerspiegelte. Aber es war mild, und nur sechzig Kilometer nördlich von hier gedeihen Palmen und subtropische Pflanzen im warmen Atem des Golfstroms.

Bald kehrten wir dem Atlantik und der mit Felsbrocken bestreuten Küste den Rücken. Stechginster hing wieder in Goldklumpen an den Hügeln – ein schöner Kontrast zu dem Blaulila der üppigen Rhododendronhecken. Loch Carro, Loch Dughaill, Loch Sgamheim. Nie waren wir weit vom Wasser entfernt, und überall wollten wir aussteigen und durch die Gegend streifen, vielleicht ein wenig angeln oder ganz einfach auf der Bank vor dem windschiefen Steinhäuschen mit der Highländerin plaudern. Hier sah man mehr Rehe und Hasen als Menschen, und wieviel hielt diese wenig berührte Landschaft noch verborgen: seltene Pflanzen, Wildkatzen und den goldenen Adler, Behausungen aus der Steinzeit, Negalithen und Steinzirkel so groß wie Stonehenge, gräbt man erst einmal durch den in dreieinhalbtausend Jahren angehäuften Torf; dazu noch die Brochs aus frühchristlicher Zeit, diese klotzigen runden Hausturmfestungen aus mörtellosen Steinmauern.

Achnashellach, wo sich Tannen statt Pinien unter die Birken und Schlüsselblumen mischten, ist der Inbegriff von Sommerfrische. Liebliche hellgrüne Glens lösten sich mit braun-lila Mooren und schroffen Bergen ab, in deren Falten noch Schneereste klebten. Am Loch Achanalt hingen Wolkenfetzen bis in den See, und die Sonne hatte einen kräftigen Regenbogen über das Wasser geschlagen. Kein Moment glich dem anderen, und noch tagelang hätten wir uns von dieser Landschaft verzaubern lassen können.

In Dingwall, wo angeblich Macbeth zur Welt kam, kehrte der Bahnwärter nach dem letzten Zug mürrisch den Bahnsteig, aber er gab uns einen guten Rat für die Übernachtung. Noch spät am Abend verwöhnte uns die charmante Mrs. McKenzie in ihrem altmodisch eleganten Haus mit Tee und Käsebrötchen, und natürlich hielt auch sie die uns inzwischen so vertrauten Tröster bereit: Bibel und Bettflasche. Die Bibel lag stets rotgebunden auf dem Nachttisch (und niemals in der Schublade), und die Bettflasche wurde auf Wunsch gefüllt. Die zweihundertsechzig Kilometer nach Norden bis Thurso oder Wick würden wir dieses Mal nicht schaffen. Also von Inverness zurück, mitten durch das Herz der schottischen Highlands. Wir schnauften auf kahlköpfige Pässe hinauf, flogen über lange Brücken und durch weite Täler und atmeten in engen Schluchten feuchte Waldluft ein. Daß Aviemore ein zünftiger Skiort sein soll, ließ sich vom Bahnhof aus nicht so richtig ausmachen, aber schließlich sahen wir in Newtonmore auch keinen Menschen Shinti spielen, und dabei gilt dieser Ort als Hochburg dieses schottischen Hockeys. Unverkennbar war dagegen Blair Castle mit seinen weißen Mauern und grauen Schieferdächern, der Sitz des Duke of Atholl. Er hat als einziger auf den Britischen Inseln noch das Recht, eine private Armee zu halten, die Atholl Highlanders, ein Überbleibsel aus der Zeit der Clans, als das Familienoberhaupt eigene Leute für die Armee des Königs zur Verfügung stellen mußte. Heute sind die achtzig Mannen des Herzogs meist friedliebende Gutsarbeiter, die nur gelegentlich für Zeremonien ihre Äcker verlassen.

In Pitlochry, der Stadt des Tweedstoffs und Whiskys, stiegen wir aus, endlich würden wir erfahren, wie unser köstliches Abendgetränk entsteht. Allein der süßlich dicke Geruch um die Fermentierbottiche könnte einen betrunken machen, und noch schlimmer wird es, wenn man die Nase in die Öffnung steckt und inhaliert und ein scharfer Stich durch sämtliche Atemorgane fährt – allerdings soll dies für Nasennebenhöhlengeschichten gut sein. Wir staunten über die großen protzigen Vorhängeschlösser, die das Alkoholsteuergesetz überall da verlangt, wo das edle Getränk zum Abzapfen bereitsteht, und es ist eh kaum zu glauben, daß dies bräunliche, mit Pflanzen durchsetzte Wasser, das aus dem Grampian-Gebirge durch Hochmoore und Grasland bis hierher fließt, für den Whisky gut sein soll. Wir hatten allerdings an der Kostprobe, später im Zug, nichts auszusetzen.

Da lagen noch Perth und Sterling am Weg, aber uns zog es zum Abschied nach Edinburgh, die Aristokratin unter den britischen Städten, das Athen des Nordens, wo die Natur aus erloschenen Vulkanen und tiefen Gletschertälern eine grandiose Szenerie schuf und wo Geschichte dreifach an jeder Mauer haftet. Überwältigt standen wir am Bahnhofsausgang und schauten auf das großartige Panorama von Schloß und Schloßberg mit den majestätischen, hochgiebligen Bürgerhäusern entlang des Hangs. Hier wollten wir nicht nur ankommen, hier wollten wir bleiben.

Georg Jung

Schatten der Vergangenheit

Das schottische Hochland

Warum sollte auch nicht ein Dichter wie Robert Burns Haggis ein Gedicht widmen? Haggis, eine graugrünliche Wurstkugel, die aussieht wie eine Eierhandgranate, prall gefüllt mit Schafsinnereien und Hafermehl und serviert mit Kartoffelbrei und weißen Rüben, ist eben ein Stück Schottland. Haggis stellt den ausländischen Feinschmekker nicht nur auf die Gaumenprobe, sondern fordert auch seine Bereitschaft heraus, sich auf ein Thema einzulassen, das jenseits der Tafelkultur liegt, denn man muß das Land mögen, um dieses Gedicht zu mögen – wie Robert Burns, der wie kein anderer mit den schottischen Sachen verwurzelt ist. »My heart's in the highland, my heart is not here«, so heißt ein altes Emigrantenlied von ihm.

Die Highlands – die entlegenen Bergregionen des schottischen Nordens – sind für viele Fremde ein gälisches Zauberquartett, das aus Glens, Bens, Lochs und Clans besteht, verbunden mit der Vorstellung von einsamen Tälern, schroffen Bergen und stillen Moortümpeln, die sich zu einem atemberaubenden Naturspiel fügen, und der Erinnerung an blutrünstige Geschichten über rivalisierende Stammesverbände und wüste Clanschlachten. Die Wirklichkeit und die Klischees über das schottische Hochland haben einen Mythos geschaffen, der jedes Jahr viele Millionen Besucher anlockt. Auf den richtigen Weg hilft die allgegenwärtige Touristenbehörde mit einer Flut von Informationsbroschüren, Ferienzeitungen und Empfehlungen im Vierfarbendruck: »Take the Whisky-Trail«, »The Royal Road« oder »The Castle-Trail«. »Nehmen Sie den Robert-Burns-Gedächtnis-Weg«, »Machen Sie einen Ausflug in die lebendige Vergangenheit« oder »Finden Sie Nessie«.

Schottland – ein reisegeführtes Land, in dem es nichts mehr zu entdecken gibt? Keine Ruine und kein Schloß mehr, die dem Pilger auf seiner Wallfahrt durch die Geschichte nicht schon hinreichend bekannt wären? Kein versteckter Leuchtturm auf einsamem Küstenvorsprung, kein bizarrer Felsen am Meer, den man nicht irgendwann einmal auf einem Bild von Colin Baxter gesehen hat, dem Fotografen, der Schottland so gefühlvoll betrachtet? Doch, es bleibt etwas zu entdecken, das kein Reiseveranstalter in sein Programm aufnehmen kann, das sich weder durch Öffnungszeiten regeln noch im Veranstaltungskalender festlegen läßt. Es sind die Geheimnisse einer Landschaft, die sich in der Unberechenbarkeit eines Augenblicks verbergen. Momente, die mit dem Wolkenzug so rasch vergehen, wie sie gekommen sind, und das einzigartige Spiel des Lichts.

Die Western-Ross-Küstenstraße ist nicht der kürzeste Weg in den Norden des Landes, aber der spektakulärste. Zwischen Gairloch und Kinlochewe führt er auf eine kleine Paßhöhe. Hier am nördlichen Gebirgsrücken des Ben-Eighe-Naturreservats, wo noch Reste des alten kaledonischen Kiefernwaldes stehen, kann man sich leicht vorstellen, wie das schottische Hochland einmal ausgesehen hat, bevor es abgeholzt wurde. In sanften Kehren windet sich die Straße zum Loch Maree hinab, und nun öffnet sich eine landschaftliche Szene, die zu den Höhepunkten der nördlichen Westküste gehört. Dunkle Bäume säumen die schmalen kieseligen Ufer des langgestreckten Sees. Hinter den Baumkronen drängen sich zerfurchte Hügel zu einem Gebirgsmassiv empor, aus dem der klotzige Gipfel des Slioh nackt in die Wolkendecke stößt. Im Dämmerlicht der untergegangenen Sonne wachsen vom Ufersaum aus die Schatten der Nacht, klettern rasch an den kahlen

Bergflanken hoch und dringen tief unter die geglättete Fläche des indigofarbenen Wassers. Im 17. Jahrhundert, als die Berghänge noch dicht bewaldet waren, wurde am Fuße des Slioh Eisen geschmolzen. Mit der Verhüttung hatte sich hier rasch ein bedeutendes Industriezentrum entwikkelt, das allerdings schon 100 Jahre später wieder verschwunden war. Aber heute, jetzt in diesem Augenblick war es, als würden sämtliche Erzvorkommen Schottlands an den Flanken des Ben Slioh auf einmal geschmolzen. Als sei es der Widerschein des glutflüssigen Eisens, begann der graue Gebirgsstock plötzlich zu schimmern, und als ob Feuer in den See geflossen wäre, erglühte sein Schatten im spiegelnden Wasser. Einen Atemzug lang schien der Berg seine Masse zu verlieren und sich von seinem steinernen Sockel zu lösen. Dann war das Spiel des Sonnenuntergangs zu Ende, der Berg sackte in seine Schwerkraft zurück, die Nacht brach herein.

Western Ross ist ein altes Land, dessen Erscheinung geprägt ist durch die Kämpfe im Inneren der Erde, vom Schliff der Gletscher und durch die Gewalt von Wind, Kälte und Hitze. Es ist ein Land eindrucksvoller Berggipfel, die dicht hinter der atlantischen Küste eine zerrissene Mauer bilden wie die erste Kruste eines Planeten. Es ist eine Wetterküche, aus der die Schottland-Tiefs kommen, und ein geologisches Museum, in dem die ältesten Steine Europas liegen. Welche Furcht müssen diese steinernen Riesen den ersten Menschen, die vor sechs- bis achttausend Jahren hierherkamen und den schmalen Küstenstreifen besiedelten, eingeflößt haben. Sie kannten noch keine Bezeichnungen für die Gesteine wie kambrischer Quarz, Torridon-Sandstein oder Gneis, für sie waren die Berge weiß, dunkelrot oder hellgrau. In dieser Zeit bedeckten dichte Urwälder den größten Teil Schottlands. Es gab reichlich Wild: Braunbären, Wölfe, Elche, Bison, Luchs und Wildschweine. Sie alle sind mittlerweile ausgestorben, teils durch Klimaveränderung, zum größten Teil aber durch die Zerstörung ihrer Lebensräume. Zwischen dem 10. und 18. Jahrhundert verlor Schottland alle 100 Jahre eine Tierart. Heute weisen nur noch einige gälische Ortsnamen auf die Existenz von monsterartigen Lebewesen hin. Und anstelle der alten Wälder breitet sich nun eine lichte, sepiafarbene Moorlandschaft aus.

Noch immer gilt das nördliche Hochland trotz der Küstenstraßen und einiger Inlandverbindungen, die häufig nur einspurig sind, als äußerst unzugänglich und wild. Doch der Wildnis von heute sind Schranken gesetzt – Zäune vor allem, viele tausend Kilometer Draht, die die Weideparzellen der Schafe begrenzen. Reisende aber, die sich das Land nicht nur mit dem Auto erfahren, werden nicht lange laufen müssen, um Visionen einer Urlandschaft zu erleben. Der Bergwanderer, der an einem regnerischen Tag vom An Tellach herunterschaut auf einen Ozean aufgetürmten Gesteins, über dem die Wolkendecke so tief hängt, daß zwischen Himmel und Erde kaum noch Platz bleibt, und sieht, wie Myriaden kleiner und kleinster Tümpel gefüllt werden von unzähligen Wasserrinnen, die sich ihren Weg durch Grasbüschel und Moose suchen, wird sich an den zweiten Schöpfungstag zurückversetzt fühlen, als die Wasser vom festen Land noch nicht geschieden waren.

Angesichts der Einsamkeit und Menschenleere des Hochlandes könnte der Eindruck entstehen, daß es seit Ewigkeit so leer war. Doch jedes Tal, jeder See und jeder Berg hat einen gälischen Namen, der daran erinnert, daß hier seit langer Zeit Menschen zu Hause waren. Sie mußten das Land verlassen, um Schafen Platz zu machen. Zwischen Mitte des 18. und Mitte des 19. Jahrhunderts wurden viele Hochlandbauern von ihren Höfen und fruchtbaren Äckern vertrieben in einer Aktion, die sich »Clearances« nannte. Die Hochlandbereinigung wurde mit äußerster Brutalität vollzogen; viele der Betroffenen wechselten in dieser Zeit vom komfortablen Leben zum Bettlertum. Sie wurden an die Küste umgesiedelt zum Aufbau einer Fischereiindustrie, sie gingen ins Ausland, oder sie starben während der Vertreibung. Die Clearances waren der Abschluß einer Reihe von Demütigungen, die mit der Niederlage von Colloden, wo die Hochlandarmee von den vereinten Truppen Englands und der Tieflandschotten geschlagen wurde, begonnen hatten. Immer wieder trifft man heute auf vergessene Friedhöfe, die dem langsamen Zerfall überlassen sind. Die kleine Totenkapelle steht meistens nur noch als Mauerskelett, um das sich einige Reihe verwilderter Gräber scharen. Die Nachkommen der hier Begrabenen leben meist in Kanada, in den Vereinigten Staaten, Australien oder Neuseeland.

Viele Plätze des schottischen Hochlandes sind zu reizvoll und bezaubernd, als daß man sie in Verbindung bringen möchte mit Schauplätzen der Gewalttätigkeit und der Grausamkeit. Eines der schönsten Hochlandtäler ist Glencoe. Tausend Meter hohe Berge umschließen eine breite, wie ein U geformte Furche, an die sich ein weites Hochmoorgebiet, das Rannoch-Moor, anschließt. Die Straße A82 führt daran vorbei, sonst stört nichts die Stille. Der nördliche Zugang nach Glencoe führt über eine Paßhöhe, wo Autofahrer gern für den Augenblick halten – sei es wegen des Panoramas oder wegen des Dudelsackpfeifers, der sich hier oben bei jedem Wetter mit seinem Spiel ein bescheidenes Zubrot verdient. Wehmütig ertönt die Ballade von »Mull of Kintyre«. Der eisige Wind trägt die Melodie fort bis an die Berghänge von Glencoe und bringt das Echo zurück. Das Tal ist nicht allein wegen seiner Schönheit berühmt. Es war der Schrecken einer Winternacht, der es zum bekanntesten aller Glens gemacht hat. Hier wurde 1692 mit königlicher Genehmigung ein Massaker verübt, bei dem 38 Familienmitglieder des McDonald-Clans von Campell-Soldaten niedergemetzelt wurden. Was dieses Blutbad zu einem gemeinen Verbrechen gemacht hat, ist die Tatsache, daß die Täter zwölf Tage lang die Gastfreundschaft ihrer ahnungslosen Opfer in Anspruch genommen hatten, bevor sie sie an einem nebligen Morgen im Schlaf überraschten. Der schottische Regen hat die blutgetränkte Erde tausendfach reingewaschen, doch die Vergangenheit lastet immer noch wie ein schwerer Schatten auf Glencoe. Heute ist dieses Tal mit seinen Bergen ein beliebtes Wander- und Skisportgebiet.

Der Westhighland-Way, ein insgesamt 150 Kilometer langer Weitwanderweg, der am Stadtrand von Glasgow beginnt, durchquert in seinem letzten Abschnitt das Rannoch-Moor und Glencoe, bevor er sein Ziel Fort William erreicht. Fort William liegt im Schatten von Ben Nevis, dem höchsten Berg Großbritanniens, und ist wie Inverness ein touristisches Zentrum des Hochlandes. Beide Städte sind ein idealer Ausgangsort für Ausflüge und Reisen in die mittleren und nördlichen Highlands. Sie liegen sich gegenüber am jeweiligen Ende des Great Glen, eines in früher Erdgeschichte entstandenen Grabenbruchs, der Nordschottland quer durchtrennt. Eine Seenkette füllt ihn aus, die durch den kaledonischen Kanal Atlantik und Nordsee verbindet.

Es ist sehr ruhig geworden auf dem Great Glen seit der Zeit, als die weißen Dampfschiffe mit ihren langen schwarzen Schornsteinen von hier verschwunden waren. Heute sorgt nur noch Loch Ness, der größte See am oberen Ende der Wasserstraße, trotz seiner Monotonie für Attraktion und Abwechslung. Besucher aus allen Teilen der Erde reisen hierher, um einem bislang ungelöstem Geheimnis auf die Spur zu kommen, das in dem undurchdringlichen Dunkel des 229 Meter tiefen Sees verborgen liegt. Es geht um Nessie, wie das prähistorische Ungeheuer zärtlich genannt wird. Der Zoologe Sir Peter Scott hat ihm den wissenschaftlichen und respektvollen Namen »Nessitera rhombopteryx« gegeben, was soviel heißt wie »Wunder von Loch Ness mit rhomboidartiger Finne«. Zum ersten Mal wurde Nessie im Jahre 565 von dem irischen Missionar Columba entdeckt. Inzwischen liegen Hunderte von Berichten teils mit fotografischen Belegen vor, die das Monster genauer beschreiben wollen. Wer sich darauf nicht verlassen will, geht selbst auf die Suche. Das Urquart-Castle am nördlichen Seeufer bietet dafür einen bevorzugten Beobachtungsstand. Hier ist der Nessie-Sucher unter seinesgleichen. Falls er enttäuscht werden sollte, spendet ihm in der nahegelegenen Ortschaft Drumnadrochit die Ungeheuer-Ausstellung Trost mit den neuesten Erkenntnissen und allen bisher gesammelten Daten über Nessie. Wer die Ausstellung besucht hat, ist aber anschließend auch nicht schlauer. Existiert das Monster, oder existiert es nicht? Die Guinness-Brauerei hat für denjenigen eine Prämie ausgesetzt, der Nessie fängt. Hoffentlich bleibt Monster Nessie dort, wo es mit Sicherheit ist: in der Phantasie der Menschen. Schottland wäre sonst um eine Attraktion ärmer.

Maria Frisé

Im salzigen Wind

Auf den Shetland-Inseln

Wer auf den Shetland-Inseln lebt, muß ein Liebhaber von Grautönen sein und die Eigenschaften von amphibischen Wesen haben: Zu Hause sein zu Lande wie zu Wasser. Kaum ein Anwesen, das nicht den Blick über Meer oder auf einen der unzähligen fjordähnlichen Lochs oder Voes anböte. Die See ist das Element der Wikingernachkommen. Raubzüge wie ihre Vorfahren haben sie wohl aufgegeben. Oder soll man als Raubzug bezeichnen, was uns Libby erzählt? Ein Mann fährt mit seinem kleinen Boot hinaus – jeder hat hier natürlich ein Boot – und kommt nach ein paar Stunden mit einem Zentner Fisch zurück. Ein Zentner Fisch, mit der Angel erbeutet, was macht man damit? Verschenken, sagt Libby mit schöner Selbstverständlichkeit. Es gibt genug Fische, ein, zwei Dutzend verschiedene Arten, vom Delphin bis zum Weißfisch, vom Wal bis zum Hering, vom Kabeljau bis zur Seezunge. Frisch schmecken sie am besten, fügt sie hinzu.

Das Angeln von Seefischen kostet nichts, nur für die Lachsforellen landeinwärts braucht man einen Angelschein. Lachse werden hier auch gezüchtet und exportiert. In runden Drahtbehältern wachsen sie mitten in der Fjordströmung heran bis sie groß genug sind, um in Flüsse ausgesetzt zu werden, wo der Nachwuchs fehlt, weil Kraftwerke, Staustufen, Schleusen oder Verschmutzung die Wanderung der Fische zu ihren Laichplätzen behindern.

Es ist keineswegs »nice weather«, wie Eva und Norman, Libbys Freunde, behaupten. Aber es regnet und stürmt auch nicht. Für die Wikinger-Urenkel auf dem nördlichen Breitengrad von Leningrad und Oslo ist alles unter Windstärke acht und über zehn Grad Celsius »nice weather«.

Eva und Norman sind beide wettergegerbt und kräftig; daß sie gerne lachen, trinken, essen und feiern, sieht man ihnen an. In ihrem gemütlichen Haus mit Namen »Pinewood« vermieten sie drei Zimmer. Im zweisprachigen Hausprospekt – Englisch und Norwegisch – rühmen sie sich, den am nördlichsten gelegenen Whirlpool des britischen Königreichs zu besitzen.

Der Whirlpool ist nicht mehr als eine gelbgrüne Badewanne mit einigen Düsen für die Druckluft, die das Wasser durcheinanderbringen soll. Ein Scherz, lacht Norman. Auch nach dem Kieferwald halten wir vergeblich Ausschau, es gibt ihn auf keiner der knapp hundert Inseln – nur vierzehn sind besiedelt –, die da so hoch im Norden den salzigen Winden ausgesetzt sind. »Pinewood« ist genauso baumlos und straucharm wie die anderen grauen Granithäuser, die sich vereinzelt und weit verstreut in der felsigen Moorlandschaft ducken.

Im geräumigen Wohnzimmer verbreitet ein offener Kamin mitten im Sommer behagliche Wärme. Torf gibt es auf den Shetlandinseln wie ehedem gratis; man muß ihn nur stechen und zum Trocknen aufstellen. Bis zu sechs Meter tief reicht stellenweise die Torfsohle. In Straßennähe sind die Hochmoore je nach Bedarf aufgerissen und wie Schichttorte angeschnitten worden. Offenbar gibt es keine Vorschriften für den »Peat«-Abbau. Jeder nimmt sich, wo und wie er will, keiner kümmert sich darum, daß die ausgenutzten Torffelder planiert und mit Gras angesät werden mußten.

Die Welt draußen ist meist unwirtlich. Es scheint den Inselbewohnern nicht darauf anzukommen, sie auch noch häßlich zu machen. Rostige Autowracks, Blechtonnen, Trecker und landwirtschaftliche Geräte säumen die Straßen und die Zufahrten zu den Einödhöfen als Strandgut der Moderne. Niemand macht sich die Mühe es fortzuschaffen. Schönheitssinn entwickelt sich erst hinter schützenden Mauern. Auffallend oft ist an die niedrigen Katen ein kleines Gewächshaus angebaut, in denen Topfblumen in bunter Blütenpracht aufgereiht stehen und eine rührende Sehnsucht nach südlicher Flora verraten.

Eva hat eine Flasche Glen Garioch gebracht; für nicht geübte Malt-Whisky-Trinker schenkt sie die Gläser sehr voll. Im Nebenraum türmen sich nagelneue Haushaltsgeräte und Aussteuerstücke: Geschirr, Töpfe, Besteck, Bettwäsche, sogar ein Bügelbrett – Hochzeitsgeschenke. Vor wenigen Tagen hat die einzige Tochter geheiratet. Norman bringt ein lexikondickes Album mit Goldschnitt. Das große Ereignis, von dem nicht nur auf Yell, sondern auch auf den anderen Inseln noch lange gesprochen werden wird, ist dort »in Farbe« auf jeder Seite festgehalten. Ein Drei-Tage-Fest. Zehn Schweine und vieles andere mehr wurden von den vierhundert Gästen verspeist.

Das junge Paar ist sehr stattlich. Sie ganz in Weiß von Schleiergewölk umweht, er in einem silbergrauen Westenanzug. Brautjungfer und Trauzeuge sind nicht weniger schmuck: tiefdekolletiertes rosenfarbenes Abendkleid, er im neuen Silbergrauen, der dem des Bräutigams aufs Haar gleicht. Eva und Norman haben sich die Hochzeit ihrer Einzigen etwas kosten lassen. Sie gelten als wohlhabend, da hat man Verpflichtungen.

In einem Nebengebäude stapeln sich Pullover und Strickwolle. Echte Shetlandpullover sehen aus wie Norwegerpullover. Die Muster sind in dickleibigen Büchern wie »Traditional Knitting« oder »Shetland Pattern Book« festgehalten. Zu Norwegen beziehungsweise zu Dänemark gehörten die Shetlandinseln bis 1468, als der geldknappe Christian I. sie samt den Orkneyinseln quasi als Morgengabe seinem schottischen Schwiegersohn James III. abtrat. Mit Schottland und seinen »Kronpächtern«, die die freien Bauern zu Leibeigenen machten, haben die Inselbewohner schlechte Erfahrungen gemacht, die Animositäten sind noch heute zu spüren.

Echte Shetlandwolle ist übrigens keinesweg kratzig wie die billigen Pullover, die bei uns unter diesem ungeschützten Namen verkauft werden. Die »echte« weiche Wolle stammt von Shetlandschafen, einer besonderen Rasse; sie werden nicht geschoren, sondern »gerauft« oder gerupft. Einige Schafe entledigen sich selbst ihres dicken Vlieses. Auf den moorigen Weiden könnte man im Frühsommer im Handumdrehen einen Sack Wolle sammeln: die Inselschafe laufen um diese Zeit bereits mit nacktem Hals herum und ziehen ihren Wollpelz oft in langen Zotteln hinter sich her. Norman und Eva vergeben Wollgarne auf großen Spulen zum Stricken in Heimarbeit. Der größte Teil der Pullover, Handschuhe, Schals und Mützen geht nach Amerika.

Was macht man auf den Shetland-Inseln, wenn man weder Lust zum Torf stechen noch zum Fischen oder Angeln hat? Vögel beobachten ist eine der Leidenschaften, die hier ausgelebt werden können. Immer wieder trifft man auf einsame Wanderer, die mit schweren Ferngläsern und Teleobjektiven ausgerüstet sind. Oft notieren sie auf einem kleinen Block, welche seltenen Gefiederten ihnen vor die Linse gekommen sind: Trauerbachstelzen, Brachvögel, Baßtölpel und wie sie alle heißen. Es gibt Vogelwarten und Vogelinseln, die man nicht betreten darf, und es gibt zahllose weiße oder schwarze Felsgruppen, von denen ein schrilles Gekreisch ausgeht. Weiß sind sie von Möwen, Tordalken und Seeschwalben, schwarz von Kormoranen und Raubmöwen, die hier Nest an Nest ihre Jungen ausbrüten und mit hellen Schreien auf Futtersuche fliegen. Hitchcock hätte hier mühelos seine angstmachenden gefiederten Komparsen gefunden. Ornithologen freuen sich am Eissturmvogel oder am Albatros und am Wappentier der Shetlands, dem Puffin, dem Papageientaucher, der mit seinem kräftigen orangeroten Schnabel und der scharf abgegrenzten schwarz-weiß-grauen Zeichnung seines Federkleids aussieht wie ein trauriger Harlekin.

Außer Vögeln gibt es zahlreiche Großfamilien von Robben und Seeottern; sie lassen sich nicht stören, wenn sie ihre Mahlzeit aus zappelnden Fischen auf einem gischtumbrandeten Felsen verzehren. Auch Pflanzenliebhabern bieten die Inseln Besonderes, verschiedene Orchideenarten und Wiesenblumen, die im kurzen Sommer leuchtender und üppiger wachsen als bei uns. Als rosa, weißer, blauer oder gelber Teppich überziehen sie die kargen Wiesen.

Und dann gibt es natürlich noch viele Gespenster- und Abenteuergeschichten. Leicht ließe sich eine neue hinzuerfinden: man muß nur lange genug im Simmer-Dim-Licht der Sonnenwende auf einen Fels starren – schon scheint er sich zu bewegen, als Ungeheuer bedrohlich näher zu kriechen. Granit-Monster wie das Dore Holm in der Nähe von Lerwick, das mit seinem Felsenrüssel aus dem Meer zu trinken scheint, sind nicht selten und regen die Phantasie an wie die dramatischen Schiffbrüche auf den Riffs vor der Küste.

Einer aus jüngster Zeit hat sich 1924 in der Felsenbucht nicht weit von Normans und Evas Haus zugetragen. Die »Bohus«, ein Segelschulschiff der deutschen Handelsmarine, ging dort innerhalb von zwanzig Minuten unter. Drei Matrosen der fünfzigköpfigen Besatzung ertranken. Die Galionsfigur des gesunkenen Seglers, eine korpulente und gar nicht verlockende Dame, haben Taucher an Land gebracht. Als Denkmal aufgerichtet und weiß getüncht, starrt sie jetzt mit strengem Blick über die gefährliche Bucht und hat gewiß längst Stoff geliefert für schaurige Legenden. Die meisten Shetland Folk Tales ranken sich um Frauengestalten, die Ähnlichkeit haben mit den nordischen Schicksalsgöttinnen, den Nornen. Die Nornen sind allerdings oft zu bösen Hexen verkommen.

Wie die Menschen vor dreitausend Jahren auf den Inseln lebten, ist in Jarlshof zu besichtigen, einer Siedlung aus der Bronzezeit, die die Wikinger später besetzten und befestigten. 1905 wurde sie entdeckt, allmählich ausgegraben und zum Teil rekonstruiert. Sie liegt auf dem Weg nach Süden, wo der neue, allzugroß geplante Flughafen Sumburgh auf mehr Gäste wartet. Den Flugverkehr zu den Bohrinseln besorgen Hubschrauber. Linienflüge gibt es vorwiegend nach Aberdeen und Edinborough.

Das Öl im Nordatlantik hat den Leuten von den Shetlands einigen Wohlstand gebracht. Die alte graue Hafenstadt Lerwick – mit siebentausend Einwohnern versammelt sich hier bereits ein Drittel der gesamten Inselbevölkerung – ist heute geschäftig und bunt von all dem, was das sogenannte Konsumentenglück darstellt: Elektro- und Elektronikgeräte, ein permanenter Ausverkauf von Textilien, Discos und die neuen Einrichtungshäuser, die alles anbieten »wie in London« oder »wie in Bergen«, die ähnlichen Ölsegen und seine Folgen zu verdauen haben.

Fünfzig Kilometer von Lerwick entfernt ist der neue Ölhafen Sulldom Voe, die große Durchgangsstation für mehr als eine Million Barrel Öl täglich. Doch das Öl wird nicht ewig fließen, und so viel ist es auch nicht, was von seinem Erlös auf den Shetland-Inseln hängenbleibt. Libby macht uns auf die neuen Straßen aufmerksam, auf die Schulen, das Krankenhaus, die neuen Hotels. Zu Weihnachten bekommen alle Rentner achthundert Mark geschenkt aus dem Fonds des Ölgelds. Arbeitsplätze sollen geschaffen werden, die Fisch verarbeitende Industrie wird modernisiert, Geschäftsgründungen werden unterstützt, die notorische Arbeitslosigkeit ist auf sieben Prozent gesunken, eine Quote, von der andere Teile des Königreichs nur träumen können. Geisterstädte wie nach dem Goldrausch im Westen Amerikas soll es auf den Shetland-Inseln nicht geben. Die Facharbeiter und Ingenieure auf den Bohrinseln und Pipeline-Stationen werden hier nicht seßhaft. Barakkensiedlungen und Containerhotels sind Zeichen eines Provisoriums.

»Welcome to Shetland« lasen wir bei unserer Ankunft in Lerwick auf einem Plakat. Ein rotblonder bärtiger Wikinger lächelte uns unter seinem mit Flügeln geschmückten Eisenhelm entgegen, Schild und Streitaxt hatten nichts Bedrohliches. Wir waren von Aberdeen in Schottland mit der St. Clair, der Autofähre, nach Lerwick gefahren, eine lange Nacht hindurch. Die Kabine war bequem, Dinner wie Frühstück deftig und reichlich. Die See wellte sich sanft, eine Seltenheit in dieser rauhen Gegend des Nordatlantiks.

Schon an Bord hatten »Fiddler« aufgespielt, eine besondere Art von Pop- und Folkmusik, bei der das dreiköpfige Ensemble jedesmal Geschwindigkeitsrekorde zu brechen bestrebt ist. Die Raserei auf der Violine, der harte schnelle Rhythmus fährt in die Glieder.

Den schönsten Inselabend verbrachten wir bei Harry und Stella. Nach Harrys Pensionierung als Ingenieur in Cambridge haben sie sich ein Lairdshouse, ein Herrenhaus, 1759 gebaut, auf den Shetland-Inseln gekauft. Burrastow House in Walls ist von herber Romantik, an einem Loch gelegen, das sich zu einem See weitet. Stella ist eine vorzügliche Köchin, und Harry betreut und bedient seine Gäste, als habe er sein Leben lang nichts anderes getan. Holztäfelung, Kaminfeuer, schöne alte Möbel, Teppiche, chinesische Vasen und Bücher, wir fühlten uns wie zu Gast bei alten Freunden. Die wenigen Zimmer sind auf lange Zeit ausgebucht. Im Kinderzimmer steht das Spielzeug der eigenen Kinder und Enkel zur Verfügung; im Bad ist das Waschgeschirr handbemalt.

Harry und Stella haben sich auf der Insel bereits einen Ruf erworben. Bei ihnen zu essen, ist nur nach Voranmeldung möglich. Vor dem Dessert, Karameleis mit geröstetem Braunbrot, traten wir hinaus auf die Terrasse über dem See. Es war elf Uhr, eine Stunde vor Mitternacht, immer noch taghell und im perlmutterfarbenen Licht spiegelte sich die untergehende Sonne im Wasser. Plötzlich begriffen wir, was Leute Jahr für Jahr zu den Shetland-Inseln zurückkehren läßt.

Katrin Gebauer

Nur die Sonne ist eine Sünde wert

Abstecher nach Skye

Die alten Gälen haben offenbar recht. Es regnet schon seit Tagen aus dicker Wolkenhaut, bleigraue Watte klebt hartnäckig an grünen Berggipfeln. Eilean a'Cheo fo sgail beann mor – Nebelinsel im Schatten hoher Berge – nennen die gälisch sprechenden Schotten die vor der Westküste Schottlands liegende Insel Skye.

Allan, Fischer aus Mallaig, hatte seinen wettergegerbten Kopf geschüttelt, als er sich die Schwärmerei anhören mußte, wie magisch diese Insel dort drüben anziehe. Er hatte den Blick zum Horizont gehoben und geschaut, wie man einen Geisteskranken anzusehen pflegt – mit milder Nachsicht. Wäre der Fremde ein Sassenach, ein ungeliebter Engländer, hätte Allan ihn wohl keines Blickes und schon gar keines Satzes mehr gewürdigt. So aber fragt er schließlich, weshalb, bei Gott, er denn nicht lieber auf dem Festland bleibe, denn »da drüben ersäufst du im Regen«. Allan ist nicht der einzige, der das Wetter auf Skye nicht besonders ermutigend findet. Schon der Engländer Samuel Johnson, der im Jahre 1773 seine damals sehr beschwerliche Reise zu den westlichen Inseln bei Schottland antrat, fand, als er auf Skye angelangt war: »... das Wetter ist nicht anmutig. Die Hälfte des Jahres ist mit Regen überschwemmt.«

Aber weder Allan noch Dr. Johnson hatten den Fremden bremsen können, vielmehr ergab er sich dem Slogan des

Tourist Office, das ihn mit der Aufforderung »Come over the Sea to Skye« über das Wasser gelockt hatte.

Zwei Tage hockt er dann trübe vor dem prasselnden Kaminfeuer, das die Wirtin für ihn angezündet hat, fährt mit dem Finger die Straßen auf der Landkarte auf und ab, unentschlossen, diesem Wetter zu trotzen. Dann aber, am dritten Morgen dieses Inseldaseins, macht er sich – Nebel hin, Regen her – auf die Socken, hin zur nordöstlichsten Skye-Halbinsel, nach Trotternish. An den Storr-Seen hokken statueske grüne Trolle und lauern auf leichtes Anglerglück in den fischreichen Gewässern. Der Old Man of Storr, die aus der Ferne so filigran wirkende Felsennadel, zeigt sich aus der Nähe als narbiger, graugegossener Gigant, einsam am Rande eines gewaltigen Felsmassivs, und die Legende, die um ihn rankt, ist ähnlich der Bibelgeschichte um Lot und sein neugieriges Weib.

Und dann hat die Entstehungsgeschichte der Erde ihren Auftritt: Vorhang auf für die urzeitlichen Quairaing-Berge. Wolken hängen gleich überdimensionalen Federbetten über den abgeraspelten Tafelhochflächen, kein Windstoß vermag heute ihre kompakte Form zu zerblasen. Kein freundlich blühender Rhododendron, kein Baum, kein Strauch setzt Akzente, nur das dünne Band der Achterbahnstraße bringt etwas Auflockerung. Schmal wie eine Einbahnstraße ist sie und gräbt sich in heftigen Schlingen die Kahlgrünen hoch bis zum Table Rock, einer gigantischen Felstafel. Oben versperrt ihm den meerwärtigen Blick das feuchtkalte Gewoge – Weitblick, ade! Unten, auf der Coast Road, ein weiteres Kapitel Urgeschichte: die Score Bay. Eine Mondlandschaft: Graues Gestein, wie von Zyklopenhand zerbröselt und verstreut, türmt sich zu wilder Küstenlandschaft. Am Ende der Bucht, auf einem Felsbrocken wie ein Adlerhorst angeklebt, thronen die düsteren, verfallenen Reste von Duntulm Castle, dem einstigen Sitz der MacDonalds von Sleat und Trotternish.

Als die Abenddämmerung fällt, sitzt er irgendwo in einem Pub unter dem Schein einer nackten Glühbirne, und draußen tanzt ein Zweig die Rhythmen des böigen Windes an die Fensterscheibe. Der Talisker, der Inselwhisky, schmeckt torfrauchig und ist so dunkel wie die Moorbäche, denen das Wasser entnommen wird.

Er fühlte sich wohl an jenem Abend in dieser gottverlassenen Kneipe, als an der bierfeuchten Theke allerlei Geschichten ausgetauscht wurden. Ihm schienen die Erzählungen dieser wettergegerbten Gesellen um so bunter, je mehr schwarzbraunes Bier sie genossen hatten. War ihre Sprache nur so unverständlich, oder redeten sie jetzt wirklich von Geistern, Feen, Riesen und Trollen? Er verlegte sich aufs Studieren ihrer Gesichter und sah in ihren Trollaugen den Schalk sitzen und ihm freundlich zuzwinkern. Skye ist – vielleicht noch mehr als das schottische Festland – voller Legenden und Kaminfeuerstories, Sagen und Geschichten, und dort wird – so will es nicht nur ihm scheinen – noch mit Inbrunst an das Sonderbare geglaubt.

Der Fremde mag die heruntergekommenen Friedhöfe mit den moosbewachsenen Grabsteinen, die mausgrauen Kirchlein mit ihrem diffusen Schummerlicht im Innern. Er mag auch jene schmalbrüstigen Katen, deren Dächer sich kaum aus den Senken erheben und denen die Berge neugierig in die torfgeräucherten Schornsteine gucken. Und er mag die unbewegt liegenden Fjorde, deren glatte Oberfläche kaum jemals ein Boot kräuselt, und die granitenen Berge, die ihre Spiegelbilder stolz in stillen Seen baden. Auf der Landkarte entziffert er viel Gälisches: Sgurr Alasdaire, An Dubh-Sgeir, Beinn Bhuidhe – Begriffe in einer Sprache, die wie eine Feensprache scheint.

Feensprache fast ist auch jenes unverständliche Schottisch, in dem die alte Frau auf ihn einredet, die er bei waagerecht dahinfegendem Regen auf der Straße nach Ramasaig getroffen, ins Auto gebeten und nach Hause gefahren hatte. Ihre windschiefe Bauernkate liegt weit draußen im westlichsten Zipfel von Skye, dort, wo die Insel am einsamsten ist – auf der Halbinsel Duirinish. Es ist dunkel in dem kleinen Haus, und durch die schuhkartonkleinen Fenster fällt kaum ein Lichtstrahl. Aber in der Ecke prasselt bald ein gemütliches Torffeuer, und der Tee ist stark und heiß und vertreibt das feuchtkalte Frösteln. Sie unterhalten sich über alles und nichts, denn die Verständigung ist schwierig, und später, als ihn die Zivilisation von Portree wiederaufgenommen hat, fragt er sich, ob diese Begegnung wirklich stattgefunden hat, oder war er etwa nur dem Zauber der Little People erlegen?

Den lang erwarteten Weitblick über die Insel bekommt er am nächsten Tag. Strahlendes Sonnenlicht blendet ihn an den Red Hills. Heute sind die Berghänge schattenbetupft, die Schründe lebendig von hüpfenden, huschenden Lichtspielen: Wolke – Sonne – Wolke – Sonne. Ein silberner Schimmer liegt auf den Schnüren des noch regennassen Straßenasphalts, die granitenen Felsen glänzen wie gelackt unter der Sonne. Am Horizont streben die Bergkuppen des schottischen Festlandes in den federgewölkten Himmel, und ihm zu Füßen liegt die ewig regennasse Insel mit ihren gerippten Steilwänden, den tief in das Land einschneidenden Fjorden. An mondsichelförmigen Buchten kuscheln sich Häuseransammlungen zum Jahrhundertschlaf zusammen, das Ganze sieht aus wie ein wild zusammengewürfelter, naturfarbener Flickenteppich. Wo sind die artigen Rechteckraster unserer so preußisch-akkurat anmutenden Felder? Dies hier ist pfluglose Ur-Erde.

Auf den nahezu 2000 Quadratkilometern dieser zu den Innern Hebriden zählenden Insel vereinen sich sämtliche Landschaften des Mainland zu einem verkleinerten Miniatur-Schottland. Auf 80 Kilometern Länge, bis zu 50 Kilometern Breite und 16000 Küstenkilometern wetteifern wilde Klippen, einsame Buchten, weites Moorland und die spektakulärsten Berge von ganz Großbritannien miteinander. Diese Insel, auf der Flora MacDonald ihre letzte Ruhestätte fand, ist nicht nur die größte, sondern zugleich auch die allerschönste aller Hebrideninseln.

Morgendunst liegt noch über dem Land, als er sich eines Tages vom Nabel der Insel vortastet hin zu ihrem Herz, wo die Cuillins, die Insel-Alpen, liegen. Im Tal von Sligachan wandert er an rundgeschliffenen, grünbraun bepelzten Eiszeitbergen vorbei, an deren Hängen schwarzköpfige, schwarzbeinige Wollknäuel hin und her trippeln. Er ertappt sich dabei, wie er den wetterfesten Inselschafen neidisch auf die dichten, langen Zotteln äugt, aber da fällt ihm gleichzeitig ein Bild ein, wie sich die Dickzotteligen neulich hinter einem Felsen zusammengedrängt hatten und ungefähr genauso verfroren aussahen, wie auch er sich fühlte.

Ein dürrer Saumpfad zwängt, windet, kantet sich Stunde um Stunde durch Totenstille, und dort, wo jene ihren Höhepunkt erreicht, liegt Skyes berühmtester See, Loch Coruisk, mit schwermütiger, eiszeitlicher Düsterkeit. Landschaftsdramatik. Walter Scott schrieb dazu im Jahre 1814: »Nie sah ich einen Ort mit weniger Anzeichen irgendeiner Vegetation«, während Dr. Johnson »... überrascht und abgestoßen von diesem Ausmaß hoffnungsloser Unfruchtbarkeit ...« war. Sanft und wenig dramatisch präsentiert sich Skye eigentlich nur am Südzipfel, auf der Halbinsel Sleat. Da streben aus wirrem Unterholz lange, grünwedelige Farnarme, zwischen Baumstämmen und Strauchwerk setzen blühende Hecken dicke Farbkleckse, und die Berge und Hügel haben viel weichere Rundungen. Ein Bild, das sich um so mehr ändert, je weiter man sich der Inselmitte nähert.

Durch die Halbinsel Strathaird zieht sich nur eine einzige Single Track Road, die abrupt an einem Steilhang endet. Diesen Hang klettert er hinab. Unten, an der halbkreisförmigen Bucht, bricht sich das Meer an rundgeleckten Kieseln, und am Ende der Bucht schläft ein inselfarbenes Haus. Das ist die Schule mit dem schönsten Ausblick der Welt. Für die klaräugigen Kinder des sich den Hang hochziehenden Weilers Elgol ist dieser Weitblick überhaupt nichts Besonderes, den kennen sie schon seit ihrer Geburt: den Ausblick auf den Loch Scavaig, die vorgelagerte Insel Soay im Soay Sound. Dahinter nickt die gewaltige Kulisse der Cuillins schweigend herüber, und ein paar Möwen schaukeln ihre lautlosen Kreise über der Bucht.

Als er den Hang wieder hochklettert, ist seine kontinentaleuropäische Autonummer Gegenstand einer eingehenden Diskussion zwischen dem mobilen Krämer und zwei seiner Kundinnen. Für diese Leute, die ihr ganzes Leben auf Skye verbracht haben, ist er unvorstellbar weit gefahren. Eine der Frauen erklärt, sie werde demnächst

69 Jahre alt, aber weiter als bis hinab nach Broadfoard sei sie noch nicht gekommen.

Dafür zieht's die Jungen mehr zum schottischen Mainland und den Großstädten hin in der Erwartung, dort irgendeine Arbeit zu finden. Durch die hohe Arbeitslosigkeit in Schottland eines Besseren belehrt, kehren aber viele wieder zurück auf ihre kleinen Crofts, wo das Leben zwar so mühselig wie eh und je ist, doch die Entbehrungen längst nicht mehr so groß sind wie noch vor einigen Jahren. Per Gesetz dazu ermutigt, haben viele der Crofter wieder mehr in ihre kleinen Parzellen investiert, ein übriges tun Kredite und Beihilfen. Mit dieser Entwicklungshilfe und nicht selten einem oder zwei Nebenjobs ist es einigen Crofterfamilien gelungen, sich einen ganz bescheidenen Wohlstand zu sichern. So schwinden die archaischen Lebensformen langsam, aber deutlich sichtbar, und die Zeit der strohgedeckten Katen weicht unaufhaltsam ab in Richtung Neuzeit.

Nur an Sonntagen wird unerbittlich die uralte Lebensform beibehalten. »Siehst du«, sagt seine Vermieterin an jenem Abend, »jetzt nehmen sie ihre Schilder ab.« Wir beobachten die Nachbarin, die eilig das Bed-and-breakfast-Schild vom Haken am Garteneingang nimmt und sorgfältig ins Haus trägt. Auch die anderen Nachbarinnen hatten ihre Schilder längst verhängt oder abgenommen. »Morgen ist Sonntag«, setzt Sheila augenzwinkernd hinzu, »da werden keine Zimmer vermietet.«

Richtig – gelesen hatte er von jenen entsetzlichen Sonntagen auf den Inseln um Schottland und noch viel mehr davon gehört, richtig geglaubt aber hatte er es nie. Dies nun war sein erster Sonntag dort, und so zog er aus, um eigene Erfahrungen damit zu sammeln. Und tatsächlich, nichts rührt sich auf den Straßen, in den Dörfern und Weilern. Nichts – wenn man einmal vom Kirchgang absieht, dreimal jeden Sonntag. Die Menschen, denen er begegnet, scheinen ihre Gesichter und Augen buchstäblich in den Boden zu graben, nur ja keinen Blick, keine Geste. Selbst die Schafe kommen ihm heute irgendwie geläutert vor. Die Strände sind leer, keine Picknicks, keine Sonnenanbeter, keine Spaziergänger – nichts. Doch, halt, dort unten in der Sandbucht ist eine Familie beim Picknick, zwei Hunde tollen fröhlich umher. Aber das sind natürlich Touristen!

Als er heimkommt, empfängt ihn seine Vermieterin lachend an der Tür. Sheila ist eine der jungen Frauen, die sich einen Dreck um diese ganze This-is-Sunday-keep-it-holy-Tradition scheren. Wie zur Demonstration schleppt sie einen vollen Wäschekorb in Richtung Garten. Verblüfft folgt er ihr, denn er ahnt, sie ist im Begriff, etwas zu tun, was in weiten Teilen der Insel – und insbesondere bei den Mitgliedern der presbyterianischen Free-Church – als äußerst sündig gilt: Wäsche aufhängen am Sonntag.

»Das Wetter«, belehrt ihn Sheila, »schert sich auch nicht um die Sonntagsruhe. Und wenn bei uns die Sonne scheint, hänge ich eben die Wäsche raus.«

Am nächsten Morgen kleben die üblichen feuchtkalten Nebelschwaden über der Insel, und es regnet . . .

Theodor Gaus

Walisische Ballade

Die Tage am Lake Vyrnwy

Die meisten Wege nach Wales sind schmal. Die Annäherung an das Land Cymru, das Land der Kameraden im Westen der Britischen Inseln, verlangt Zeit und Geduld. Niemals ist es gelungen, diese bucklige Welt im Sturm zu nehmen, und Fremde haben sich hier immer schwergetan. Die sieggewohnten Römer holten sich blutige Köpfe in den düsteren Wäldern, und die Normannen brauchten mehr als zweihundert Jahre, ehe sie trotzige Fürsten niedergerungen hatten. Auch heute noch muß man sich langsam vortasten durch Gassen aus Feldsteinen und wuchernden Rhododendren.

Irgendwo in einer Schneewittchengegend – hinter den sieben Bergen – sollte das Ziel sein, der Lake Vyrnwy, auf der Karte ein blauer Wurm mitten in einem dicken Flekken Dunkelgrün, der nach Einsamkeit aussah. Längst war das aufgeräumte England mit seinen gehätschelten Wiesen weit zurückgeblieben. Jetzt verstellten zottige Hänge, an die kein Mensch Hand anlegt, den Blick, und das letzte Auto war vor einer Stunde entgegengekommen. In einem Dorf mit einem unaussprechlichen Namen stand ein alter Mann vor seinem grauen Haus. Nach dem Weg gefragt, wies er vage in Richtung Norden, und man sah ihm an, was er dachte: Verrückte Fremde, was haben sie in diesem schweigsamen Land zu suchen. Er nährte die Zweifel, ob es ein guter Einfall war, bis in das stille Herz von Wales vorzudringen.

Irgendwann führte die Straße dann doch aus dem grünen Labyrinth heraus. Plötzlich lag der See da, eine dunkle spiegelnde Fläche, eingerahmt von Fichten und schäumendem Holunder und dahinter bräunliche Hügel, Breathtaking, atemberaubend, nennt ein Prospekt diesen Blick, und daran ist viel Wahres. Nur ein paar Häuser und ein Kramladen stehen hier versteckt hinter Büschen. Am Ufer ragt ein Turm auf mit Altan und Zinnen, der wie der stolze Rest eines Schlosses aussieht, aber nur zum Messen des Wasserstandes dient. Im Nordwesten liegt Liverpool, das von hier über eine Pipeline sein Trinkwasser bezieht. Cymru piau 'r dwr – das Wasser gehört Wales – steht in schon verblichener Schrift auf einer Mauer geschrieben. Und über dem See thront ein Hotel.

Es tat gut, daß die Betten warm und weich waren wie zu Großmutters Zeiten. Eigentlich sagt das emsige Faktotum des Hauses, regnet es in Wales selten und im Sommer ist es prächtig warm. Nur in diesem Jahr sei eben alles anders. Früher habe man sich auf das Wetter verlassen können. Er hatte den Mut, dies zu sagen, während dicke Tropfen an die Scheiben schlugen, ein steifer Wind über die Berge immer neue finstere Wolken schob und das Feuer im Kamin nur schwer gegen die vom Winter übriggebliebene Kälte ankam.

Es waren nicht allzu viele Menschen, die es bis zum Lake Vyrnwy geschafft hatten: ein aufgeregter Franzose, der nur vom Angeln und von Fischen redete, ein frisch verheiratetes Paar, das sich zwischen Suppe und Hauptgang zärtlich die Hände drückte, und drei alte Damen, sehr freundliche und sehr englische Damen mit rosa Make-up und silbernen Löckchen, die alles lovely fanden – das scheußliche Wetter und die schlechten Nachrichten in der Zeitung, das Dinner und John Wayne. Die drei Damen standen, wie man so sagt, auf Western. Abend für abend eilten sie zum Fernsehgerät in der Hoffnung auf eine neue Schießerei. Fernsehen war ihre letzte Leidenschaft.

Tage am Lake Vyrnwy sind Tage ohne Ereignisse. Aufregend ist höchstens die Ankunft des Briefträgers und wenn pünktlich um 8 Uhr ein scheppernder Gong zum Essen ruft. Ein ehemaliger Oberst der Royal Army ist Hausherr hier oben, und er hat den Tag mit militärischer Präzision organisiert. Auf die Minute genau serviert eine energische Frau den early morning tea, nicht ohne mit einem Ruck die Vorhänge zurückzureißen, daß das Tageslicht wie ein Schwall ins Zimmer dringt, und jeden Abend wiederholt sich das gleiche Ritual: Nach dem Gong begibt man sich gemessenen Schrittes zu Tisch, nimmt den Kaffee in der Bibliothek und einen Drink an der Bar und geht mit den Hühnern schlafen. Nach und nach wird es immer schwerer diese behagliche Oase mit ihren tiefen Sesseln und den kostbaren dunklen Gemälden zu verlassen. Und nach und nach lernt man, die Stimmen des Windes zu verstehen und in den Wolken zu lesen, die vom Meer kommen, das jenseits der Berge liegt.

Es führt nur ein einziger Weg hinaus an die Küste. Er führt, gerade breit für ein Auto, in steilen Kurven über die kahlen Hügel in monochromen Tönen, die überschwemmt sind von Schafen. Von weitem sieht es aus, als wären die Hänge besetzt mit weißen Blumen. Es sind scheue Tiere, die wild in einer monströsen Landschaft leben, aber wenn man sie leise anspricht, kommen sie neugierig näher. Zwiesprache zu halten mit Schafen, das klingt ein wenig verrückt, aber manchmal scheint es wirklich so, als könnten sie Antwort geben. Schafe haben verständige Augen, und jedes Tier hat ein eigenes, unverwechselbares Gesicht.

Von der Paßhöhe aus – bevor die Straße steil hinunterstürzt nach Bala – ist das ganze Herzstück von Wales zu überblicken. Als dünne Spuren ziehen sich die Wege über die Berge, die einst von den Hirten benutzt wurden, die ihre Herden auf tagelangen Trecks nach England trieben. Von ihnen erzählt man sich böse Geschichten. Schmuggel, Raub und Mord gehörten zu ihrem Alltag. Von hier oben reicht der Blick bis zum Snowdon, dem höchsten Berg von England und Wales, lassen sich die Irische See und die Burgen erahnen, die ein Land befestigen, das wie mit Fingern in das Meer greift. Dies also ist Cymru, das Land der Kameraden, in dem sich keltische Traditionen bis heute erhalten haben, das im Süden verwüstet ist durch eine frühe Industrialisierung und in dem noch immer in heimlichen Nächten Menschen »in einen Elfenring aus Blumen treten und den Mond um den Schutz der Herde anflehen«. Und hier oben wird deutlich, warum aus diesem Boden solche Kerle wuchsen wie der Dichter Dylan Thomas, der Filmstar Richard Burton, die Rugbyspieler Barry John und Prince Llwellyn und Henry Tudor, der mit einem walisischen Heer England schlug und sich als Heinrich VII. auf den Thron setzte, was freilich kein Segen war, denn seine Anhänger wurden zwar Bürger eines geeinten Landes, aber gleichzeitig zu jenen hinterwäldlerischen Zweite-Klasse-Menschen, als die sie noch heute gelten, von London ausgebeutet, verlassen, beschämt – wie es die Politik erforderte. Warum, so klagten einmal die oberen der Freikirche von Nordwales, ist Gott so fern und England so nah?

Wales ist ein armes Land, das sich mühsam durchschlägt, aber vielleicht gerade deshalb an Selbstbewußtsein gewonnen hat. Der Kampf um die eigene Sprache und die eigene Kultur ist nicht rabiat, aber zäh, weil dies ein Boden ist, auf dem man nichts vergißt, weder die alte keltische Vorliebe für Bier und Poesie noch die Lieder des Barden. Heute sind es die jungen Leute, die den neuen Nationalismus tragen. Daß weniger Bomben gelegt werden als anderswo im britischen Inselreich, liegt an der Bedachtsamkeit der Menschen und an der Einsicht, daß ein Bruch mit England die wirtschaftliche Lage dramatisch verschlechtern würde. Obwohl von gleichem Stamm, sind den Walisern schottischer Eifer und irischer Haß fremd. Dafür kostet ganz Wales den Sieg im Rugby gegen die Männer aus dem Süden aus, denen die Knie weich werden, wenn durch das Stadion in Arms Park von Cardiff das Lied Mae he Wlad fy Nhadan (Land meiner Väter) dröhnt. Allerdings, es gibt auch ungeduldige, zornige junge Männer, die sich bitter beklagen, daß sie bei der Stellungssuche benachteiligt werden und daß England nur nimmt und wenig gibt. Von ihren Vätern wissen sie, daß die Lehrer die Bauernbuben verprügelten, wenn sie in die Schule kamen und nur Walisisch sprachen. Nicht nur deshalb haben es die reichen Leute schwer, die aus Not verlassene Höfe aufkaufen und bequeme Herrensitze daraus machen. Das Mißtrauen richtet sich auch gegen die Aussteiger aus aller Welt, die in die Berge kommen und in Kommunen ein einfaches Leben spielen. Es wirkt lächerlich in einem Teil Europas, in dem Überleben schwer ist.

Irgendwann kommt man in Wales immer ans Meer. Dort sind die meisten Touristen, und dort gibt es etwas zu sehen: grimmige Wellen, dramatische Klippen, ein paar schlampig wirkende Seebäder und kolossale Schlösser wie Caernarfon Castle, Conwy Castle oder Harlech Castle – Castles wie Sand am Meer, voll von guten und bösen Erinnerungen, die meisten im Kampf ergraut. Und es gibt Portmeirion. Davon muß man reden, weil es das Absurdeste in diesem an Geheimnissen und Merkwürdigkeiten so reichen Land ist. Portmeirion ist ein Traum, der Traum eines Sonderlings, der sich unter dem kühlen Himmel von Wales ein Stück Italien gebaut hat. Sir Clough Williams-Ellis, Nachfolger des Königs Gruffyd up Cynan, ließ einen Campanile aufstellen und einen kleinen Dom, Säulenhallen und Fischerhäuschen, ein Rathaus, Gotisches, Renaissance und Barock. Dazwischen wuchern Rosen und Azaleen. Das Lächerliche allerdings hat System. Wer hier übernachten will, muß steinreich sein. Als der britische Thronfolger in Caernarfon zum Prince of Wales gekrönt wurde, wohnten hier die Ehrengäste. Wenn nicht gekrönt wird, streiten sich Industriekapitäne um die komfortablen Appartements im walischen Disney-Land. Die weniger Betuchten kaufen Ansichtskarten.

Wales ist kein nettes und freundliches Urlaubsland, das sich widerstandslos betrachten läßt. Manchmal, wenn man einen ganzen Tag über die rauhen Schildkrötenrükken geklettert ist, vom Wind zerzaust und vom Regen bis auf die Haut durchnäßt, spürt man die Trauer, die über verfallenen Häusern liegt, und empfindet die Einsamkeit eines Bauern, der zwischen seinen Schafen steht. Herzlich ist Wales nur zu dem, der zuschauen und zuhören kann, beim Plausch mit dem Farmer am Schafgatter oder wenn die Waliser singen. Singen in Wales ist mehr als ein Gesellschaftsspiel, Singen in Wales ist das ganze Leben, ist Vergangenheit und Gegenwart.

Das Faktotum des Hotels hatte es arrangiert. In seinem Wagen fuhr er voran durch endlose grüne Tunnels – wie sollten wir jemals ohne einen Ariadnefaden zurückfinden? – bis zu einem Dorf, das wieder einen unaussprechlichen Namen hatte. Im Gasthaus, so hatte er gehört, sollten sich die besten Sänger der Gegend treffen. Hier sollten sie singen?

An der Theke standen Männer und tranken aus großen Humpen braunes und schwarzes Bier. Manchmal klimperte eine Frau am Klavier, bis John kam. Auf John hatten sie gewartet. Einer stimmte an, ein zweiter fiel ein, und dann sangen alle mit – alte, uralte Lieder aus einer fernen Zeit, den »Prince of Wales« und zu Ehren der Fremden die deutsche Nationalhymne. John, der Schaffarmer mit einem strahlenden Bariton, war mitten unter ihnen. Sie – nein, wir alle – sangen die ganze Nacht, schon nicht mehr ganz fest auf den Beinen wegen der vielen Humpen Bier, bis zum Abschiedslied, das so endet: »Dies ist mein Land. Und wir werden noch singen, wenn du heimkommst nach Wales.«

CIP-Titelaufnahme der Deutschen Bibliothek

Das Reiselesebuch nach Norden zu / Hrsg. von Theodor Geus. /
Frankfurt/Main: Societät-Verl., 1989
ISBN 3-7973-0469-2
NE: Nach Norden zu